KB128856

학습이론의 이해와 적용

정순례 · 이병임 · 조현주 · 오대연 공저

Understanding and Application of Learning Theory (2nd ed.)

학지사

2판 머리말

　학습이론 교재 출간 이후 7년이 지났고 사회 전반의 지식과 학습의 가치 변화에 따라 교재 내용에 부분 개정이 필요했다. 특히 코로나19는 아주 짧은 순간에 일상적인 개인의 삶과 사회 모든 분야에 급속한 변화를 가져왔고, 미래를 예측하는 전문가들은 이러한 급속한 변화가 지금보다 더 광범위하게 가속화될 것이라고 말한다. 급변하는 사회는 삶의 방식, 소비 패턴, 문화생활, 경제 활동뿐 아니라 학습환경에도 많은 변화를 가져오고 지식 가치에 대해 새로운 기준을 갖게 했다. IT 기술을 기반으로 시공간을 초월하여 언제든 원하는 학습활동이 가능해지고 증강현실(Augmented Reality: AR)과 가상현실(Virtual Reality: VR)을 통해 경험의 한계가 없어지면서 학습환경이 다변화하고 있다. 그리고 사회에서는 기존 지식의 학습과 축적이 아닌, 끊임없이 변화하는 사회환경에 대처하는 새로운 지식을 생성하여 문제를 해결할 수 있는 창의적 지식이 더욱 강조되고 있다.

　학습이론 교재가 최근의 사회변화와 새로운 학습환경을 현실적으로 반영하기는 어렵지만, 변화하는 지식의 가치에 초점을 두고 살펴볼 필요가 있다. 최근 이런 점에서 지식을 새롭게 구성하고 창출하는 학습 과정을 강조하는 구성주의 관점에 많은 관심이 집중되고 있다. 따라서 이

번 교재 개정에서는 Piaget의 인지발달이론과 Vygotsky의 사회문화이론의 지식 구성에 대한 기본적인 관점과 차이를 다룬 구성주의 학습이론을 제2부 행동주의 학습이론, 제3부 인지주의 학습이론에 이어 제4부에 편성하였다. 그리고 교재 전반에 걸쳐 부분 수정이 있었는데, 제2부 행동주의 학습이론에서는 Pavlov, Skinner, Bandura의 학습이론을 소개하고, 1판에서 소개했던 Thorndike의 S-R 결합이론을 제외하는 대신 Skinner의 조작 조건화에서 Thorndike, Pavlov, Skinner의 자극과 반응을 비교·설명하면서 간략하게 다루었다. 제3부 인지주의 학습이론에서는 인지주의 학습 관점을 개괄하기 위해 형태주의, 통찰설, 장이론을 하나의 장으로 구성하였고 정보처리이론과 지능을 각 장으로 편성하였다. 제5부 학습동기이론은 1판과 같게 구성하여 부분적으로 내용을 수정하였고, 1판의 〈부록〉으로 소개하였던 '효율적인 학습법 집단코칭 프로그램'은 이와 유사하거나 새로운 다양한 학습 코칭 프로그램이 공개되어 손쉽게 접근할 수 있으므로 교재를 개정하면서 생략하였다.

이번에 개정된 교재는 총 5부 12장으로 구성되었으며, 각 부는 제1부 학습의 이해, 제2부 행동주의 학습이론, 제3부 인지주의 학습이론, 제4부 구성주의 학습이론, 제5부 학습동기이론으로 나뉜다. 제1부 학습의 이해는 '제1장 학습의 개념'과 '제2장 학습의 역사'로 구성하였으며, 제2부 행동주의 학습이론은 '제3장 Pavlov의 조건 반사' '제4장 Skinner의 조작 조건화' '제5장 Bandura의 사회학습이론'으로 구성하였다. 제3부 인지주의 학습이론은 '제6장 인지주의 학습 개관' '제7장 정보처리이론' '제8장 지능'으로 구성하였으며, 제4부 구성주의 학습이론은 '제9장 Piaget의 인지발달이론'과 '제10장 Vygotsky의 사회문화이론'으로 구성하였다. 그리고 마지막 제5부 학습동기이론은 '제11장 동기이론'과 '제12장 학습동기'로 구성하였다.

　끝으로, 교재 출간에 이르기까지 많은 도움을 주신 학지사 김진환 사장님 그리고 원교 교정과 편집을 담당한 이영민 대리님께 감사의 마음을 전한다.

2021년 10월

정순례 · 이병임 · 조현주 · 오대연

1판 머리말

우리는 인간이 지식을 어떻게 습득하고 지적으로 성장하는가에 대한 질문을 수 세기 동안 반복해 왔으며, 철학자와 심리학자는 이에 대해 다양한 견해와 이론을 제시하였다. 그 가운데 심리학 분야의 학습이론에서는 학습이 일어나는 요인과 관련하여 행동주의와 인지주의 관점에 초점을 둔 많은 다양한 이론을 소개하고 있다.

학습에 대한 초기 연구는 19세기 초 동물행동을 연구하는 동물심리학에서 시작되었지만 고대 그리스의 인식론에 그 뿌리를 두고 있어서 학습이론을 공부하기 위해서는 철학과 심리학에 대한 깊은 이해가 필요하다. 따라서 '학습이론'이라는 교재 한 권 안에 '우리가 어떻게 지식을 습득하는가'에 대해 독자들이 명료하게 이해할 수 있도록 내용을 담아내는 일은 상당히 어려운 작업이다.

따라서 이 책에서는 행동주의와 인지주의의 다양한 학습이론에 초점을 두고 이론에 대한 이해를 돕기 위해 실제 학습 상황이나 경험을 제시하고자 하였다. 〈부록〉에는 교과 영역별 자기주도 학습프로그램인 '효율적 학습법 집단코칭 프로그램'을 수록하여 이 교재를 읽는 학생들이 이 프로그램을 시연해 보며 효과적인 학습전략을 배울 수 있도록 하였다. 또한 교육현장에서 학생들에게 자기주도적 학습을 지도할 수 있도록 세부

적인 프로그램 계획안, 교사지도용 자료, 학생활동용 자료를 함께 제공하
여 교사가 학습이론에 근거한 학습지도 코칭 프로그램을 구체적으로 적
용할 수 있게 하였다.

학습이론은 교직이나 상담 관련 분야에서 선수교과목과 함께 교육과
정으로 편성되어 있어 학습이론 관련 배경지식을 갖고 있는 학습자에게
초점을 두고 있다. 그런데 학습이론은 교육학이나 심리학에 기반을 두고
있는 사람뿐 아니라 기업, 평생교육기관, 청소년 관련 기관, 웹 제작, 상
담, 수업매체 제작, 방송 제작 등 다양한 분야에서 일하는 사람들이 업무
와 관련해서 많은 관심을 갖는 분야다. 실제로 많은 학습이론 강의는 심
리학적 기초가 약하지만 이론적 탐구보다 실제적 이해와 적용에 관심을
두고 있는 사람들을 대상으로 진행되고 있다. 따라서 철학의 인식론에 뿌
리를 두고 심리학의 변천과 함께해 온 학문적 역사만큼이나 묵직한 학습
이론의 주제에 대해 관심을 갖고 쉽게 이해하도록 교재 내용을 구성하고
자 노력하였다. 그리고 한 학기 강의를 통해 '학습'에 대한 다양한 관점을
이해하고, 더 나아가 새로운 생각과 적용으로 발전시킬 수 있도록 내용을
요약하고 최대한 많은 다양한 실례와 예시를 제시하려고 하였다. 비록 여
기에서 각 학습이론을 학문적으로 충분히 깊이 있게 다루지는 못하지만,
학문적 배경과 관계없이 학습이론에 쉽게 접근하고 학습에 대한 관심과
탐구적 사고를 동기화하는 내용으로 구성하였다.

이 교재는 총 4부 13장으로 제1부 '학습의 이해', 제2부 '행동주의 학습
이론', 제3부 '인지주의 학습이론', 제4부 '학습동기이론'으로 구성하였다.
제1부의 제1장은 '학습의 개념'으로 일상에서 경험하게 되는 학습 상황
에 기초한 학습에 대한 개념적 이해에 초점을 두었다. 제2장 '학습의 역
사'는 철학자 Plato과 Aristotle의 인식론을 비교 설명하는 것부터 시작하
는데, 이 두 철학자의 인식론을 교재 내용의 일부분으로 간단히 다루기

에는 그 학문적 깊이가 심오하여 한계가 있으나 최대한 쉽게 설명하려고 노력했다. 제2부 '행동주의 학습이론'에서는 행동주의 학습이론의 대표적 이론을 다루었는데, 제3장 'Thorndike의 S-R 결합이론', 제4장 'Pavlov의 조건반사', 제5장 'Skinner의 조작 조건화', 제6장 'Bandura의 사회학습이론'에 대해 살펴보았다. 제3부 '인지주의 학습이론'에서는 인지주의의 초점인 사고의 내적 과정을 설명하기 위해, 인지주의 학습이론의 기초가 된 형태주의 심리학의 지각현상을 소개하는 제7장에서 '형태주의 이론'과 'Köhler의 통찰학습'을 함께 다루었다. 그리고 제8장 'Lewin의 장이론', 제9장 '정보처리이론', 제10장 '지능이론', 제11장 'Piaget의 인지발달'에 대해 살펴보았다. 지능이론과 발달이론의 중요 주제인 Piaget의 인지발달이론은 지식습득과정에 초점을 두고 있어 인지주의 학습이론에 포함하였다. 마지막 제4부 '학습동기이론'은 제12장 '동기이론'과 제13장 '학습동기'로 구성하여 학습활동에 영향을 주는 학습동기와 정서 및 개인의 심리적 특성을 다루었다.

이 책이 나오기까지 많은 분의 도움이 있었다. 우선 자기주도학습 프로그램을 제공해 주신 오대연 선생님과 각 장의 삽화 구성 및 작업에 도움을 주신 한승빈 선생님께 감사의 마음을 전한다. 또한 이 책의 출판을 기꺼이 맡아 주신 학지사 김진환 사장님을 비롯하여 꼼꼼한 원고 정리와 내용 교정으로 도움을 주신 김경민 차장님께 진심으로 감사드린다.

2013년 8월
저자 일동

차례

▥\ 제1부 **학습의 이해**

⫸ 제2부 행동주의 학습이론

제1부

학습의 이해

"

    학습은 경험의 과정으로 행동이 변화하는 것이며 변화된 행동은 비교적 지속성을 유지해야 한다. 따라서 학습의 의미는 경험, 변화, 지속성의 세 가지의 요소로 요약할 수 있다. 약물, 피로, 질병 등에 의한 일시적 변화나 신체적 성숙은 경험 과정이 아니기 때문에 학습에 포함되지 않으며, 변화는 비교적 지속되고 관찰될 수 있어야 한다. 초기 심리학의 학습에 대한 관심은 고대 그리스 두 철학자 Aristotle와 Plato의 인식론에 뿌리를 두고 있다. 감각의 연합을 통해 지식을 습득하고 마음을 구성한다는 Aristotle의 연합주의 인식론과 지식이 터득되는 것임을 강조하는 Plato의 생득적 인식론은 학습에 대한 초기 연구에 많은 영향을 주었다.

    학습이론을 세 가지 관점으로 요약하면, 첫째, 자극과 반응의 결합에 초점을 둔 행동주의 학습이론, 둘째, 사고구조의 변화에 초점을 둔 인지주의 학습이론, 셋째, 학습자의 주도적인 지식 창출과 구성을 강조하는 구성주의 학습이론이다.

"

제1장

학습의 개념

학습목표

1. 학습의 의미를 설명할 수 있다.
2. 학습 상황에 관한 구체적 사례를 제시할 수 있다.
3. 학습의 구성요소 세 가지를 설명할 수 있다.
4. 학습의 결과와 학습에 포함하지 않는 상황을 비교 · 설명할 수 있다.

주요 용어

학습, 변화, 행동, 지속성, 내적 행동, 외적 행동, 잠재력의 변화, 수행

2020년 1월에 뉴스 주요 내용으로 들었던 코로나19(COVID-19)는 우리 나라뿐 아니라 전 세계 사람들을 몹시 당황하게 했고 일상생활에서의 개인행동뿐 아니라 사회, 경제 전반에 많은 변화를 가져왔다. 일상에서의 우리의 변화를 살펴보면, 우선 마스크 쓰기, 손 씻기, 소독 등 청결에 대한 철저한 위생 습관, 밀폐 공간에서 기침이나 말하기에 대한 에티켓 등 일상생활에서 낯선 행동들이 습관화된 것을 볼 수 있다. 식생활, 레저, 소비 패턴 등에서도 다양한 변화가 있지만, 그 무엇보다도 '언택트(untact)'라는 생소한 비대면 문화가 가정과 학교뿐 아니라 사회 전반에 변화를 일으켰다. 특히 학교 교육에서 비대면은 매우 낯설고 수용하기 어려운 것이었지만 선생님과 학생들이 1년 반 동안 비대면 교육활동에 참여하면서 처음과 다르게 매우 원활하게 상호작용하고 있다.

코로나19는 충격적인 사건이었고 커다란 불안과 위기상황을 초래하였으나 사람들은 예상치 못한 상황에 대처하며 새로운 행동 문화를 만들었다. 즉, 코로나19로 인해 이전에 경험해 보지 못한 낯선 환경을 경험하면서 사람들은 일상생활과 사회생활 전반에 거쳐 새로운 적응적인 행동을 학습했다.

1. 학습의 의미

학습의 의미를 생각할 때 가장 먼저 떠오르는 것은 '배우고 익힘'이란 사전적 의미이고, 어떤 사람이 무엇인가를 '배우고 익히는 과정'을 거쳤다는 것은 이전과 다른 변화가 있을 것을 기대하게 한다. 그리고 개인이 '배우고 익히는 과정'은 바로 그 사람이 경험하는 내용이다. 여기서 우선 학습의 의미를 간략하게 정의하자면, 배우고 익히는 '경험의 과정을 통한 행동의 변화'라고 말할 수 있다. 경험을 통한 행동의 변화에 대해 다음의 간단한 사례를 생각해 보자.

스케이트보드 초보자였던 초등학생이 강습을 통해 훈련과 연습을 반복하더니 유연한 모습으로 몇 가지 어려운 기술까지 보여 주며 발전한 실력을 자랑한다. 요즘은 요리하는 섹시한 남자라는 뜻의 '요섹남'에 대한 기대가 많아 남자들이 요리를 배우고 가족을 위해 식사 준비를 하면서 훌륭한 요리 솜씨를 보인다. 어떤 여학생은 메이크업 관한 유튜브 영상을 보면서 연습하다보니 화장 솜씨와 옷을 코디하는 능력이 길러져 외모에 멋진 변화가 나타났다.

이렇듯 개인의 경험 내용을 통해 우리는 스케이트보드 기술, 요리 솜씨, 화장하는 기술 등에 변화가 있었음을 알 수 있다. 각 개인의 경험을 통해 나타난 변화는 다른 사람들이 확인할 수 있는 변화였다. 학습은 경험을 통한 행동의 변화이며 이 변화는 관찰 가능한 것이어야 한다. 요약하면, 학습은 '경험을 통한 관찰 가능한 행동의 변화'이다.

그런데 학습의 결과가 반드시 즉각적으로 관찰할 수 있는 행동으로만 나타나는지에 대해서 생각해 볼 필요가 있다.

초등학교에서 구구단과 사칙계산은 중요한 학습내용으로 초등학생들은 구구단을 암기하며 낮은 수준부터 높은 수준의 사칙계산 문제를 수없이 많이 푼다. 그리고 시험이나 물건을 구매하며 정확한 거래를 할 수 있을 때 학생들의 계산 능력 향상을 확인할 수 있다. 즉, 학습을 통해 변화한 행동이 활용되거나 적용될 수 있는 상황에서야 학습의 결과를 알 수 있다. 또 다른 예로 한 초등학생이 만화책과 비디오, 체험관을 통해 건널목을 건널 때, 불이 났을 때 안전을 위해 어떻게 행동해야 하는지에 대해 학습했다. 이때, 초등학생은 학습활동 전에는 알지 못했던 각 상황에 필요한 새로운 안전 수칙과 행동을 알게 되었지만 바로 활용되거나 행동으로 나타날 수 있는 것은 아니다. 이 초등학생은 혼자 학원을 가는 상황이 되어서야 비로소 교통 신호를 확인하고 손을 들고 건널목을 안전하게 건너는 행동을 할 것이다.

학습을 통한 행동의 변화는 곧 행동 실천으로 이어지기도 하지만 그 행동의 활용이 필요한 상황에 이를 때까지 나타나지 않을 수 있다. 결론적으로 변화된 행동을 즉각적으로 확인할 수 없어도 이후에 행동 실천이 필요한 상황에서 학습된 행동이 발생한다면 학습의 결과로서 나타난 것이라고 볼 수 있다. 학습은 발생했지만, 학습의 결과로 나타나는 행동 수행 간에는 차이가 있다. 즉, 학습과 수행은 구분되며 학습을 통해 변화된 행동이 필요한 상황에서 수행되려면 그 행동이 어느 정도 지속되고 유지되어야 한다.

결론적으로 학습의 의미는 '경험의 결과로 나타난 비교적 지속적인 행동의 변화 또는 그 잠재력의 변화'로 요약된다. 이러한 학습의 의미에 기초하여 학습의 구성요소들을 살펴보면서 학습과 수행의 의미를 좀 더 상세하게 설명할 것이다.

2. 학습의 구성요소

인간이든 동물이든 특정한 '선천적' 행동을 제외하고 경험을 통해 새로운 행동을 배우고 발전시킨다. 특히 우리가 갖는 대부분의 행동은 타고난 행동이라기보다는 후천적인 것으로 환경과의 상호작용을 통해 학습된 것이다. 반복적인 경험을 통해 습득한 행동을 필요한 상황에 적절하게 활용하며 환경에 적응한다. 조부모와 함께 지내는 가정환경에서 어른에 대한 예의와 존중을 보고 자란 청소년은 전철에서 노인에게 기꺼이 자리를 양보할 것이다. 2020년 코로나 사태로 인해 초·중·고등학교뿐 아니라 대학에서도 비대면 수업이 실시되었을 때, 초반에는 실수도 잦았고 서툴게 운영되었다. 1년간의 비대면 수업이 계속되고 2021년에도 여전히 대면 교육이 어려운 상황이지만 그간의 경험을 통해 비대면 프로그램들을 원활하게 사용하고 다양한 앱을 통해 학생들과 원활하게 소통할 수 있게 되었다.

어떤 것을 경험하고 훈련받고 연습했는가에 따라 개인마다 습득한 행동이 다르다. 사람들은 각기 다른 경험을 하고 다른 행동을 학습하기 때문에 수행 가능한 행동도 다를 것이다. 특정한 행동을 학습했다는 것은 그 행동과 관련된 경험을 했다는 것을 의미하며, 그것이 상황에 활용되려면 학습된 행동이 일정 시간 동안 지속되어야 한다.

학습의 의미인 '경험의 결과로 나타난 비교적 지속적인 행동(잠재력)의 변화'에서 학습의 세 가지 요소를 정리하면, 첫째는 경험, 둘째는 변화, 셋째는 지속성이다.

1) 경험

경험은 환경과 상호작용하는 것이며 경험의 결과로 환경에 대한 적응적 행동이 학습되는 것이다. 2021년 3월, TV 뉴스 보도로는 강아지나 고양이를 비롯해 반려동물과 함께 생활하는 가족이 1,400만 명에 이른다고 한다. 그리고 자주 강아지나 고양이가 함께 생활하는 가족이 자랑할 만한 신기한 행동을 하는 유튜브 영상을 볼 수 있다. 대형견 네 마리가 밥 먹기 전에 주인이 기도문을 마치고 '아멘' 소리가 날 때까지 맛있는 음식을 앞에 두고 고개를 숙이고 기다리고 있다. 바구니를 입에 물고 가게에 가서 주인이 원하는 물건을 가져오는 레트리버는 사람처럼 주인의 말을 알아듣고 정확하게 행동한다. 하지만 이 강아지들이 처음부터 식사 전에 기도하거나 주인의 지시에 따라 행동하지는 못했을 것이다.

훈련이나 경험을 통해 새로운 행동을 학습하는 상황은 동물이나 사람이나 비슷하다고 볼 수 있다. 다른 점이 있다면 인간의 경우, 환경에 적응하기 위해 경험을 통해 동물과 비교할 수 없을 만큼 복잡하고 정교한 행동을 학습한다는 것이다. 훈련이나 경험을 통해 새로운 행동을 습득하거나 행동을 변화시키는 학습 상황은 매우 다양하다. 세계적인 코로나 사태로 강제적인 비대면 상황을 겪으면서 가족 간의 만남, 업무, 모임, 세미나, 심지어 식사 모임까지 화상을 이루어지고 있다. 코로나 사태가 아니었다면 이렇게 급작스럽게 비대면 소통 방법을 습득하지 못했을 것이다. 온라인을 통해 전시회 및 공연 등을 즐기는 언택트(untact) 문화생활은 모든 활동이 차단된 상황에서 새롭게 학습한 것이다.

　행동을 변화시키는 핵심적인 요소는 '경험'이다. 학습은 반복적인 경험, 즉 연습과 훈련의 결과이며 새로운 행동을 습득하고 변화된 행동을 통해 학습이 발생했음을 알 수 있다. 굳은살이 박이고 기형적으로 변형된 못생긴 발의 사진에 '세상에서 가장 아름다운 발'이라는 제목이 붙은 발레리나 강수진 씨의 기사를 읽은 적이 있다. 독일 슈투트가르트 발레단 수석 발레리나였던 강수진 씨는 지독한 노력가로 하루 최대 19시간 연습을 하며, 다른 발레리나들이 1켤레의 토슈즈를 2~3주 동안 사용하는 데 비해 하루에만 3~4켤레를 바꿔 신어서 한 해에 1,000여 켤레의 토슈즈를 사용했다고 한다. 깃털처럼 가볍게 높이 뛰어오르고 내려앉는 우아한 동작을 하기 위해 발가락 쪽에 딱딱한 나무토막이 덧대어져 있는 토슈즈를 신고 셀 수 없을 만큼 많은 점프를 반복했다. 이런 동작을 반복하여 연습할 때마다 발레리나의 발이 토슈즈 안에 있는 나뭇조각에 눌려 물집이 잡히고 피가 나는 일이 수없이 반복되면서 '세상에서 가장 아름다운 발'이라는 제목과 전혀 어울리지 않는 '세상에서 가장 못생긴 발'이 만들어진다. 우아함과 아름다움을 상징하는 발레와는 전혀 어울리지 않는 못생긴 발을 얻을 만큼의 지독한 훈련과 연습을 한 결과, 무대 뒤에서 7년 동안 군무만 하던 동양인이 세계적인 프리마 발레리나로 활동할 수 있었다.

　강수진 발레리나의 못생긴 발 못지않게 못생긴 손으로 유명한 인물이 있다. 바로 2008년 베이징 올림픽에서 금메달을 획득한 여자 역도의 장미란 선수이다. 장미란 선수는 쇳덩어리로 된 무거운 바벨을 수없이 들어 올리는 훈련 과정에서 생긴 손의 상처가 회복과 손상을 반복하면서 딱딱한 굳은살이 박인 보기 흉한 손을 갖게 되었다. 이러한 훈련의 결과로 자신의 세계 기록을 경신하며 더 무거운 무게를 들어 올렸고 올림픽과 세계

역도선수권대회에서 여러 번 금메달을 획득할 수 있었다.

 반복적인 훈련과 연습이 얼마나 중요한가를 보여 주는 평범하지 않은 또 하나의 사례가 있다. 오래전에 MBC TV 프로그램에 소개되었고 유튜브에서도 여전히 관련 영상이 올라오는 양팔과 양다리가 없는 선천성 장애를 지닌 'Nick Vujicic'의 이야기이다.

그림 1-1   Nick Vujicic

Nick은 우리나라 어느 재단의 초청으로 내한하여 강연을 통해 많은 사람에게 감동을 주었다. 그가 강연 중에 중심을 잃고 쓰러지는 장면에 많은 청중이 어찌할 바를 모르고 당황해했다. Nick은 쓰러진 채 얼굴에 달린 마이크를 통해 "보시다시피 팔도 다리도 없는 제가 넘어지면 혼자 일어나는 것은 불가능해 보입니다. 이런 일은 어린 시절에도 겪은 비참한 경험입니다. 그런데 전 혼자 일어나야겠다고 결심했습니다. 절대 쉽지 않았지만, 죽을힘을 다해 계속해서 노력했고 드디어 해냈습니다."라고 말하면서 머리를 바닥에 대고 자신의 온몸을 이용해 일어나는 데 성공했다. 팔과 다리가 없는 Nick은 컴퓨터를 켜고 자판 두드리기, 얇은 CD 넣기, 드럼 연주하기, TV 리모컨 조작하기, 소파에 올라앉기, 식사하기 등 일상생활을 스스로 해결할 뿐 아니라, 심지어 서핑이나 스케이트보드, 골프를 즐긴다. Nick이 신체적 장애를 갖고 있음에도 끊임없이 새로운 행동을 학습하고 수행할 수 있었던 것은 힘들어도 수없이 반복 경험하면서 연습과 훈련을 했기 때문이다.

 앞서 소개한 강수진 발레리나와 장미란 선수가 처음부터 세계 최고의 기량을 지닌 것은 아니었을 것이다. 더군다나 Nick은 양팔과 양다리가 없어서 극히 평범한 일상 행동조차 하기 어려운 신체적 장애를 갖고 있었다. 이들의 놀랄 만한 학습은 분명히 훈련과 경험에 대한 끊임없는 노력의 결과이다.

운동선수들은 오랜 시간 동안 훈련과 연습을 통해 근력과 지구력, 운동기능의 향상이라는 학습의 결과를 각 경기에서 보여 주며 겨룬다. 그런데 간혹 우리나라뿐 아니라, 세계적인 스포츠 선수의 기사를 보면 경기력을 향상하는 약물을 복용해서 메달을 박탈당하거나 선수 자격을 잃기도 한다. 운동기능 향상에 영향을 주는 근육강화제나 심장흥분제 등과 같은 약물의 복용 여부를 검사하는 도핑 검사에서 약물을 복용한 사실이 밝혀지면 상금이 회수되고 경기 출전 정지와 같은 징계를 받는다. 약물을 통해 향상된 경기력이나 운동기능은 훈련과 경험의 결과가 아니기 때문에 스포츠계에서는 당연히 정당화될 수 없다.

근육을 단련하는 기구 운동과 식이요법은 근육을 발달시키고 근력과 체력을 증진시켜 준다. 자동차를 운전하려면 운전 장치의 명칭과 기능을 익히고 운전 방법을 배우고 연습하는 반복적인 훈련이 필요하다. 영어로 말할 수 있으려면 영어를 읽고, 쓰고, 말하고, 듣는 과정을 반복해야 한다. 이러한 연습과 훈련의 경험을 통해 학습이 발생하는 것이다.

반면에 훈련과 연습의 과정을 거치지 않고 변화와 발달이 나타나기도 한다. 가령, 영아의 신체ㆍ운동기능의 발달이나 사춘기 청소년의 신체적 성숙은 생물학적 요인에 의한 변화이다. 신체적 성장과 발달에 영향을 주는 생물학적 요인에 의해 유아의 운동기능이 순서에 따라 발달하고 사춘기의 성적 성숙을 통해 신체적인 변화가 나타난다. 성숙은 학습의 과정을 거치지 않고 연령이 증가하면서 유전적 요인에 의해 변화가 발생하는 것을 의미한다. 따라서 성숙에 의한 신체기능과 행동의 변화는 훈련이나 경험에 의한 것이 아니기 때문에 학습에 포함되지 않는다.

2) 변화

경험을 통해 학습이 발생하면 그 결과로 행동에 있어서 변화가 생긴다. 학습의 결과는 행동의 '변화'이므로 변화의 원인은 학습내용에서 찾을 수 있다. 고개를 들고 앞을 바라보며 파워워킹을 하던 사람이 길바닥에서 만 원 지폐를 발견하면 이후 이 사람은 길바닥을 유심히 내려다보며 걷게 된다. 이때, 이 사람의 행동 변화는 산책 중에 돈을 줍게 된 경험을 통해 학습이 발생했기 때문이다. 발레리나는 발레 동작을 수없이 반복하면서 연습하고 훈련하는 경험을 통해 우아한 공중 점프와 고난도의 동작을 할 수 있다. 팔과 다리가 없는 신체적 장애를 갖고 태어난 Nick이 입을 사용하여 글을 쓰고, 그림을 그리고, 컴퓨터를 조작하는 행동은 부단한 연습과 훈련을 통한 놀라운 변화이다. 행동에 변화가 있었다면 학습된 것이다. 그리고 행동의 변화는 관찰할 수 있고 측정 가능한 것들이어야 한다.

인간에 대한 철학의 사색적 통찰로부터 독립한 심리학은 관찰·측정 가능한 객관적인 인간의 행동을 연구하는 과학적 학문으로 발전했다. 학습 연구에 중심이 되었던 Skinner를 비롯한 행동주의에서는 학습의 결과로 발생한 행동의 변화는 반드시 관찰되어야 하고 측정할 수 있어야 한다. 그래서 변화된 행동이 객관적으로 관찰되고 측정된다면 그것은 바로 학습의 결과이다.

그런데 학습을 통한 행동 변화가 반드시 즉각적으로 측정되고 관찰되지 않는 경우가 있다. 아동이 비디오를 통해 불이 난 위급한 상황에서 대피하는 행동을 학습했지만, 실제 상황이 될 때까지 학습한 대피 행동을 보이지 않을 것이다. 노래, 춤, 작곡 등의 고된 훈련을 받는 가수 지망생의 일취월장한 노래 실력은 무대에 설 때까지 드러내지 못할 수 있다. 유치원에서 낯선 사람의 불순한 친절에 대해 어떻게 대처해야 하는지를 학습한 아동은 특정한 상황에 이를 때까지 학습한 행동을 실행하지 않는다. 효율적인 대인관계 기술을 학습한 대학생도 타인이 부당한 요구를 하는 상황을 맞닥뜨리기 전까지는 적절한 거절 행동을 실행할 필요가 없다. 물론 이 경우 모두 학습은 이미 발생했지만, 즉각적으로 수행되지 않아서 관찰할 수 없는 상황을 설명한 것이다. 학습의 결과가 즉각적으로 수행될 수 없는 상황은 매우 다양하다. 야구선수가 상대 팀의 경기 녹화자료를 통해 투수의 다양한 변화구를 분석하며 수많은 타구 연습을 하더라도 피로와 부상으로 인해 실제로는 향상된 타구 실력을 발휘하지 못할 수 있다. 즉, 변화가 일어났지만 행동 실천으로 나타나지 않을 수 있다.

결론적으로 학습을 통한 행동의 변화가 즉각적으로 관찰되지 않거나 행동 수행이 지체되더라도 학습은 발생한 것이다. 왜냐하면 즉각적인 행동의 수행으로 나타나지 않지만 적절한 상황에 행동 수행이 발현될 수 있는 잠재력이 있기 때문이다. 학습은 일어나더라도 행동이 일정 시간 동안 수행되지 않으면 변화된 행동이 나타나지 않는 학습과 수행 간의 시간 지체가 있을 수 있다.

여기서 학습(learning)과 수행(performance)은 구분되어야 한다. 그 차이점을 기술하자면, '학습'은 '행동 잠재력의 변화'이며 '수행'은 '변화된 잠재력을 행동으로 옮기는 것'이다. 즉, 학습에 의한 변화가 행동으로 나타날 수도 있고 그렇지 않을 수도 있지만, 정말 학습이 일어났다면 필요한 시기에 반드시 관찰 가능한 행동으로 수행되어야 한다. 타인에게 양보하고 배려하는 이타적 행동을 학습한 학생은 자신의 도움이 필요한 누군가를 만났을 때 자신의 것을 나눠 주고 돌보는 행동을 할 것이다. 학습이 곧 관찰 가능한 행동 수행으로 나타나는 것이 아니기 때문에 학습과 수행의 차이를 이해하고 학습에 대한 개념을 이해해야 한다.

3) 지속성

학습에서 변화된 행동은 비교적 영속적으로 지속되는 것을 전제한다. 가령 행동의 변화가 일시적으로 수행되고 이후에 다시 나타나지 않는다면 그것은 학습된 것이 아니다. 행동의 변화는 학습이 아닌 여러 가지 상황에 의해서 발생할 수 있기 때문이다.

신체 피로, 질병, 외상 등으로 행동에 변화가 일어날 수 있다. 두통, 초조함, 졸림, 근육 긴장 등 신체적으로 불편해지면 적절한 행동을 할 수 없고 일의 능률이 떨어지는 등 행동 수행에 변화가 일어난다. 또한 질병을 앓고 있는 사람은 일반적인 상황에서 예민하게 행동하며, 다리 골절을 당한 사람은 걸음걸이에 변화가 있을 수밖에 없다. 스테로이드 근육강화제나 신경각성제와 같은 약물을 복용하여 운동 능력에 엄청난 향상을 가져올 수 있다.

그렇다면 이러한 신체 피로, 질병, 약물, 외상 등으로 인한 행동의 변화와 학습의 차이는 무엇일까? 바로 일시성과 지속성의 차이이다. 피로, 약물, 질병 등에 의한 행동 변화는 일시적인 반면, 학습은 비교적 오랫동안 유지되는 지속성이 있다. 스테로이드계의 근육강화제, 신경계의 각성제와 같은 약물이 일시적으로 운동기능을 높이지만 그 기능은 약물 효과가 지속될 때까지 일시적으로 유지될 뿐이다. 따라서 스포츠 분야에서 약물을 사용한 선수의 운동기능은 훈련의 결과가 아니기 때문에 인정받지 못한다. 약물 효과가 사라지면 향상된 운동기능도 함께 사라지는 일시적인 변화는 학습이 아니다. 장기간 많은 훈련과 연습을 통해 운동기능을 학습했다면 그 변화는 오랫동안 유지되고 지속될 것이다.

결론적으로 학습은 경험과 훈련의 과정을 통해 일어난 지속적인 행동 변화이다. 경험의 결과로 행동이 변화하고 행동의 변화가 지속될 때 비로소 학습이 발생한 것이다.

제2장

학습의 역사

학습내용

1. 인식론
2. 초기 심리학
3. 학습이론에 대한 세 가지 견해

학습목표

1. 인식론의 의미를 설명할 수 있다.
2. Aristotle의 인식론을 사례와 함께 설명할 수 있다.
3. Plato의 인식론을 사례와 함께 설명할 수 있다.
4. Aristotle과 Plato의 인식론의 차이를 비교 · 설명할 수 있다.
5. 초기 심리학파의 주요 관점을 설명할 수 있다.
6. 행동주의, 인지주의, 구성주의 학습이론의 기본적 관점의 차이를 설명할 수 있다.

주요 용어

인식론, Aristotle의 인식론, Plato의 인식론, 경험적 인식론, 생득적 인식론, 초기 심리학 Wundt의 내성법, 구조주의, 기능주의, 행동주의, 객관주의 지식, 구성주의 지식, 행동주의 학습이론, 인지주의 학습이론, 구성주의 학습이론, 인지적 구성주의, 사회적 구성주의

학습에 관한 초기 연구는 동물 행동을 연구하는 동물심리학에서부터 시작한다. 19세기 초 심리학은 철학에서 분리되어 하나의 독립된 학문으로서 과학적 연구 방법을 강조하였다. 심리학은 인간 행동에 대한 과학적 학문으로서 학습에 대해 객관적이고 실증적인 방법으로 연구하였다. 심리학에서 학습 연구는 실증적인 검증을 통해 학습을 정확하게 기술·설명하고 예측·통제한다. 이러한 학습에 관한 과학적 연구는 엄격하게 통제된 실험 조건에서 이루어졌으며, 학습은 경험에 의해 관찰 가능한 행동 변화라고 정의했다. 그리고 '학습'과 행동 실천의 '수행' 간의 시간 지연을 설명하기 위해, 학습을 '경험을 통한 행동 잠재력의 변화'라고 정리했다.

그런데 학습에 관한 관심은 심리학보다 아주 오래전, 그리스 시대부터 있었다. '지식이란 무엇인가' '어떻게 지식을 습득하는가?' '지식은 어디로부터 오는가?' '선천적인가, 경험적인가' 등은 초기 그리스 시대의 철학자들이 해 온 질문이었다. 지식의 본질이 무엇이고 어떻게 습득되는가를 밝히고자 하는 '인식론'은 철학의 주요 주제였다. 그러나 19세기 초에 철학으로부터 독립한 심리학이 인식론을 중요한 연구 대상으로 과학적 접근의 실증적 연구를 하면서 초기 동물 행동에 대한 실험적 연구가 중심이 되었다(Hulse, Deese, & Egeth, 1975).

이처럼 심리학의 학습에 대한 연구는 철학에 기초하며 고대 그리스의 두 철학자 Plato과 Aristotle의 인식론에 뿌리를 두고 있다. 지식의 본질에 대한 Plato과 Aristotle의 상반된 관점은 오랜 시대를 넘어오면서 현재까지 학습에 대한 다양한 견해에 영향을 주고 있다. Plato은 지식이 선천적이며 각 개인이 가지고 있는 마음의 내용에 의해 얻게 된다고 보았으며, Aristotle는 지식이 감각적인 경험을 통해 습득된다고 했다. 이 두 철학자의 사상을 온전하게 이해하는 것은 어렵지만 학습의 두 주요 관점인 행동주의 학습과 인지주의 학습에 어떻게 영향을 주었는지를 살펴볼 필요가 있다.

결론적으로 말하자면, Aristotle의 경험적 인식론은 행동주의 학습에, Plato의 생득적 인식론은 인지주의 학습에 지대한 영향을 주었다.

1. 인식론

1) Aristotle의 인식론

Aristotle의 지식에 대한 기본적인 생각은 연합주의(associationism)이다. 지식과 마음이란 감각(sensation)으로 구성되며 이 감각들은 연합(association)을 통해 이루어진다. 즉, 시각, 청각, 후각, 미각, 촉각의 기본적인 오감을 통해 보고, 듣고, 만지는 감각적 경험을 하면서 지식을 습득하고 그로 인해 마음이 구성된다(장영란, 2000). 예를 들어, '컵'에 대한 지식은 그 모양을 시각적 감각으로 처리하면서 '컵'이라고 불리는 청각 자극, 컵에 대한 손의 촉감 등 감각 정보의 연합으로 이루어진 것이다. 페퍼민트, 로즈메리, 카밀러, 쑥, 익모초와 같이 꽃, 종자, 줄기, 잎, 뿌리 등을 약이나 향신료로 사용하는 식물인 허브에 대한 관념은 허브 식물에 대한 단순한 지식, 경험, 감각, 관념이 모여 형성된 것이다. 즉, 연합주의에 따르면 컵, 허브 식물에 대한 복합적인 관념은 기본적이고 단순한 지식, 관념, 경험, 감각의 연합을 통해 형성된다. Aristotle의 인식론은 경험의 연합에 의한 지식습득을 설명하지만 이성이나 사고가 배제된 경험만을 강조하는 것은 아니다. 경험의 과정에 마음 또는 이성이 적극적으로 작용해야만 지식을 습득할 수 있다고 보는 Aristotle의 생각은 Plato과 마찬가지로 이성주의를 추구한다. 즉, 지식은 경험에 대한 개인의 적극적인 사고, 추리가 있을 때 습득되고, 단지 경험적 자극이 생각과 사고를 발전시킨다는 측면에서 지식습득에 대한 경험의 중요성을 강조하고 있다.

Aristotle의 인식론, 즉 지식의 습득은 바로 감각적 경험에 기초한다. 페퍼민트 허브꽃을 접하면 꽃의 모양, 이름, 향에 대한 각각의 경험이 결합되어 '페퍼민트'에 대한 지식을 습득한다. '페퍼민트'의 맛, 향, 효과에 대한 경험에서 얻은 허브차에 대한 지식을 또 다른 차의 맛, 향, 느낌과 비교하게 되고, 이것은 미처 알지 못했던 레몬 밤, 베이, 베르가모트와 같은 또 다른 허브차에 대한 경험을 자극한다. 즉, 복잡한 지식이나 관념도 처음에는 단순한 감각적 경험에서 시작하며, 계속해서 다른 경험과 비교하고 유사성을 발견하면서 관념과 지식 간에 관계를 형성한다. 페퍼민트에 대한 초기 지식은 청각, 후각, 미각의 감각적 자극이 시간적·공간적으로 동시 또는 인접 상황에서 경험되고 그 자극들이 연합되면서 형성되었다. Aristotle에 따르면, 감각적 경험을 통해 지식, 생각, 관념이 발생하고 이 감각적 경험으로 발생한 지식, 생각, 관념은 유사성, 대비, 인접 및 빈도의 법칙에 따라 또 다른 지식, 생각, 관념을 자극한다. 이렇게 각각의 지식, 생각, 관념을 비교하고 유사성을 발견하고 동시에 자주 경험하면서 또 다른 경험과의 연결을 통해 더 복잡한 지식, 생각, 관념을 형성하게 된다는 것이 바로 연합주의이다. Aristotle는 지식의 근원을 감각적 경험에 두고 이러한 경험적 정보가 결합을 통해 지식으로 습득되는 과정에 초점을 두고 있다. 즉, 어떻게 지식을 습득하는가에 대한 Aristotle의 인식론은 경험주의(empiricism)에 근거를 두고 있다. 이 경험주의 인식론은 17세기 근대 철학의 선구자인 영국의 Bacon과 Locke의 경험주의 사상에 많은 영향을 주었다. Bacon은 학문은 경험에서 출발한다고 보았고, Locke는 인간의 마음을 백지 상태(tabula rasa)로 보고 아무것도 없는 빈 마음에 지식을 공급하는 것은 바로 '경험'이라고 강조했다.

이러한 경험주의가 19세기 초, 독일 Wundt의 인간 의식에 대한 실험적 연구에 영향을 줌에 따라 심리학은 철학에서 분리되어 인간 행동을 과학적으로 연구하는 독립된 학문의 성격을 갖게 되었다. Thorndike, Dewey, Guthrie, Hull, Miller 등의 연합주의는 이 경험주의 사상에 기초를 두고 있으며, 미국의 실용주의와 경험주의가 결합하여 Watson과 Skinner의 행동주의 학습이론으로 발전했다.

2) Plato의 인식론

지식 원천, 지식의 습득 과정에 관한 Plato의 생각은 Aristotle와 상당히 다르다. Plato은 지식은 경험을 통해 학습되는 것이 아니라 터득되는 것이라고 본다. 즉, 모든 지식은 태어날 때부터 개인의 정신에 이미 존재하고 있으며 단지 기억하지 못할 뿐이기 때문에 이는 배움을 통해 얻는 것이 아니라 터득되는 것이다(Louth, 2001).

가령 뻐꾸기의 종족 보존 행동은 학습이 아닌 생득적 행동 특성으로 볼 수밖에 없다. 뻐꾸기는 다른 새와 다르게 스스로 둥지를 틀지 않고 멧새, 할미새, 종달새와 같은 작은 새 둥지에 알을 낳아 다른 어미 새가 자신의 알을 품게 하여 부화하는 얌체 새로 알려져 있다. 그런데 부화할 당시부터 덩치가 큰 새끼 뻐꾸기는 부화 후 1~2일이 지나면 둥지의 진짜 주인인 알과 새끼를 둥지 밖으로 밀쳐낸 뒤 가짜 어미 새가 잡아 온 먹이를 혼자 차지한다. 그리고 둥지를 떠나 독립한 뒤 다시 어미 뻐꾸기의 행동을 반복한다. 뻐꾸기뿐 아니라 인간을 포함한 모든 동물의 종 특유의 행동은 생득적인 것으로 알려져 있다.

생득적 측면에서 보면, 지식의 습득은 경험을 의한 습득이 아니라 어떤 사태에 대해 이미 일정한 방식으로 반응하고, 지각하고 구조화하는 선천적 경향성을 갖고 태어난 것이다. 가령 신생아는 물체가 얼굴에 닿으면 그 자극의 방향으로 고개를 돌리는 방향 반사 반응을 보이고 입 주위에 자극을 주면 입안으로 빨아들이려는 흡입 반사 반응을 보인다. 또한 손바닥에 자극을 주면 반사적으로 손을 오그려 꽉 잡는 잡기 반사 반응을 한다. 이러한 반사 반응은 생득적인 것으로 자극에 대한 신생아의 자동적 반응이다.

마찬가지로 복잡한 지식의 습득도 그것을 학습할 수 있는 정신구조가 이미 존재하기 때문에 가능한 것이다. 언어는 동물의 종 특유의 행동이나 신생아의 반사 반응과 비교할 수 없는 복잡한 지식 체계이다. 그러나 인간의 언어학습은 언어를 획득할 수 있는 선천적인 능력에 의해 가능한 것이라고 본다. Chomsky는 신생아가 언어획득 능력을 선천적으로 갖고 태어났다고 주장하는 대표적인 사람이다(Crain, 1999). 즉, 인간은 모든 언어에 공통으로 내재한 보편적 언어지식 체계인 언어획득 기제(Language Acquisition Device: LAD)를 갖고 태어나고 이 생득적인 언어습득 능력을 통해 단어를 규칙적으로 결합하고 의미 있는 문장을 만든다고 본다. 예를 들어, '안 할래, 안 더 먹어, 안 밥 먹어, 안 내려갈래'와 같은 말은 어린 아동이 문법을 배우지 않고서도 '안'의 규칙적인 과잉 사용을 통해 부정을 표현하는 것이다. 영어권의 아동이 동사에 'ed'를 과잉 적용하여 'goed(went)'로 말하는 것도 이 같은 경우이다. 언어 능력이 없는 어린 아동이 문법적 문장구조를 이해하고 있는지를 알아보는 실험이 2002년 EBS 특별기획 〈아기성장 보고서〉 4부 '언어습득의 비밀'에 소개되었다. 한두 개의 단어로만 말을 할 수 있는 14개월 된 어린 아동에게 단어의 순서가 바뀌는 말을 들려주고 관련 장면을 보여 주는 실험이었다. '짜잔이 형이 뿡뿡이를 잡은 게 어디 있어?' 또는 '뿡뿡이가 짜잔이 형을 잡은 게 어디 있어?'라는 말을 들려주면서 [그림 2-1]의 화면을 동시에 보여 주면 어린 아동은 정확하게 질문과 관련한 해당 화면을 응시했다.

(A) 짜잔이 형이 뿡뿡이를 잡고 있는 장면　　(B) 뿡뿡이가 짜잔이 형을 잡고 있는 장면

그림 2-1　선천적인 언어획득 기제를 통한 모국어의 학습(EBS, 2002)

이것은 언어사용 능력이 없는 어린 아동도 단어의 배열 순서에 따라 뜻이 달라지는 것을 알고, 주어와 목적어의 관계를 정확하게 인식하고 있음을 보여 주는 것이다. 즉, 주어와 목적어의 문법구조를 이해하는 생득적 능력이 있음을 보여 준다. 결국 언어를 습득하는 인간의 능력은 언어의 보편적 문법구조를 이해할 수 있는 선천적 능력 때문이라고 할 수 있다.

지식은 경험이 아닌 인간의 이성에 의해 얻어진다는 합리적 이성주의는 Plato의 생득적 인식론에 기초한 것이다. 따라서 사물에 대해 논리적으로 인식, 사고, 추론, 판단하는 정신 과정을 통해 지식이 습득되는 것이지 반드시 구체적 사실에 대한 많은 경험에만 의존하는 것이 아님을 강조한다.

Plato과 Aristotle는 모두 사고나 추리와 같은 적극적인 마음, 정신 과정이 개입될 때 비로소 지식이 습득된다고 보는 합리적 이성주의자이다. 그러나 Plato의 생득적 인식론은 외부 세계에 반응하는 미리 정해진 선천적인 소질을 강조하는 반면, Aristotle의 경험적 인식론은 경험에 기초한다는 것을 강조한다. 따라서 행동을 이해하는 방법에서도 차이가 나는데, 경험에 근거한 연합주의는 경험적 자료나 증거를 통해 행동을 분석하며 합리적 이성주의는 논리적 사고와 추론을 통해 분석한다. 또한 새로운 지식을 발견하는 방법과 태도를 보면, 연합주의는 경험적 사실과 증거를 토대로 이론을 구성하지만, 합리적 이성주의는 논리적 추론과 직관을 통해 이론적 가설을 구축하고 이후에 사실 검증을 통해 이론을 성립한다.

연합주의의 지식습득은 감각과 경험에 의존하며 합리주의는 직관과 논리적 추론에 의존한다. 연합주의와 합리적 이성주의의 지식습득에 대한 견해는 학습이론을 이해하는 데 매우 중요하다. 그런데 연합주의에 근거한 학습이론은 기억과 학습에 관한 실증적인 연구에 기초하여 이론을 체계적으로 구성하였으나 합리적 이성주의는 그렇지 못했다.

철학에서 독립한 초기 심리학은 실증적인 방법으로 인간의 '정신 과정'을 연구하면서 연합주의에 기초하고 있다. 그러나 초기 심리학에서 합리적 이성주의의 추론을 완전히 배제하고 연합주의만을 지향한 것은 아니다. 순수한 합리론에 근거한 인식론은 실증적 연구가 없었기 때문에 학습이론을 발전시키지 못했지만, 연합주의 학습이론의 실증적 검증에 앞서 이론적 가설을 구축하는 과정에는 합리적 이성주의의 논리적 추론이 필요하다.

다음은 '인간 행동을 과학적으로 연구하는 학문'인 심리학이 철학에서 분리된 후, 실증적 연구에 기초하여 발전하고 변화하면서 형성된 심리학파에 대한 간단한 소개이다. 인식론에 대한 철학적 관점과 함께 초기 심리학의 흐름을 살펴보는 것은 주요 학습이론을 이해하는 도움이 될 것이다.

2. 초기 심리학

심리학의 과학적 연구 방법이 시작되기 전에 인간의 지식에 관한 철학적 연구는 주로 직관(intuition)과 논리(logic)에 의존해 왔다. 감각, 경험, 연상, 판단, 추리 등의 사유 작용을 거치지 않고 대상을 직접적으로 파악하는 정신작용인 직관을 통해 가설을 세우고 이에 대해 논리적 추론을 함으로써 결론에 도달했다. 즉, 철학에서 인간의 정신, 마음에 관한 연구 방법은 직접적인 경험이 아닌 사변적인 추론을 통해 이루어졌다. 그러나 철학에서 독립한 심리학은 인간의 마음(정신)을 연구하는 방법으로 물리학의 실험적인 연구 방법을 선택하였다. 마찬가지로 정보의 기억, 학습 과정에 관한 연구도 추론에 의존하지 않고 가설을 세운 후 이것을 검증하기 위해 객관적인 연구와 관찰을 시도하였다. Ebbinghaus는 무의미 철자의 수와 그것을 학습하는 데 걸리는 시간의 관계를 실험적 방법을 통해 밝혔는데, 무의미 철자의 수가 증가하면 학습 시간이 증가한다는 것은 당연한 사실임에도 실증적 검증을 했다는 점에서 가치 있는 연구로 평가되었다 (Hintzman, 1978).

　심리학의 창시자로 불리는 Wundt는 라이프치히 대학의 교수로 재직하면서 1862년에 실험심리학의 시작을 선언하였고 1879년에는 최초의 심리학 실험실을 창설하였다. Wundt의 관심은 경험되는 의식을 구성하고 있는 모든 구성요소를 발견하는 것인데 주로 자기관찰, 즉 내성을 통해 보고함으로써 가능하다고 보았다. 심리학이 철학에서 분리되어 독립된 학문 분야로 자리매김한 것은 Wundt의 업적이다. 이후 심리학의 연구 주제와 연구 방법에 대한 다양한 관점이 생겨나고 여러 심리학파가 파생하고 발전하면서 학습이론도 함께 발전해 나간다.

1) Wundt의 내성법

　독일 이성주의자인 Wilhelm Wundt(1832~1920)는 자신이 원하는 사고의 요소에 선택적으로 집중할 수 있다는 인간의 의지와 통각(apperception)에 관심을 두고 사고를 구성하고 있는 기본 요소를 자기보고 방법을 통해 밝혀내는 것에 목적을 두었다. 의식 내용을 분석하는 방법으로 자기관찰의 내성법(introspection)을 사용했다. 이것은 실험실에서 내성을 통해 의식을 관찰하고 보고하게 함으로써 의식을 구성하는 심적 요소를 밝히는 것이다. 의식에 대한 Wundt의 초기 과제는 내성을 통해 의식 내용을 분석함으로써 그것의 구성요소를 발견하고 이 요소들이 어떻게 의식을 구성하는지에 대한 연합법칙을 설명하는 것이다. Wundt는 화학적 연구에서 물질의 기본 요소를 밝히고 요소 간의 결합방식에 의해 독특한 물질로 구성됨을 설명할 수 있듯이 의식도 이처럼 설명할 수 있다고 보았다. 따라서 의식을 그 요소로 분석하고 이 요소들이 결합하는 방식과 상호관계, 그리고 의식형성 과정을 연구했다. 이런 의미에서 Wundt의 심리학은 요소주의(elementalism), 환원주의(reductionism), 연합주의(associationism)라고 한다. 즉, '물(H_2O)'이 수소(H)와 산소(O)로 환원되고 2개의 수소(H)와 1개의 산소(O)가 결합하여 다시 물이 되듯이 복잡한 심적 체계도 단순한 감각과 단순한 감정으로 분석될 수 있다고 보는 것이다. 복잡한 마음이나 행동은 단순한 마음이나 행동의 요소로 구성되어 있으며 이 요소들이 결합하여 드러난 것이다.

Wundt의 심적 요소의 결합방식은 연합과 통각으로 이루어진다. 연합은 요소 또는 관념의 연합을 포함하는데, 시간 전·후 관계로 이루어지는 결합, 시공간 구분이 되지 않는 동시적 결합, 한 요소와 다른 요소가 합쳐지는 결합, 합쳐졌지만 완전한 융화가 이루어지지 않은 결합으로 수동적이며 의지와 관계없이 일어난다. 반면에 통각 결합은 의식의 상태에서 일어나는 능동적인 결합으로 사고, 반성, 추론, 상상의 정신 과정에서 관계, 비교, 분석, 종합의 통각기능을 통해 이루어지는 것으로 개념을 형성한다.

실험실에서 실험적 자극에 대해 발생하는 의식을 자기관찰과 보고를 통해 분석하는 것은 그 시대에는 상당히 획기적인 연구 방법이었지만, 자기관찰과 보고 방법의 주관적이고 객관성을 유지하기 어려워서 연구의 한계에 부딪힌다. 내성을 통한 의식 연구는 객관성의 한계 때문에 결국 퇴조했지만, 의식을 요소로 분석하고, 요소 간의 결합법칙에 관한 연구는 행동주의의 연합이론에 많은 영향을 주었다.

2) 구조주의

구조주의(structuralism)는 Wundt의 제자인 Tichener가 만든 최초의 심리학파로 알려져 있다. Tichener는 독일에서 Wundt의 제자로 2년간 수학한 후 미국의 코넬 대학에 재직했는데 1898년 「구조주의 심리학의 전제(The Postulate of Structural Psychology)」라는 논문에서 '구조주의'라는 말을 쓰면서 미국에서 기능주의에 대적하는 구조주의 심리학파를 이끌어 갔다. Wundt가 의식의 요소를 감각과 감정으로 구분하여 분석했지만, Tichener는 감각, 감정, 심상을 의식의 세 요소로 보고 Wundt와 마찬가지로 물질이 화학적 원소로 환원되고 원소의 결합이 물질을 구성하듯이 의식도 그것을 구성하는 요소로 분석할 수 있다고 보았다.

따라서 구조주의 심리학은 초기의 심리학이 철저한 실험과학으로서의 독립성을 갖고자 했듯이 '의식'을 객관적으로 관찰하고 기술하는 것을 강조한다. 그 당시 '의식'을 연구하는 방법은 내성법이었는데 이 내성으로 관찰하는 방법을 훈련함으로써 '의식'을 객관적으로 관찰할 수 있다고 본 것이다. 직접적으로 경험하는 의식만이 연구 대상이었기 때문에 실험실에서 제시되는 시각적·청각적 자극에 대한 경험을 내성으로 관찰하도록 하고, 이때 경험 과정을 분석하였다. 구조주의는 모든 의식을 구조와 내용으로 분석할 수 있다고 본다.

구조주의 심리학은 심리학이 철학에서 독립된 후 생긴 최초의 심리학 학파로 Wundt의 뒤를 이어 내성법의 자기관찰을 통해 의식을 철저하게 분석하려고 했다. Wundt는 요소들이 복잡한 사고로 결합하는 과정에 있어서 단순한 요소 결합 이외에 통각, 자유의지, 창의적 종합에 의해 의식과 사고가 구성된다고 보는 이성주의 전통을 따랐다. 반면에 구조주의에서 사고는 사고 요소가 결합하여 형성된 것이라고 설명하는 경험주의 전통을 철저하게 따름으로써 수동적인 사고와 의식의 형성을 강조한다. Tichener는 의식을 분석하고자 한 Wundt의 방법을 따랐으나 사고 요소의 결합법칙을 따름으로써 능동적인 의식과 사고를 강조한 Wundt와 다른 입장이었다. Tichener는 사고에 대한 철저한 분석과 결합법칙에 따라 구성되는 수동적 사고를 강조한다. 지나치게 의식의 구조와 내용에 초점을 두고 요소의 분석과 결합법칙을 강조한 구조주의는 의식의 기능과 작용을 무시했다는 비난과 함께 정신세계가 물리나 화학처럼 요소로 환원되고 분석될 수 없다는 주장에 의해 퇴조했다.

3) 기능주의

구조주의가 의식의 구조와 내용에 초점을 두었고 기능주의(functionalism)는 의식의 기능과 작용에 초점을 둔다. 기능주의는 구조주의와 공존하며 대립한 학파로, Darwin의 진화론과 미국의 실용주의의 영향을 받으며 발전해 오다가 행동주의에 영향을 주었다. 구조주의와 마찬가지로 의식이 중요한 연구 주제였지만 기능주의는 의식은 요소로 환원할 수 없으며 하나의 전체적 과정으로서 환경에 적응한다고 본다.

기능주의 창시자로 알려진 James는 의식의 흐름도 경험이 변화하면 함께 변화한다고 주장한다. 따라서 기능주의의 관심은 의식이 환경에 어떻게 작용하고 있는가를 연구하는 것이다. 즉, 의식은 목적성을 갖고 있고, 이 목적성에 따라 환경에 대해 기능하는 의식의 흐름을 연구하는 것이다. 환경에 대한 생물체의 생성 및 소멸 과정과 마찬가지로 환경에 대한 적응 수단인 의식이 환경에 작용하면서 발생하고 변화하는 의식의 흐름을 연구하는 것이 기능주의의 주요 과제이며, 의식이 환경에 적응하는 과정에서 이 의식들이 어떻게 결합하고 작용하여 새로운 의식이 발생하고 변화하는가를 밝히려고 했다. 기능주의에서 행동과 의식은 환경과의 관계에서 끊임없이 생성하고 소멸하는 과정으로 이해한다. 따라서 경험을 통해 의식이 생성되고 경험이 변화하면 의식도 변화한다. 이러한 입장은 Darwin의 진화론적 관점의 영향을 많이 받은 것으로 알려져 있다.

또한 미국의 실용주의의 영향을 받은 기능주의는 심리학이 현실에 도움이 되는 실용 학문이어야 함을 강조함으로써 정보의 활용을 위한 응용심리학의 발전과 아동의 행동, 이상행동, 개인차 등 심리학의 연구 범위를 확장하였다. 그러나 기능주의도 의식의 흐름과 기능을 다루는 데 있어서 과학적 연구 방법의 한계를 갖게 된다. 기능주의가 퇴조하면서 1930년대 심리학은 개체와 환경의 관계를 다루는 행동주의, 동기를 다룬 역동심리학, 심리학의 실용화에 초점을 둔 응용심리학의 세 방향으로 전개되었다.

4) 행동주의

행동주의(behaviorism)는 의식을 연구하는 구조주의와 기능주의에 반대하여 객관적으로 측정 가능한 행동이 심리학의 연구 주제여야 함을 주장하는 Watson(1878~1958)에 의해 시작되었다. 의식은 객관적으로 연구할 수 있는 주제가 아니기 때문에 심리학이 과학적 학문으로서의 성격을 유지할 수 없다고 본 것이다. 따라서 Watson은 의식, 무의식, 정신, 사고와 같이 직접적으로 관찰할 수 없는 주제는 심리학에서 철저하게 배제하고 관찰 가능한 '행동'만을 심리학의 연구 주제로 다루었다. 이로써 행동주의 심리학의 중요한 목적은 실험적인 자연과학으로서 행동을 예언하고 통제하는 것이다.

Watson은 인간의 복잡한 행동이 작은 단위의 반응들이 결합한 것이라보기 때문에 자극에 대한 반응에 초점을 두었다. 이러한 Watson의 행동주의를 자극-반응 심리학 또는 자극과 반응 사이의 의식 과정을 다루지 않기 때문에 검은 상자(black box) 이론이라고 부른다(Sahakian, 1976). 다음 Watson의 자극-반응 실험은 정서 반응이 반응과 무관한 자극(중성 자극)과 어떻게 연합하는지를 보여 준다.

11개월 된 어린 아동 Albert는 실험용 흰쥐를 두려워하지 않고 마치 장난감처럼 만지며 놀았다. 흰쥐에 대해 전혀 공포 반응을 보이지 않던 Albert가 흰쥐에게 접근해 만지려고 할 때 뒤에서 커다란 굉음을 냈다. 처음에 Albert는 소리에 놀라 넘어졌으나 다시 쥐에게 접근했다. 이때 다시 굉음이 울렸고 Albert는 놀라서 울었는데 그 뒤 굉음과 쥐의 출현을 몇 차례 더 함께 제시했다. 그 결과, Albert는 흰쥐에 대해 공포 반응을 보였고 흰쥐와 같이 털이 있는 다른 대상, 즉 모피, 솜, 카펫, 산타클로스의 수염에 대해서도 같은 공포 반응을 보였다. 여기서 Albert에게 공포 반응을 일으킨 굉음은 무조건 자극(Unconditioned Stimulus: US)이고 이 굉음에 대한 공포 반응은 무조건 반응(Unconditioned Response: UR)이다. 굉음은 대부분 사람에게 반사적으로 공포나 놀람 반응을 일으키는 자극이다. 따라서 굉음은 무조건 자극이며 이 자극이 유발하는 자동적 반응은 무조건 반응이다. 반면에 Albert가 두려워하지 않던 흰쥐는 공포 반응과 무관한 중성 자극(Neutral Stimulus: NS)이었지만 무조건 자극(굉음)과 결합하면서 공포 반응을 유발하는 조건 자극(Conditioned Stimulus: CS)이 되었다. 그리고 흰쥐에 대한 공포 반응은 무조건 자극(굉음)과 중성 자극(흰쥐)이 결합한 결과로 나타난 것이기 때문에 굉음에 대한 공포 반응과 구분하여, 조건 반응(Conditioned Response: CR)이라고 한다. Albert는 털이 지닌 다른 대상에 대해서 공포 반응을 보였는데 흰쥐와 유사한 자극에 대해서 공포의 조건 반응을 보이는 것을 일반화라고 한다.

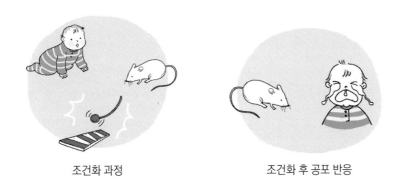

조건화 과정   조건화 후 공포 반응

그림 2-2　Watson의 정서 반응의 조건화

　Watson은 인간의 행동이 자극과 반응의 관계로 이루어지며 모든 행동의 기본 단위는 반사적 반응이라고 보았다. Watson은 지나치게 의식을 무시하고 관찰 측정 가능한 반응에 대한 객관적이고 실증적인 연구만을 강조하기 때문에 비난을 받았지만 행동주의 심리학이 발전하는 계기가 되었다. 또한 의식, 사고, 기억의 인지 과정에 초점을 둔 인지심리학에서도 정신적 과정을 추정하는 지표로 측정 가능한 행동을 다루게 되었다.
　인식론에 대한 철학적 관점과 심리학의 여러 학파가 학습이론의 성립과 발전 과정에 영향을 주었지만, 학습이론을 어느 한 심리학의 학파로 분류하기는 어렵다. 왜냐하면 심리학이 발전하면서 연구 주제와 연구 방법이 완전하게 구분되기보다 부분적으로 상호 영향을 주었기 때문이다. 심리학의 창시자로 불리는 Wundt는 내성법을 통해 인간의 사고와 의식을 연구하였지만, 의식이 요소의 결합으로 이루어진다는 그의 요소주의, 결합주의는 행동주의에 영향을 주었다. 또한 Tolman은 환경적 자극의 중요성을 강조하는 행동주의 관점을 갖고 있으면서도 행동의 목적성을 다루어 인지적 요소를 부각한다.

철학의 인식론에 뿌리를 두고 심리학과 함께 발전해 온 학습이론은 크게 행동주의 관점과 인지주의 관점으로 구분할 수 있다. 미국의 행동주의가 Wundt의 내성법을 객관성을 잃은 연구라고 비난할 때 독일의 형태주의 심리학은 Wundt의 요소주의를 비난했다. 행동주의가 미국에서 주류를 이루고 있을 때, 형태주의는 독일에서 Wertheimer가 형태주의 심리학(Gestalt Psychology)을 발표하면서 시작되었다. 형태주의는 사물을 지각하는 의식 과정을 이해하기 위해 Wundt와 같이 감각적 요소로 분해하는 것이 아니라 전체적 형태, 주관적 의미와 해석과 같이 개인의 인지적 과정이 작용하고 있음을 주장하였고 이것은 '인지 과정'에 초점을 둔 인지주의 학습이론의 발전에 영향을 주었다. 뿐만 아니라, 자극과 반응 사이에 '주의' '목적성'과 같은 인지적 과정이 매개하고 있음을 강조하는 신행동주의 학습이론에 많은 영향을 주었다. 신행동주의는 의식이 완전히 배제된 자극과 행동의 관계를 다룬 Watson의 행동주의와 비교되는 개념이다.

그런데 사고, 의식, 기억 등의 인지를 연구하는 인지주의 심리학에서도 인지 과정을 검증하기 위해 행동주의의 실증적 연구 방법을 채택했다. 따라서 연구 주제와 연구 방법에 근거해서 학습이론을 인지주의와 행동주의로 완벽하게 구분하기는 어렵다. 단지 사고와 기억의 과정에 초점을 두고 학습 과정을 다룬다면 인지적 관점에 포함되고, 주의나 목적성과 같은 인지적 매개 과정을 다루더라도 행동과 자극의 관계에 초점을 둔다면 행동주의 관점에 포함된다.

3. 학습이론에 대한 세 가지 견해

학습이론은 학습이 일어나는 심리적 기제를 설명하는 법칙 및 이론체계이다.

학습이론가는 어떤 조건에서 어떻게 학습하는가에 관심을 두고 학습에 대한 일련의 법칙이나 원리를 밝혀 왔다. 오랫동안 행동주의 학습이론과 인지주의 학습이론이 주류를 이루었다면 비교적 최근에 부각하고 있는 것이 구성주의 학습이론이다.

행동주의 학습은 반응의 결합과 연합에 초점을 두고 인지주의 학습이론은 내적 인지 과정에 초점을 둔다. 행동주의와 인지주의의 학습에 대한 관점은 다르지만 모두 보편적이고 불변하는 지식과 진리를 추구하는 객관적인 지식을 다루고 있다. 객관주의적 관점에서 지식은 시대와 문화, 역사를 초월한 것으로 이미 존재하고 있으며, 지식습득은 미처 밝혀내지 못한 진리를 발견하는 것이다. 여기서 학습은 학습자가 이 절대적인 지식을 전달받는 것을 의미하며 학습자는 학습활동에서 수동적인 존재이다.

반면에 구성주의 학습이론에서는 학습자에게 전해야 할 절대적인 진리와 지식은 존재하지 않는다. 지식이란 개인이 환경과 상호작용하는 경험 과정에서 얻어지며 만들어 가는 것이다. 구성주의는 개인이 지식을 내적으로 어떻게 형성하고 구성하는지에 초점을 두고 있다. 구성주의 관점에서 학습자는 경험을 통해 지식과 지식의 의미를 스스로 창출해 가는 능동적인 존재이다. 〈표 2-1〉은 객관주의와 구성주의의 지식에 관한 견해 차이를 요약한 것이다.

표 2-1 객관주의 지식과 구성주의의 지식

비교	객관주의	구성주의
학습이론	Pavlov, Skinner, 통찰설, 정보처리 이론 등	Piaget, Vygotsky
지식의 성격	시대, 역사, 문화를 초월한 절대적 진리와 지식	개인적 · 상황적 · 역사적 · 문화적 맥락에 따라 구성되는 지식
지식의 의미	보편적이고 객관적 지식 고정된 지식	지식의 개인적 의미 주관적 의미의 지식 지식의 변화
지식 가치	지식의 효율성, 효과성	창의력, 다양화
지식의 습득	보편적 진리 발견	개인의 구성과 창조
학습활동	일방적인 지식전달 교육	학습자 주도의 문제중심학습 협동학습
학습자	지식 수용 지식 축적과 반복 학습 수동적 존재	지식 구성과 창출 능동적 존재

1) 행동주의 학습이론

행동주의 학습은 Aristotle의 연합이론에 기초하며 연합은 요소 간의 결합을 의미한다. Thorndike는 감각적 인상(자극)과 행위를 하려는 충동(반응)의 결합 과정을 설명하였고, Pavlov는 자극의 연합을 실험하였다. 연합이론에서 학습은 자극과 반응의 결합, 자극 간의 연합, 아이디어 간의 반복적인 연합의 결과로 학습이 일어난다. 가령 빵과 버터가 항상 함께 제시됨으로써 이 두 단어 간의 연합을 자주 경험하고 이 결과로 학습자는 '빵'이란 단어 자극에 대해 고추장보다 버터를 더 빨리 떠올린다.

Thorndike의 퍼즐 상자에 있는 고양이는 상자 내부의 미로 자극과 그곳에서 탈출하는 행동 간에 연합이 이루어지면서 반복적인 미로 탈출 시도 후에 처음보다 훨씬 짧은 시간에 미로에서 탈출했다. 이때, 성공적인 탈출이라는 만족스러운 결과가 미로 자극과 탈출 행동 간에 강한 연합을 만든다. 이러한 연합에 대한 경험이 반복되면 고양이가 퍼즐 상자에서 탈출하는 시간이 단축되는데 이것이 바로 학습의 결과이다. Pavlov는 반사행동을 유발하는 무조건 자극과 반사행동과 무관한 중성 자극의 반복적인 연합을 통해 중성 자극에 대한 생리적 반사 반응을 학습시켰다.

　Thorndike와 Pavlov의 연합이론은 Skinner를 비롯해 행동주의 학습이론의 기초가 되었다. Pavlov의 조건 반사, Thorndike의 자극-반응 결합, Skinner의 조작 조건화는 실증적인 과학적 연구 방법이 강조된 동물 행동 실험연구였고 이것은 1900년대 이후 거의 반세기 동안 미국 심리학의 중심이 되었다.

　수영, 높이뛰기, 달리기와 같은 관찰과 측정 가능한 행동이 행동주의의 연구 주제이기 때문에 '경험'에 의해 변화된 행동은 모두 관찰할 수 있다. 수영, 높이뛰기, 달리기의 기록 향상과 인사하는 행동은 정확하게 관찰할 수 있는 학습의 결과이다. 또한 '구구단'의 반복 암송을 통해 '6×9'는 '54'라고 즉각 반응하고 '경주'의 단어 자극에 대해 '통일신라, 첨성대, 불국사, 석굴암'을 연상할 수 있는 것은 결합과 연합에 의한 정보 획득이다. 글씨를 읽는 것도 이러한 연합 과정에 의해 학습된다. 아동이 먼저 개의 그림(a)을 보며 '개'라고 부르는 것(b)을 학습한 뒤 그림(a)과 글씨(c)를 반복적으로 연합하면 글씨(c)만 제시해도 '개'라고 읽을 수 있다.

　행동주의의 학습은 자극과 반응 간의 결합을 통해 일어난다고 보기 때문에 갈증과 같이 행동을 유발하는 내적 긴장 상태인 추동, 환경적 단서, 반응, 강화에 근거해서 설명한다.

　그런데 인간의 학습행동은 동물의 학습행동과 다르게 정신 과정이 완전히 배제된 S-R의 관계만으로 설명할 수 없다. 따라서 몇몇 행동주의자는 유기체(organism)의 인지 과정을 설명하는 S-O-R의 관계를 발전시켰다. 즉, 정신 과정이 자극과 반응 사이에 작용하기 때문에 개인이 최종으로 반응을 결정한다는 신행동주의 이론이 나왔다. 이것은 단순히 자극을

훈련 a=b
아동이 동물을 '개'라고
부르는 것을 학습함

훈련 a=c
아동은 '개'라는 글씨가 그림의
동물을 의미하는 것을 학습함

훈련 b=c
아동은 '개'라는 글씨를 보고
'개'라고 읽을 수 있음

그림 2-3 **연합에 의한 언어학습**

통해 학습하는 수동적 인간관에서 탈피하여 적극적으로 환경을 다루며 사고하는 능동적인 인간관으로의 변화를 의미한다.

신행동주의는 이전에 행동주의 학습에서 다루지 않았던 기대, 신념, 사고와 같이 관찰 불가능한 내적인 정신 과정을 학습 과정에서 다루고 있다. 반응 뒤에 숨어 있는 사고 과정을 고려하지 않고서는 학습 과정을 이해할 수 없었기 때문에 정신 과정(mental process)에 관한 객관적인 연구가 시작되었다. Tolman, Hull을 비롯해서 Bandura는 반응에 대한 인지적 매개체를 강조한 신행동주의(neo-behaviorism)의 대표적 학자이다.

Bandura는 직접 관찰할 수 없는 기대, 의도, 신념, 사고 등의 인지적 매개체를 학습 과정에 포함하고 사회환경의 중요성을 강조하였다. 신행동주의의 대표적인 이론이 바로 Bandura의 사회인지이론(social cognitive theory)이다. 사회인지이론은 사회환경, 내적 정신 과정의 주체인 개인, 행동의 세 요인이 상호작용하는 것을 다루고 있어서 내적 요인과 외적 요인이 모두 학습의 중요한 요인임을 설명한다.

2) 인지주의 학습이론

인지주의 관점에서 학습은 통찰과 같이 상당히 복잡한 사고 과정이라
고 본다. 문제를 해결하기 위해 정보를 적극적으로 활용하는 사고 과정의
결과로 학습이라는 인지 능력의 변화가 일어난다. 이 인지 능력의 변화
는 곧 행동 잠재력 변화를 의미한다. 따라서 인지주의 학습이론은 학습자
내부에서 일어나는 사고 과정을 연구하며 '새로운 지식의 습득'에 초점을
둔다.

이와 같은 인지주의 학습이론은 형태주의 심리학에 기초를 두고 있다.
Wertheimer는 형태주의의 창시자로 Wolfgang Köhler(1887~1967), Kurt
Koffka(1886~1941)와 함께 형태주의를 발전시켰다. 양쪽에 있는 두 전구
의 불빛을 마치 움직이는 하나의 불빛으로 지각하는 가현운동의 파이 현
상(phi phenomena)을 발견하면서 형태주의가 시작되었다. 파이 현상은
물체의 사실적 정보(다른 위치에 있는 두 불빛)를 처리하는 감각 요소(눈)와
실제로 나타나는 지각 현상(불빛의 움직임)이 다름을 보여 준다. 형태주의
에서 지각 현상은 객관적인 물리적 자극이 개인의 인지구조, 사고, 기억,
심리적 상황에 의해 해석되는 주관적 현상이다. 가을 추수를 앞두고 누렇
게 익은 벼를 바라보는 사람들의 지각 현상은 각기 다르다. 농촌 생활에
대한 경험이 전혀 없는 사람은 황금물결의 아름답고 낭만적인 가을 풍경
을 보게 될 것이고 농사의 고된 일을 경험한 사람은 추수를 해야 하는 힘
든 노동 장면을 먼저 떠올릴 것이다. 형
태주의 심리학은 개인의 심리 과정에 의
해 객관적 사물이 어떻게 다르게 지각되
는가에 초점을 둔다. 마찬가지로 형태주
의에 기초한 인지주의 학습이론은 개인
이 어떻게 정보를 지각하고 다루면서 학
습이 일어나는가에 관심을 둔다. 따라서

(A)　　　　　　(B)

그림 2-4 **파이현상: 다른 위치의 전구를
마치 한 전구 불빛의 움직임으
로 지각함**

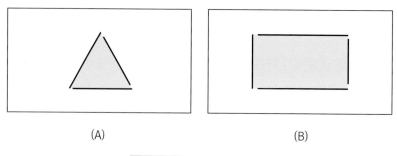

(A)　　　　　　　　　　　　　(B)

그림 2-5　전체 형태 지각

인지주의는 학습자가 무엇을 학습했는가(학습 결과)보다 어떻게 배웠는
가(학습 과정)에 더 관심을 두고 지식은 개인의 요구, 목적, 의미에 따라
계속적으로 조직되고 재구성된 것이라고 본다.

　[그림 2-5]에서 (A), (B)를 보면, 서로 다른 각을 이룬 3개의 선과 4개의
선으로 보는 것이 아니라 전체 형태인 삼각형과 사각형으로 지각한다. 형
태주의는 이와 같이 사물에 대한 지각 현상은 감각적 요소들의 합 이상
인, 하나의 통합된 전체로 지각되며 자극 간의 관계로 인식되는 과정에
초점을 둔다. 교향곡을 연주하는 오케스트라의 연주가 단순히 악기의 합
음이 아닌 각 악기의 고유한 음색, 다양한 소리가 조화와 화음을 이룬 소
리로 들리는 것은 형태주의의 지각 현상이다.

　인지주의 관점은 행동주의가 발전하면서 관심에서 멀어졌지만, 제2차
세계대전이 일어나고 인간의 복잡한 정신기능에 대한 관심과 컴퓨터의
등장 그리고 언어발달에 대한 연구가 발전하면서 인지에 대한 연구가 다
시 활발해졌다. 형태주의 심리학으로 알려진 독일의 심리학자들, Köhler
의 통찰설(insight theory), Lewin의 장이론(field theory), 정보처리이론
(information processing theory)은 인지주의 학습이론의 대표적 예이다.

　〈표 2-2〉는 행동주의 학습이론과 인지주의 학습이론을 비교 · 요약한
것이다.

표 2-2   행동주의 학습이론과 인지주의 학습이론

구분	행동주의 학습이론	인지주의 학습이론
심리학	연합이론	형태주의
행동	외적 행동(반응)	내적 행동(사고)
지식	연합에 의한 지식습득	지식습득, 사고구조의 변화
학습	관찰	학습과 수행 구분

3) 구성주의 학습이론

구성주의(constructivism)는 개인이 경험을 통해 지식을 만들고 구성한다는 전제로 지식의 본질과 습득을 설명한다. 지금까지 주류였던 행동주의와 인지주의 학습은 절대적인 불변의 객관적인 지식을 습득하는 것이지만, 구성주의 학습에서 지식이란 개인이 다양하게 구성하고 창출하는 것이다. 행동주의와 인지주의 학습에서 지식은 시대를 초월하는 보편적인 진리로서, 다음 세대에게 전달해야 하는 객관적인 정보들이다. 반면에 구성주의의 지식은 개인이 상황적 · 사회적 맥락 안에서 경험을 통해 만들어 간다. 따라서 전자의 경우 학습의 결과로 실제 상황에 활용되고 적용될 수 있는 지식의 객관적인 효율성이나 유용성이 중요하며, 후자의 경우 지식을 구성하고 만들어 가는 개인의 창의성이 중요하다. 행동주의는 자극의 연합을 통해 유용한 지식을 학습하고 인지주의는 지식습득을 통해 효율적으로 문제를 해결할 수 있어야 한다.

구성주의는 절대적 · 객관적 지식의 존재를 부정하고 인식의 주체자인 개인이 환경적 · 인지적 경험을 통해 지식을 구성해 간다는 전제로 시작한다. 이것은 지식에 대한 새로운 관점으로 지식이 객관적 사실 그대로 인식되는 것이 아니라 개인이 재해석하며 만들어 간다는 것이다. 개인은 객관적 사실을 그대로 인식할 수 없으며, 환경과 상호작용하면서 개인의 인지적 · 사회적 경험에 따라 새로운 지식을 구성한다. 즉, 지식은 그것을 다루는 개인의 경험, 정신구조, 신념, 필요 등에 의해 해석되고 의미를 갖게 되어 개인은 각기 다른 지식을 구성할 수 있다.

　　교육철학자인 John Dewey(1859~1952)의 실용주의 교육과 Jean Piaget(1896~1980)의 발생적 인식론 그리고 소련의 심리학자 Lev Vygotsky(1896~1934)는 구성주의 관점에 많은 영향을 주었다. 실용주의 교육사상가 Dewey는 지식은 실생활의 실제적인 도구로서 도움이 될 때 가치가 있다는 지식의 도구주의(Instrumentalism)를 주장함으로써 절대적이고 불변하는 진리는 없다고 보았다. 따라서 지식은 시간이 지남에 따라 개선되고 진보되어야 참된 것이며 끊임없이 변화하며 진화해야 한다는 Dewey의 사상은 지식의 본질에 대한 구성주의 인식론의 관점이다. 생활에 더 유용한 지식을 끊임없이 추구해야 한다는 Dewey의 생각은 새로운 지식의 창출을 강조하는 구성주의의 관점과 일치한다. 이러한 실용주의 사상은 기존의 지식을 일방적으로 전달하는 주입식 교육에 큰 변혁을 일으켰다. Dewey의 경험 중심 교육, 아동 중심 교육은 바로 '학습자 중심 교육'으로 학습자 스스로 생각하고 활동하면서 깨우쳐 나감으로써 지식의 유용성을 높이는 학습전략이다. Dewey는 문제에 대해 학습자가 흥미를 갖고 있으면 스스로 탐구하고 사고하게 된다고 한다. 일방적으로 전달되고 암기시키는 교육을 통해 습득한 지식은 학습자의 유용한 도구로서의 가치가 이미 상실되었기 때문에 진정한 의미의 지식이 되지 못한다. Dewey의 실용주의(pragmatism)에서 강조하는 지식의 실용성, 유용성은 개인이 경험을 통해 스스로 탐색하며 알아 가는 과정의 결과로부터 오는 것이다.

　　인식론에 대한 구성주의적 관점에 대한 논의는 이보다 훨씬 앞선 18세기 Berkely와 Vico에게서 시작되었지만(이명숙, 1998), 구성주의의 구체적 교육 실천의 출발은 Dewey의 학습자 중심의 교육에서 시작되었다고 보는 견해가 일반적이다. 구성주의 학습이론에서 대표적인 심리학자가 바로 Piaget와 Vygotsky이다. 지식 구성에 있어서 개인의 인지적 과정, 즉 사고의 과정에 초점을 둔 Piaget의 발생적 인식론은 인지적 구성주의이다. Piaget의 발생적 인식론은 개인이 환경과 상호작용하며 지식을 구성하며 지적으로 성장하는 발달 과정을 설명한다. Piaget는 아동기의 놀이가 개인의 인지발달에 얼마나 중요하며 결정적인 역할을 하고 있는가를 밝히는 많은 연구를 통해 학습자 경험의 중요성을 보여 주었다.

한편, Vygotsky는 지식 구성에 있어서 문화와 사회적 맥락을 강조하는 사회적 구성주의이다. 사회적 구성주의는 지식은 개인 간의 상호 교류를 통해 사회적 의미를 가질 때 새로운 지식으로 진화하고 발전한다고 보는 것으로 지식의 사회적 의미를 강조한다. 따라서 사회적 의미의 상호 교류성(inter subjectivity)을 강조하는데, 각 개인이 공통적 관심과 추측들에 근거해 의사소통하며 상호작용할 때 형성된 공통적 이해로 Rogoff(1990)는 '공유된 이해(shared understanding)'라고 설명한다. 사람들은 의사소통이나 상호작용하면서 사회적으로 합의된 생각, 지식, 사회적 패턴, 언어 규칙을 도출하기 때문에 사회적 의미와 지식은 의사소통하는 집단 내의 협의를 통해 형성되고 발전된다고 본다. 마찬가지로 지식에 대한 개인적 의미는 그 개인이 속한 공동체가 이해를 공유하는 '상호 교류'를 경험하면서 형성하게 된다.

구성주의는 급진적(radical) 구성주의, 물리적(physical) 구성주의, 포스트모던(postmodern) 구성주의 등 여러 가지 유형으로 변화·발전해 왔다. 학습이론에서는 지식 구성 과정에서의 개인의 능동적 역할을 강조하는 Piaget의 인지적 구성주의와 개인과 사회적 상호의존성을 강조하는 Vygotsky의 사회적 구성주의를 소개한다.

제2부

행동주의 학습이론

"

　행동주의 학습은 연합의 조건화 과정을 통해 자극 간의 연관성을 배우는 것으로 행동이 습관화되는 것을 의미한다. 즉, 환경에서 발생하는 사건 간의 연관성을 배움으로써 새로운 행동을 학습하는 것이다. 어느 집 대문 앞을 급히 지나가는 행동은 그 집 대문과 맹견이 무섭게 짖는 소리의 두 자극 간의 관계를 경험함으로써 학습한 행동이다. 짧은 머리 스타일이 가장 잘 어울린다는 칭찬을 받은 여학생은 짧은 머리 모양을 유지하는데, 이는 반응과 결과 사이의 관계가 특정한 행동을 지속하게 하는 것을 의미한다.

　이렇게 직접적으로 사건과 그 결과로 일어나는 반응 간의 관계 경험을 통해 새로운 행동을 학습하거나 유지 혹은 소거한다. 더 나아가 사건의 발생을 관찰하는 것만으로도 새로운 행동을 학습하거나 유지하게 한다.

　Pavlov의 고전적 조건화와 Skinner의 조작적 조건화는 행동주의의 대표적인 학습이론이다. 그리고 Bandura의 사회학습이론은 환경에서 발생하는 사건 관계의 관찰을 통해 학습이 발생한다는 측면에서 행동주의에 포함된다.

"

제3장

Pavlov의 조건 반사

학습목표

1. Pavlov의 고전적 조건화의 형성 과정을 설명할 수 있다.
2. 고전적 조건화의 원리를 말할 수 있다.
3. 일반화, 변별, 소거, 강화, 자발적 회복의 의미를 서술할 수 있다.
4. 학생들이 오고 싶어 하는 학교를 만들기 위한 교사의 행동을 예를 들어서 설명할 수 있다.

주요 용어

중성 자극, 무조건 자극, 조건 자극, 무조건 반응, 조건 반응, 일반화, 변별, 강화, 소거, 자발적 회복

Ivan P. Pavlov(1849~1936)는 초기 연구에서 타액반사, 동공반사, 무릎반사와 같은 자율신경계의 반사 반응이 자극에 의해 학습되는 과정을 실험하였다.

1. 실험 상황

Pavlov의 유명한 실험연구는 [그림 3-1]에 제시된 실험장치를 이용해서 강아지의 타액 분비를 조건화하는 것이다. 조건화를 가져오는 데는 세 가지 요소가 필요하다(Hergenhahn & Olson, 2001). 첫째는 무조건 자극(unconditioned stimulus)인데 이것은 유기체로부터 자연적이고 자동적인 반응을 유발한다. 둘째는 무조건 반응(unconditioned response)인데 이것은 무조건 자극에 의해 인출되는 자연적이며 자동적인 반응이다. 셋째는 조건 자극(conditional stimulus)인데 이것은 중성 자극(neutral stimulus)이며 유기체로부터 자연적이고 자동적인 반응을 유발하지 않는다.

Pavlov는 강아지가 음식을 먹는 동안이나 음식을 먹기 전에 타액을 분비

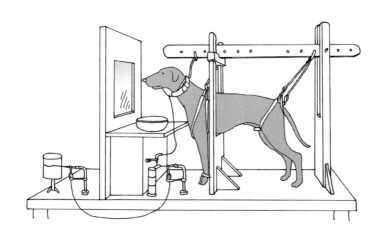

그림 3-1 Pavlov의 고전적 조건화의 실험장치

하며, 또한 음식을 보거나 음식을 주는 실험자의 발자국 소리에 대해서도
타액을 분비하는 것을 관찰했다. 이러한 관찰에 기초해서 그는 음식을 주
기 직전에 타액 분비와 관계없는 자극인 종 소리(중성 자극)를 들려주는 것
을 반복했는데 그 결과 음식 없이 종 소리만 제시해도 타액을 분비하였다.

[그림 3-2]는 음식과 종 소리를 반복적으로 연합 제시하여 타액 분비가
조건화되는 과정을 나타낸 것이다. 음식에 대한 타액 분비는 생물적으로
프로그램화된 반사 반응으로 특정 자극(음식)에 대해 자동으로 발생하는

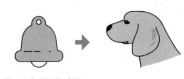

종 소리: 중성 자극

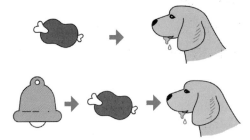

먹이: 무조건 자극   타액 분비: 무조건 반응
무조건 자극과 중성 자극 제시

종 소리: 조건 자극   타액 분비: 조건 반응

그림 3-2   Pavlov의 강아지 타액 분비 실험: 조건형성 전, 조건형성 과정,
조건형성 후의 자극에 대한 반응

학습되지 않은 무조건 반응이다. 이때, 무조건 반응인 타액 분비를 일으킨 음식은 무조건 자극이다. 종 소리는 음식과 함께 제시되기 전까지 타액 분비를 일으키지 못하는 중성 자극이었다. Pavlov는 굶주린 강아지에게 음식과 함께 종 소리를 들려주었고, 이때 무조건 자극인 음식은 강아지에게 무조건 반응인 타액 분비를 일으켰다. 이렇게 종 소리와 음식의 두 자극을 연합하여 반복해서 제시한 결과, 강아지는 종 소리만 듣고도 타액을 분비했다. 고전적 조건화(classical conditioning)는 무조건 자극(음식)과 중성 자극(종 소리)을 반복적으로 연합하여 조건 자극(종 소리)에 대해서 조건 반응(타액 분비)을 일으키는 과정이다.

물론 더 복잡한 실험 상황의 설정도 가능하다. 종 소리를 울릴 때 불빛을 제시한다. 이것을 2차 조건화라고 한다. 종 소리를 울리면서 파란색 불빛을 보여 주면 개는 파란색 불빛의 자극에도 타액을 흘리는 반응을 보이게 된다.

2. 고전적 조건화의 원리

1) 근접성

Pavlov의 고전적 조건화의 기본 원리는 근접성(contiguity)이다. 이것은 시간적인 동시성으로 동시 조건 반응(simultaneous conditioned response)이라고도 한다. 2개 이상의 감각(종 소리와 음식)이 동시에 발생하여 그 자극 간에 근접성이 있을 때 두 자극의 연합이 잘 이루어진다. 이렇게 연합된 자극은 한 자극(감각)만 활성화하여도 다른 자극이나 감각이 활성화된다. 산책길(중성 자극)에서 맹견의 짖는 소리(무조건 자극) 때문에 공포를 경험했다면, 그 산책길을 지날 때 긴장, 심장박동, 땀 분비 등의 정서 반응이 일어난다. 이것은 산책길과 맹견이 동시에 제시되는 자극의 근접성 때문에 산책길(조건 자극)의 공포 반응이 활성화되는 것이다. 근접성의 원리는 간단한 지식이나 정보를 학습할 때도 효과적으로 사용되고 있다. 가령 교사가 '경주'라고 하면 학생들은 신라, 불국사, 첨성대 등의 단어를 쉽게 활성화한다. 구구단 외우기, 각 나라의 수도와 중요 도시를 암기하는 것은 바로 이러한 근접성의 예로 2개 이상의 정보가 연합되어 있어서 한 정보만 제시해도 연합된 다른 정보를 떠올린다. 언어학습의 경우에도 근접성의 원리가 잘 적용된다. 아동에게 강아지-멍멍, 참새-짹짹, 고양이-야옹야옹을 말한 뒤, 선생님이 강아지를 말하면 아동은 '멍멍'이라고 대답할 수 있다.

2) 강도

강도(intensity)는 무조건 자극에 대한 무조건 반응이 조건 자극에 대한 반응보다 완전하게 클 때 적용된다. 가령 무조건 자극인 음식에 대한 타액 분비 반응이 조건 자극인 종 소리에 대해 강아지가 놀랄 수 있는 반응보다 훨씬 강력해야 조건화를 통해 조건 자극(종 소리)에 대해 조건 반응(타액 분비)이 일어난다. 음식과 종 소리가 연합되기 전에 종 소리가 커서 그 소리를 듣고 놀란다면 종 소리에 대한 타액 분비 반응을 조건화할 수 없다.

3) 일관성

일관성(consistency)은 조건화 과정에서 무조건 자극과 조건 자극이 완전하게 결합할 때까지 무조건 자극과 함께 제시되는 조건 자극이 같은 자극임을 말한다. 즉, Pavlov의 조건화 실험에서 음식과 동시에 제시된 종 소리 자극이 다른 소리 자극으로 바뀌면 조건화가 형성되지 못한다. 또한 종 소리를 울리고 나서 먹이가 나오거나 나오지 않는 경우가 있다면 개는 종 소리와 음식의 결합을 파악할 수 없어 혼란에 빠지게 된다. 조건화 과정에서 무조건 자극(음식)과 연합되는 종 소리는 이 두 자극이 완전히 결합할 때까지 일관성 있게 사용되어야 한다.

3. 자극과 반응

1) 무조건 자극

무조건 자극(Unconditioned Stimulus: US)은 자동으로 생리 반응이나 정서 반응을 일으키는 자극이다. Pavlov의 실험에서 음식은 타액 분비의 생리 반응을 일으킨 무조건 자극이다. 땀 분비를 일으키는 더운 날씨, 타액분비를 일으키는 신포도, 눈물을 흘리게 하는 매운 고추, 눈을 순간적으로 감게 하는 먼지바람은 무조건 자극이다.

2) 무조건 반응

무조건 반응(Unconditioned Response: UR)은 학습되지 않고 생물적으로 프로그램화된 자동적인 반응이다. 타액 분비는 무조건 자극(음식)에 대해 발생한 무조건 반응이다. 무조건 반응은 의식과 관계없이 자극에 대해 무조건적이며 자동으로 일어나는 생리 반응과 정서 반응을 의미한다. 요란한 소리에 놀라는 것, 뜨거운 그릇에서 순간적으로 손을 떼는 것은 무조건 반응이다.

3) 조건 자극

조건 자극(Conditioned Stimulus: CS)은 무조건 반응과 무관한 중성 자극

(종 소리)이 조건화 이후에 정서 또는 생리 반응을 일으키는 자극이다. 조
건화가 형성되기 전에 무조건 자극(음식)을 제시하지 않은 채 중성 자극
(종 소리)을 제시했을 경우, 강아지는 종 소리에 대해 타액 분비(무조건 반
응)를 일으키지 않는다. 그러나 무조건 자극과 조건 자극을 반복적으로
연합한 조건화의 결과로 강아지는 조건 자극에 대해 타액 분비 반응을 보
였다. 조건화 이후에 중성 자극이던 종 소리는 비로소 조건 자극이 된 것
이다.

4) 조건 반응

조건 반응(Conditioned Response: CR)은 무조건 자극과 중성 자극을 연
합하는 조건화 이후에 조건 자극에 의해 발생한 반응이다. 조건 자극(종
소리)에 의해 발생한 조건 반응(타액)은 조건화의 결과로 일어난 학습된
반응이다. 많은 반응이 조건화의 경험을 통해 학습한 것이다. 가령 '포도'
소리에 침이 고인다면 포도를 맛있게 먹은 조건화된 경험을 통해 포도와
맛있는 맛이 연합되었기 때문이다.

5) 중성 자극

중성 자극(Neutral Stimulus: NS)은 조건이 형성되기 전에는 무조건 반응
과 전혀 관계없는 자극이다. 종 소리는 음식과 반복적인 연합이 있기 전
에는 타액 분비 반응을 일으키지 못한다.

가정의 애완견은 말을 잘 알아듣는데 이것은 고전적 조건화를 통해 반
복적인 훈련을 함으로써 중성 자극인 언어가 조건 자극이 되었기 때문이
다. 가령 조련사는 "손 줘."라는 말과 함께 막대기를 이용하여 강아지의
앞발을 조련사의 손에 올려놓는다. 이때 막대기로 강아지의 발을 들어 올
리는 것은 무조건 자극이고 강아지의 발이 손에 올려진 것은 무조건 반응

이다. 막대기의 사용(무조건 자극)과 함께 "손 줘."라는 언어적 자극(중성
자극)을 동시에 반복적으로 제시하여 조건화가 형성되면 "손 줘."(조건 자
극)라는 명령에 강아지는 주인 손에 발을 얹는다.

　흰 가운을 입은 간호사만 보아도 우는 아동의 행동 또한 고전적 조건화
에 의해 학습되었다고 볼 수 있다. 병원에서 만난 간호사는 아동의 회피
반응과 관계없는 중성 자극이었다. 그런데 간호사가 주사(무조건 자극)를
놓자 아동은 아파서 울었고(무조건 반응), 이러한 병원 경험이 반복되면서
간호사(중성 자극)와 주사(무조건 자극)가 연합되어 아동은 간호사(조건 자
극)를 보면 소리를 지르며 우는 행동을 보인다.

　이렇게 조건화 과정을 통해 중성 자극이던 다양한 상황, 장면, 사람에
대해 정서 반응이 조건화된다. 만지고 싶던 빨간색의 예쁜 풍선에 대한
회피 반응도 고전적 조건화 과정을 통해 우연하게 학습할 수 있다. [그림
3-3]은 풍선에 대한 회피 반응이 고전적 조건화에 의해 학습되는 과정을
보여 준다.

조건화 과정: 아동이 풍선이 팽창되는 것을 바라보던 중, 풍선이 터져 놀랐다.

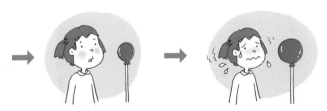

조건화 후 반응: 경험의 영향으로 풍선이 커지는 것을 보기만 해도 회피 반응을 보인다.

그림 3-3　고전적 조건화에 의한 정서 반응의 학습

친구에 대해 좋은 감정을 갖는 것은 영화, 식사, 쇼핑 등을 함께하면서 좋은 감정을 일으키는 즐거운 자극과 친구가 연합된 조건화의 결과일 수 있다. 식당에서 맛있는 음식(무조건 자극)을 먹을 때 행복한 정서(무조건 반응)를 경험하는데, 이때 함께 있는 사람이 바로 친구이다. 즐겁고 행복한 반응을 유발하는 무조건 자극(선물, 음식, 칭찬)과 어떤 사람(중성 자극)이 연합할 경우 그 사람(조건 자극)을 만나면 즐거운 감정이 유발되고 결국 그 사람에 대한 선호 감정을 갖게 된다. 이와 반대로 선생님께 꾸중을 듣거나 눈길을 걷다가 가게 앞에서 넘어지면 그 장소에 대해 부정적 감정을 갖게 되는데 이 또한 조건화의 결과이다. 그래서 대개 행복하던 지난 시절에 함께 지낸 사람은 그립고 만나고 싶지만, 힘들고 불행하던 시절의 사람은 회피하는 경향이 있다.

4. 그 외 주요 개념

일반화, 변별, 소거, 강화, 자발적 회복은 고전적 조건화의 조건화 과정에서 다루는 중요한 개념이다. 다음에서 이에 대해 간략하게 살펴본다.

1) 일반화

일반화(generalization)란 조건 자극과 유사한 자극에 대해 조건 반응을 보이는 경향성을 말한다. 강아지는 특정한 소리(벨)에 대한 타액 분비 반응을 학습한 후에 그 벨소리와 유사한 음색의 소리 자극에 대해서 타액 분비 반응을 보인다.

Watson과 Rayner(1920)는 고전적 조건화를 통해 1개월 된 어린 Albert에게 공포 반응을 학습시켰다. 조건화되기 전에 Albert는 공포를 직접적으로 유발하는 굉음과 자극에 대해서만 공포 반응을 보였고 공포와 무관한 중성 자극인 흰쥐, 토끼, 강아지, 솜 등에 대해서는 공포 반응을 보이지 않았다. Albert는 망치로 양철을 힘껏 내려친 굉음에 깜짝 놀라 숨을 몰아쉬면서 울었다. Rayner의 실험에서 사용한 무조건 자극은 굉음이었고 이에 대한 무조건 반응은 놀라서 우는 공포 반응이었다.

Albert는 처음 흰쥐를 보았을 때 두려워하지 않고 쥐에게 접근하였다. 이때 즉시 실험자가 망치로 철판을 쳐서 굉음을 냈다. Albert는 이 큰 소리 때문에 놀라서 울었는데 굉음(무조건 자극)과 흰쥐(중성 자극)를 연합하는 시도가 5회 정도 반복된 후에는 흰쥐(조건 자극)를 보고 울며 도망치는 공포 반응을 보였다. 더 나아가 모피 코트, 솜, 흰 수염의 산타클로스, 강아지 등 흰쥐와 같이 털을 지닌 다른 사물에 대해서도 회피 반응을 보였다. 이처럼 Albert는 흰쥐에 대해 공포 반응을 학습한 후에 흰 털을 지닌 유사한 다른 자극에 대해서도 공포 반응을 보였는데 이것이 반응의 일반화이다.

일반화는 일종의 전이 현상이다. 낯선 환경이지만 이전에 경험한 환경과 유사한 점이 있을 때는 친숙한 환경에서처럼 비슷한 형태로 반응한다. 친한 친구를 닮은 낯선 사람에게 친근하게 대할 수 있는 것도 일종의 일반화이다. 운동선수가 세계 경기에 참가했을 때 경기장이 고국에서 훈련받으며 땀 흘리던 훈련장소와 유사하면 긴장이 줄어들어 평소의 기량을 발휘할 가능성이 높아진다.

2) 변별

일반화와 대비되는 개념이 변별(discrimination)이다. 변별은 조건 자극과 유사하지만 동일하지 않은 자극에 대해서는 차별적인 반응을 보이는 것이다. 즉, 특정 조건 자극에 대해서만 제한적으로 반응하는 경향성이다. 훈련량이 많으면 많을수록 일반화는 감소하고 변별이 증가한다. 타액 분비 실험에서 특정한 소리와 음식을 연합하여 조건화하고 그 외의 다른 소리에 대해서는 음식을 제공하지 않는 훈련을 여러 번 할수록 강아지는 음식과 연합한 특정한 한 가지 소리에 대해서만 조건 반응을 보이고 그 이외 다른 유사한 소리에 대해서는 반응하지 않는다. Albert는 흰쥐(조건 자극)와 유사 자극에 대해 공포 반응을 보였으나 차츰 유사 자극에 대한 공포 반응은 사라지고 조건 자극에 대한 공포 반응만을 보였다. 이것은 Albert가 조건 자극과 유사 자극을 구분하면서 자극에 따라 차별적인 반응을 보이는 변별 과정이다.

Pavlov의 실험에서 '변별' 실험은 윤리적인 논란을 불러일으켰다. 살아 있는 개의 뺨에 구멍을 뚫어 타액을 측정한 것을 포함하여 개에게 아주 유사한 종 소리를 변별시키도록 훈련을 하는 과정에서 '개'가 난폭해지고 공격적으로 변했을 뿐 아니라 이상행동을 보일 때까지도 실험을 계속했다는 비판이 있다.

3) 소거

소거(extinction)란 학습된 반응이 점차 소멸하는 것을 의미한다. 소거는 망각(forgetting)과 다르다. 망각은 오랫동안 반응할 기회가 주어지지 않아서 조건형성이 사라지는 것이고 소거는 강화가 부족해서 수행 반응이 발생하지 않는 것이다. 조건 반응은 무조건 자극과 조건 자극을 연합함으로써 일어난 것이기 때문에 무조건 자극이 없었다면 조건 자극에 의한 조건 반응은 일어날 수 없다. 그런데 조건화가 형성된 후에 오랫동안 조건 자극만 제시하면 조건 반응이 점차 사라진다. 고전적 조건화 과정에서 음식과 벨소리를 연합해서 조건 자극에 대해 조건 반응을 일으켰다. 조건화 이후에 조건 자극(종 소리)과 무조건 자극(음식)을 다시 연합하지 않으면 조건 자극에 대한 타액 분비 반응이 점차 약해진다. 조건 자극과 무조건 자극의 연합이 약해져서 조건 자극(종 소리)에 대해 더 이상 조건 반응(타액 분비)이 나타나지 않는 것이 소거이다. 흰쥐(조건 자극)에 대한 Albert의 공포 반응(조건 반응)은 무조건 자극과 조건 자극의 연합이 약해지면서 점차 줄어들다 결국에는 사라진다.

　자주 논쟁을 벌이거나 싸웠던 사람과 오랫동안 만나지 못하면 불쾌한 감정이 줄어든다. 예를 들어, 동생과 심하게 다툼을 한 뒤, 3박 4일 일정으로 여행을 다녀오고 나서 동생을 만나면 부정적인 감정이 줄어들거나 소거되어 관계가 개선될 수 있다.

4) 강화

　고전적 조건화에서 강화(reinforcement)는 무조건 자극과 조건 자극의 반복적인 연합이다. 강화는 반응의 비율을 증가시키거나 반응을 더 많이 유발하게 한다. 강화 자극인 강화물은 반응 다음에 일어나는 자극 또는 사태로 강화를 유발하는 것이다. 강화물은 상황에 따라 그 효과가 결정되므로 미리 정할 수 없다. 예를 들면, 아침 식사를 거르고 온 학생에게 빵은 아주 효과적인 강화물이 될 수 있지만 빵을 싫어하는 학생이나 아침을 배부르게 먹고 온 학생에게는 강화물이 될 수 없다.

　조건 자극에 대한 조건 반응은 무조건 자극에 의존하기 때문에 무조건 자극은 조건 반응을 강화하는 강화물(reinforcer)이 된다. 조건화가 형성되기까지 조건 자극과 함께 무조건 자극을 동시에 제시함으로써 조건 자극이 조건 반응을 일으킨다. 종종 보상은 강화와 혼동해서 사용하고 있는데, 어떤 청년이 위험한 상황에서 소매치기범을 잡았다면 경찰은 그 청년에게 보상금을 줄 수 있다. 또한 자녀의 독서 행동을 습관화시키기 위해 부모가 자녀에게 용돈을 줄 수 있는데, 이 두 사례를 보상과 강화로 구분하면 경찰이 제공한 돈은 보상이며 부모가 자녀에게 준 돈은 강화이다.

5) 자발적 회복

　조건 자극에 대해 조건 반응이 일어나지 않는 소멸 상태에서 조건 자극을 제시하면 일시적으로 조건 반응이 다시 나타난다. 조건화 이후에 조건 자극(종 소리)에 의해 조건 반응(타액 분비)이 일어났는데 계속 무조건 자극 없이 조건 자극만 제시하면 점차 조건 반응이 약해지는 소거가 일어난다. 그런데 소거 이후에 무조건 자극과 조건 자극을 다시 연합하지 않아도 조건 자극에 대해 일시적으로 조건 반응이 나타나는데 이것을 자발적 회복(spontaneous recovery)이라고 한다.

5. 학습 장면에서의 조건화

학습자의 학교에 대한 정서 반응은 Pavlov의 조건화에 의해 학습된다. 초등학교에 입학한 어린 아동에게 보여 주는 교사의 친절, 미소, 포옹, 칭찬은 선생님에 대한 호의적 반응을 유발하고 학교를 선호하는 태도를 일반화한다. [그림 3-4]는 교사에 대한 아동의 정서 반응이 조건화되는 과정을 설명한다. 교사의 미소, 칭찬(무조건 자극)에 대해 아동이 즐거운 정서 반응을 보이는 것은 무조건 반응이다. 이 무조건 자극과 항상 함께 있는 교사는 조건 자극이 되어 아동에게 긍정적인 정서 반응을 유발하는 조

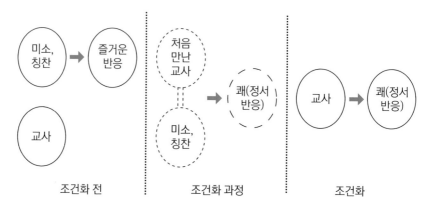

그림 3-4   정서 반응의 조건화

건화가 형성된다. 반대로 교사의 엄격함, 처벌, 비난은 교사에 대한 부정적인 정서 반응을 조건화한다.

학교, 선생님, 친구, 수업에 대한 정서 반응은 고전적 조건화에 의해 학습되는 경우가 많다. 지나친 배고픔은 당연히 불안, 긴장, 불쾌감을 유발한다. 배고픔 때문에 불안과 긴장을 느끼고 있는 결식아동이 4교시의 과학 수업 시간에 불쾌감을 심하게 느끼는 것은 배고픔 때문이지만 불쾌감과 과학 교과가 연합되어 [그림 3-5]에서와 같이 과학에 대한 부정적인 태도를 갖게 된다. 따라서 교사는 학습 상황에 대한 학습자의 정서와 태도가 긍정적으로 조건화될 수 있도록 학습활동을 흥미롭게 다루어야 한다.

다음은 학교에 대한 긍정적 반응을 조건화하는 방법을 기술한 것이다.

첫째, 학습활동은 가능한 한 즐겁고 흥미로운 반응을 유발하는 자극과 연합하여야 한다. 예를 들면, 30명의 학급 구성원이 3, 4, 5, 7명의 소집단으로 짝을 만드는 게임을 하면서 나눗셈의 제수(3, 4, 5, 7)와 피제수(30), 그리고 나머지의 개념을 이해할 수 있다. 흥미로운 수학 게임 활동은 나눗셈에 대한 개념 설명보다 학습자의 흥미를 더 쉽게 유발할 수 있다. 낙후된 시설보다 컴퓨터, 오디오, 편안한 의자와 탁자, 적합한 조명, 냉난방 등의 시설을 갖춘 편안하고 안락한 독서실은 공부를 더 즐겁게 한다. 또한 학급 구성원들이 협력과 우정, 지지의 즐거움 속에서 과제를 수행하도록 하면 공부를 즐겁게 할 수 있다. 지나친 경쟁을 자극하는 학습환경은 학습자에게 긴장을 유발하고 또래, 학습, 학교생활 전반에 대한 부정적 태도를 일반화할 수 있다.

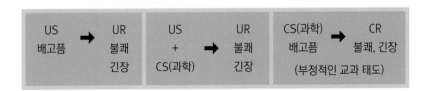

그림 3-5   교과 태도의 조건화

둘째, 불안을 일으키는 상황을 불쾌하지 않고 편안하게 직면하도록 도와야 한다. 시험 결과를 서열화하는 것은 학습자에게 긴장 반응을 유발하기 때문에 개인별 완전학습을 목적으로 하고 개인 수준별 시험을 실시하고 절대평가를 함으로써 시험에 대한 회피 반응을 줄일 수 있다. 또한 발표를 두려워하는 학습자에게 간단한 질문에 대답할 기회를 주어서 수업 시간에 긴장하지 않고 수업 활동에 참여하게 한다. 수업 장면에서 긴장이나 불안을 유발하는 자극을 줄임으로써 수업 활동에 대한 긴장 반응이 조건화되지 않도록 해야 한다. 긴장을 줄이는 방법으로 역조건화(counterconditioning)를 사용할 수 있다.

역조건화는 조건 자극과 연합한 무조건 자극을 다른 무조건 자극으로 연합하여 재조건화하는 것이다. 가령 술꾼은 술의 알코올 성분이 쾌의 반응을 유발하기 때문에 술을 끊지 못한다. 이때 역조건화는 술과 다른 무조건 자극인 구토제를 함께 줌으로써 역겨운 반응을 재조건화하는 것이다. 이러한 역조건화는 긍정적 방향으로 사용할 수 있는데 아버지와 잔소리가 연합되어 형성된 아버지에 대한 부정적 태도는 아버지와 함께 운동하거나 게임을 통해 긍정적 태도로 재조건화할 수 있다. 아들이 좋아하는 운동이나 게임은 아들에게 '쾌'의 반응을 일으키는 무조건 자극이 된다. 이 자극과 아버지의 연합은 아버지에 대한 '쾌'의 반응을 재조건화한다.

셋째, 상황의 유사성과 차이점을 알게 하여 다양한 상황에 대한 변별된 반응과 일반화가 일어나도록 해야 한다. 지각, 결석, 산만함, 졸음 등에 대한 교사의 지적과 그 학생에 대한 교사의 감정은 서로 다른 것임을 알도록 해야 한다. 교사의 지적은 학생에게 불쾌한 반응을 유발하고 교사와 수업에 대해 부정적인 정서를 조건화한다. 교사의 지적과 수업이 함께 있었지만, 차별적 자극임을 인식하도록 도와야 한다. 또한 대학 수학 능력 시험은 자신이 치러 온 다른 시험과 다르지 않은 비슷한 상황임을 인식하게 함으로써 시험에 대한 불안을 줄일 수 있다. 즉, 학생들이 학교 시험에 대한 더욱 안정된 정서를 수능시험 장면에서 일반화하도록 한다.

제4장

Skinner의 조작 조건화

학습목표

1. Skinner의 조작적 조건화의 형성 과정을 설명할 수 있다.
2. 강화의 종류 및 강화 계획을 서술할 수 있다.
3. 새로운 행동을 학습시키는 조형의 의미와 과정을 예를 들어서 제시할 수 있다.
4. 새로운 행동을 학습시키는 연쇄의 의미, 종류와 과정을 예를 들어서 설명할 수 있다.
5. 보조법과 용암법의 예시를 말할 수 있다.
6. 프리맥의 원리를 학습 장면에 적용할 수 있다.
7. 포만을 예를 들어 설명할 수 있다.
8. 고전적 조건화와 조작적 조건화의 차이를 비교할 수 있다.

주요 용어

강화 종류, 강화 계획, 고정간격 강화 계획, 변동간격 강화 계획, 고정비율 강화 계획, 변동비율
강화 계획, 이차 강화, 변별 자극, 조형, 연쇄, 보조법, 용암법, 프리맥 원리, 포만

Pavlov의 고전적 조건화는 타액 분비, 눈물, 긴장, 두려움과 같은 불수의적인 생리적 반응으로 자극에 의해 인출되는 반응적 행동(respondent behavior)을 다루었다. 반응적 행동이란 자극에 대한 자동적인 반사 반응(reflex)이다. 먼지바람 때문에 순간 눈을 감는 것, 꽃가루로 인한 재채기, 매운 연기와 눈물, 음식과 타액 분비 등은 자극에 대한 반사 반응이다.

Thorndike(1874~1949)는 Pavlov와 마찬가지로 실험 상황에서 피험자가 보이는 행동 반응, 특히 자발적 행동에 큰 관심을 가졌다. 그는 특정한 자극과 자발적 행동 사이의 연합으로 새로운 행동이 형성됨으로써 학습이 이루어진다고 주장하였고 유기체 내에서 어떻게 연합이 일어나고 사라지는가를 설명하는 학습법칙을 제시하였다. 효과의 법칙은 어떤 반응을 했을 때 만족스러운 결과가 나타나면 그 반응은 계속 반복되고, 불만족스러운 결과가 나타나면 그 반응은 약해지거나 사라진다는 것이다. 연습의 법칙은 자극과 반응 사이의 결합은 반복적으로 연습하면서 강화된다는 것이다. 이러한 효과의 법칙과 연습의 법칙은 Skinner에게 큰 영향을 주었다.

또한 Thorndike는 문제해결의 과정으로 시행착오설을 주장하였다. 시행착오 학습은 점진적으로 일어난다. 그는 퍼즐 상자 실험을 통해 이것을 확인하려 했다. Thorndike는 상자 안에 있는 고양이가 퍼즐 상자를 탈출하는 행동을 관찰하였다. 실험 도구로 사용한 퍼즐 상자는 우리 밖에 걸쇠로 문이 잠겨 있다. 그 걸쇠와 우리 안의 막대기가 줄로 연결되어 있어 막대를 밀거나 줄을 잡아당기면 퍼즐 상자에서 나올 수 있고 퍼즐 상자 밖에 있는 생선을 먹을 수 있다. 배고픈 고양이는 우리 밖으로 나오기 위해 여러 가지 행동을 보였고 우연히 줄을 당겨서 우리를 벗어날 때까지 계속 시도하였다. 여러 번의 시도를 거쳐서 고양이가 우리 밖으로 나오는 시간은 점점 짧아지게 되었다. 시행착오 과정을 겪으면서 문제해결 방법을 습득한 것이다.

반면에 Skinner의 조작 조건화에서는 반응적 행동이 아닌 유기체가 환

경 자극에 대해 행위를 가하는 자발적인 임의의 행동을 다룬다. 즉, 유기
체가 환경을 능동적으로 다루며 통제하는 의도적인 행동인 조작적 행동
(operant behavior)에 초점을 둔다. 따라서 조작적 행동은 유발(elicit)되는
것이 아니라 방출(emit)되는 것이며 이것이 능동적인 유기체의 특성이라
고 설명한다. 가령 휴지를 창문 밖으로 던지는 것, 음식을 산더미처럼 쌓
고 먹는 것, 컴퓨터 게임을 하는 것, 운동기구를 다루는 것과 같이 환경을
능동적으로 다루며 행위 하는 것을 조작(operation)이라고 한다.

Pavlov와 Skinner의 조건화에서 다루는 행동은 각기 다르지만, 환경적
단서를 통해 행동을 통제한다는 점은 동일하다. 〈표 4-1〉은 Pavlov의 고
전적 조건화와 Skinner의 조작 조건화의 차이를 요약한 것이다.

표 4-1 고전적 조건화와 조작적 조건화

구분	고전적 조건화	조작 조건화
모형	S-R(S형 조건화)	R-S(R형 조건화)
자극	선행사건	후속적 변별 자극
반응	반응적 행동(유발)	능동적 행동(방출)
반응의 예	배가 고파 짜증 남	TV 보는 것, 수업 시간에 질문하는 것
공통	환경 자극에 의한 행동 통제	

1. 실험 상황

Skinner(1904~1990)는 자발적인 능동적 행동이 환경적 단서에 의해 통
제되는 과정을 실험하기 위해 [그림 4-1]과 같은 스키너 상자를 제작하여
사용했다. 스키너 상자에는 먹이통, 먹이 배식 기계와 연결된 지렛대와
전구, 실험 대상에게 약간의 전기충격을 주는 장치가 설치되어 있다.

Skinner는 실험 시작 전에 먹이 공급을 중단하는 박탈 과정을 시행하

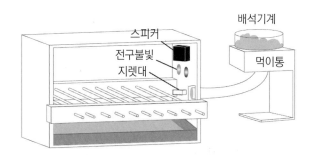

스피커
전구불빛
지렛대
배석기계
먹이통

그림 4-1　스키너 상자

고 쥐를 스키너 상자에 넣은 후 가끔 배식 기계를 조작해서 먹이통에서
음식을 먹을 수 있게 했다. 이 절차가 끝난 뒤 스키너 상자 안에 혼자 남
게 된 쥐는 우연히 지렛대를 눌렀다. 이때, 스키너 상자 밖에 있는 배식
기계가 작동하고 먹이가 상자 안에 있는 먹이통으로 공급되어 쥐는 음식
을 먹게 되었다. 이렇게 먹이로 강화된 쥐의 지렛대 누르기 행동은 증가
했다.

　다음 단계는 지렛대 누르기 행동에 대한 먹이 공급을 중단하자 지렛
대 누르기 반응이 약해지기 시작했고 결국은 사라졌다(소거). 또 다른 상
황에서는 지렛대 누르기 행동에 대해 전기충격을 반복해서 제시하자 행
동이 감소했다(처벌). 그런데 지렛대 누르기 반응이 사라진 쥐를 얼마 뒤
에 다시 스키너 상자에 넣자 어떤 강화 자극도 없는데 한동안 다시 지렛
대 누르기 반응을 보였다. 이것을 Skinner는 자발적 회복(spontaneous
recovery)이라고 명명했다.

　Skinner의 조작 조건화는 임의의 행동을 강화 또는 처벌을 통해 반응
비율을 높이거나 낮추는 과정이다. 임의의 행동이 발생한 뒤에 제시되는
후속 자극의 형태(유쾌한 자극, 불쾌한 자극)에 따라 행동이 증가하거나 감
소한다. 행동이 발생된 직후에 제시되어 반응비율을 높이거나 낮추는 자
극이 후속적 변별 자극이다. 이때, 임의 행동에 후속적 변별 자극을 제시
하여 행동의 반응비율을 높이는 것을 강화(reinforcement)라고 하고 여기

서 사용한 후속 자극은 강화물(reinforcer)이라고 한다.

발표에 대해 교사나 동료의 칭찬과 인정(강화물)을 받으면 발표 행동이 강화되어 증가할 것이다. 이와 달리 강화를 잘못 사용하는 경우도 있다. 예를 들면, 어린 아동이 엄마에게 장난감을 사 달라고 조르는데 엄마가 단호하게 거절했다. 화가 난 아동이 길거리에 주저앉아 소리 지르며 떼를 쓰자, 야단을 치면서 다시는 떼쓰지 않는다는 다짐을 받고 장난감을 사 주었다고 하자. 이런 상황이 몇 번 반복되면 아동의 떼쓰며 조르는 행동은 점점 더 심해진다. 엄마는 아동의 떼쓰는 행동을 오히려 장난감으로 강화한 결과가 된 것이다.

그런데 강화된 행동에 대해 더 이상 강화물이 제시되지 않으면 반응이 사라지는데 이것을 소거(extinction)라고 한다. 스키너 상자에서 음식을 강화물로 사용하여 지렛대 누르기 행동을 강화했지만 먹이 공급이 중단되자 지렛대 누르기 반응이 사라진다. 또는 열심히 공부했는데 성적이 오르지 않으면 공부를 하지 않으려 할 것이고, 선생님의 질문에 대답하려고 손을 드는데 선생님이 계속 무시한다면 그 행동은 사라질 것이다. 길거리에서 장난감을 사 달라고 소리 지르는 행동을 무시하고 대응하지 않으면 아동은 소용이 없음을 알고 떼쓰는 행동을 중단할 것이다.

반면에 반응에 대해 불쾌한 자극을 주어 행동의 반응비율을 낮추는 것은 처벌(punishment)이다. 반응비율이 증가한 지렛대 누르기 행동에 전기충격을 주자 반응비율이 감소하였다. 이와 마찬가지로 아동이 소리 지르며 요구하는 행동을 엄마가 단호하게 처벌한다면 그 행동은 줄어들 것이

표 4-2 강화, 소거, 처벌의 비교

구분	행동	후속 자극	반응 결과
강화	지렛대 누르기	음식 제공(선호 자극)	반응비율 증가
소거	지렛대 누르기	(어떤 자극도 주지 않음)	반응비율 감소
처벌	지렛대 누르기	전기충격(불쾌한 자극)	반응비율 감소

다. 〈표 4-2〉는 지금까지 설명한 강화, 소거, 처벌의 차이를 비교 요약한 것이다.

2. 후속 자극의 종류

1) 강화의 종류

Skinner(1953)의 학습에서 가장 중요한 개념은 강화이다. 강화는 반응을 유발한다. 어떤 행동이 강화를 받으면 그 행동은 발생할 가능성이 높아진다. 유사한 상황에서 그런 유형의 행동이 다시 나타날 가능성이 높아진다. 그러나 반드시 같은 행동을 반복한다는 의미는 아니다.

'강화'와 '보상'은 구분해야 한다. 강화 받는 행동은 더 강력하지만 보상을 받는 행동은 강해질 수도 있고 그렇지 않을 수도 있다. 공부를 열심히 한 학생에게는 계속 열심히 공부하라고 강화물로 장학금을 준다. 보상은 A라는 사건이 발생했을 때 해결을 위한 도움을 주는 사람에게는 보상금을 준다. 강화물은 그 효과에 의해 정의된다. 강화를 받는 대상은 사람, 행동이나 상황에 따라 다양해진다. 강화의 개념은 행동을 강하게 하는 효과가 명확하게 존재하지만, 보상의 개념은 반드시 그런 효과를 수반하는 것은 아니다. 예를 들면, 공부를 열심히 한 아이에게 엄마가 간식으로 빵을 주었을 때 배가 고픈 아이에게는 빵이 강화물이 될 수 있지만 배가 고프지 않은 아이에게는 보상이 될 수 있다.

강화의 종류에는 정적 강화(positive reinforcement)와 부적 강화(negative reinforcement)가 있다(이성진, 2001). 정적 강화는 음식, 칭찬, 인정 등 행동 발생 직후에 강화물을 제시하는 방법이다. 쥐의 지렛대 누르기 반응에 대한 음식 공급, 학생의 질문에 대한 교사의 칭찬, 범인을 검거한 경찰관에 대한 표창, 상품 구입 후에 받는 사은품은 정적 강화의 예시이다. 부적 강화는 행동발생 직후에 기존에 있던 전기충격, 비난, 벌 등 불쾌한 자극을 제거함으로써 행동을 강화하는 방법이다. 스키너 상자 실험에서 쥐가 지렛대를 누르면 전기충격이 차단되도록 하면 쥐는 전기충격을 제거하기 위해 지렛대 누르기 행동을 증가시킨다. 이와 같이 어떤 특정한 반응이 혐오 자극을 중단하게 했다면 학습자는 불쾌한 자극을 차단하기 위해 반응비율을 높인다. 늦은 귀가 때문에 엄마의 꾸중을 듣는 사람은 일찍 귀가함으로써 꾸중을 듣지 않을 수 있다. 이렇게 비난이나 불쾌한 잔소리의 제거나 차단을 통해 바람직한 행동을 증가시키는 것이 부적 강화이다. 이 외에도 안전 벨트를 착용하여 경고음을 중단하는 것, 공부해서 낙제를 모면하는 것이 부적 강화의 예시이다.

그런데 부적 강화가 부적절하게 사용되는 경우도 있다(Skinner, 1951). 가령 심한 두통 때문에 시험에 응시하지 못한 학습자는 시험이 다가오면 두통이 시작되는데, 이는 두통이 시험(혐오 자극)을 피하도록 해 주었기 때문이다. 두통은 시험을 면할 수 있는 부적 강화물로 혐오 자극인 시험을 차단하는 강화가 된 것이다. 때로는 교사의 행동도 학생의 반응에 의해 조건화된다. 학생들이 떠들면 화를 내는 교사는 습관적으로 화를 낼 가능성이 높다. 교사가 화를 내서 학생의 떠드는 행동이 사라지면(제거) 선생님은 학생들이 떠들 때마다 화를 내는 행동을 하는데, 이는 부적 강화가 이루어진 것이다. 부적 강화에서 '부적(negative)'의 의미는 강화된 행동이 부정적이라는 것이 아니라 혐오 자극을 제거(-)한다는 의미이다. 즉, 부적 강화에서 '부적'이란 전기충격, 경고음, 낙제, 꾸중과 같은 혐오 자극을 제거한다는 의미이며 이를 통해 반응을 증가시키기 때문에 '강화'이다.

정적 강화와 부적 강화의 목적은 모두 반응비율을 높이는 것이지만, 정적 강화는 자극(선호 자극)을 제시하고 부적 강화는 자극(혐오 자극)을 제거하는 차이가 있다. 〈표 4-3〉은 정적 강화와 부적 강화를 비교한 것이다.

표 4-3　정적 강화와 부적 강화 비교

구분	행동	강화물	결과
정적 강화	학습행동	칭찬 제시	행동 증가
부적 강화	학습행동	엄마의 잔소리 중단	행동 증가

가끔은 반응과 그에 후속하는 결과가 우연히 결합하는 경우에도 행동이 강화된다. 즉, 반응과 그 결과 사이의 인과관계가 실제로 존재하지 않지만 인과관계가 성립되었다고 인식되어 반응이 강화된다. 가령 기우제를 드린 후 우연히 비가 온다면 이 행동은 강화될 것이다. 이렇게 조건화된 반응이 미신적 행동이다. 부적을 들고 다녀서 복권에 당첨되었다든가, 돌부처의 코를 만져서 시험에 합격했다는 등의 이야기는 우리 주위에서 흔히 들을 수 있는 잘못 조건화된 미신적 행동의 예이다.

2) 처벌의 종류

부적 강화와 자주 혼동되는 것이 바로 처벌(punishment)이다. 부적 강화는 행동의 반응비율을 높이기 위해 혐오 자극을 제거한다. 반면에 처벌은 임의의 행동에 대해 강화적 요인을 빼앗거나 불쾌한 자극을 제시(적용)하여 반응비율을 낮추는 것이다. 처벌은 반응을 억제하지만 반응을 제거하지는 않는다. 처벌과 관련된 상황이 바뀌면 그 반응이 다시 나타날 수 있다.

처벌도 강화와 마찬가지로 크게 두 가지로 구분되는데 하나는 '제시형 처벌'이고 다른 하나는 '박탈형 처벌'이다. 제시형 처벌(유형 I 처벌)은 혐오 자극을 제시하여 행동을 억압하거나 감소한다. 교통 위반에 대한 벌점 부과, 청소, 사회봉사명령은 제시형 처벌의 예이다. 박탈형 처벌(유형 II 처벌)은 자극을 빼앗아서 행동을 감소하거나 억압하는 방법이다. 반응 대가(response cost)와 기회 박탈(time out)은 박탈형 처벌이다. 반응 대가

그림 4-2 기회 박탈(타임아웃)

는 바람직하지 못한 행동에 대해 개인의 특권, 권리, 자유, 이득을 빼앗는 것이다. 가령 규칙을 위반했을 때 개인이 갖고 있는 돈, 시간, 권리, 즐거움을 박탈한다. 수업 시간에 노트 필기를 하지 않은 학생에게 쉬는 시간에 노트 정리를 하게 함으로써 휴식할 권리를 빼앗거나 교통 신호 위반, 지각, 모임 불참에 대해 벌금을 내도록 하는 것이 반응 대가이다. 이때, 반응 대가의 기준은 타당성이 있어야 하며 제거되는 강화물이 학습자에게 정말 의미 있는 것이어야 한다. 반응 대가는 소멸과 구별되는데, 소멸은 정적 강화가 주어지지 않는 경우인 반면에 반응 대가는 이미 소유하고 있는 정적 강화물을 박탈하는 것이다. 반응 대가는 행동이 일어날 확률이 행동의 물리적·금전적 부담과 관련되어 있다는 것을 전제하고 있다. 어떤 행동을 함으로써 물어야 할 부담이 클수록 그 행동을 할 확률이 줄어든다.

　기회 박탈은 정적 강화를 얻을 수 있는 상황이나 기회로부터 학습자를 강화물이 적은 상태로 옮기거나 격리하는 것으로 일종의 사회적 고립(social isolation)이다. 기회 박탈에는 격리 기회 박탈과 비격리 기회 박탈 두 가지 형태가 있다. 격리 기회 박탈은 문제를 일으킨 아이를 일정 시간 동안 강화 자극이 있는 곳에서 강화물이 적거나 없는 곳으로 격리해 놓는 경우이다. 예를 들어, 괴성을 지르는 행동이 학급 친구의 관심, 놀람 등에 의해 강화되었다면 학습자를 빈 교실로 보내어 5~10분 동안 관심을 받지 못하도록 할 수 있다. 비격리 기회 박탈은 아이를 다른 곳으로 격리하는 것이 아니라 아이가 있는 곳을 강화가 약한 상태로 만드는 것이다. 교실에서 모든 아동이 리본을 달고 있는 경우 한 아이가 문제행동을 하면 잠깐 동안 리본을 떼게 하는 것이다. 리본을 달고 있지 않으면 그 아이는 학습활동에 참여하지 못한다. 퀴즈 게임에서 2번 연속 오답에 대한 벌

표 4-4 강화와 처벌의 종류

자극 ＼ 행동	행동 장려	행동 억압
자극 제시 (＋)	정적 강화 (positive reinforcement) 특별휴가	제시형 처벌 (type I punishment) 방과 후 남음
자극 제거 (－)	부적 강화 (negative reinforcement) 청소	박탈형 처벌 (type II punishment) 휴식시간 뺏음

칙으로 다음 문제를 풀 자격을 일시 정지하는 것도 비격리 기회 박탈의
예다.

그러나 이 방법을 자주 사용하면 처벌의 효과가 약화되고 기회 박탈 자
체가 강화 효과를 갖기 때문에 주의해야 한다. 예를 들면, 수업 시간에 떠
들어서 수업에 참여하지 못하는 기회 박탈을 몇 번 당한 아이가 공부를
싫어하는 경우라면 처벌의 효과가 없을 수 있다. 오히려 수업 시간이 시
작되면 떠들고 수업 시간에 참여를 하지 않는 것을 택할 수 있게 한다.
〈표 4-4〉는 강화와 처벌의 종류를 요약한 것이다.

3) 강화 계획

청소할 때마다 1000원의 보상을 받던 아동에게 더 이상 보상을 주지
않으면 청소의 반응비율이 급격히 낮아진다. 반면에 청소를 할 때 가끔
강화를 받았다면 강화를 주지 않아도 급격하게 반응비율이 낮아지지 않
는다. 즉, 매번 강화를 받던 행동은 강화물을 제공하지 않는 소거 과정
에 들어갔을 때 가끔 강화 받던 행동보다 급격하게 감소하는 경향이 있
다. 이처럼 매번 강화물을 제공하지 않고 가끔 강화물을 제공하는 부분
강화가 소거에 더 강한데, 이를 부분 강화 효과(partial reinforcement effect:

PRE)라고 한다.

따라서 반응비율을 유지하기 위해서는 강화물을 제시하는 시간을 체계적으로 관리해야 하는데 이것이 강화 계획이다(Ferster & Skinner, 1957). 강화물을 제공하는 시간을 체계적으로 관리하는 강화 계획은 계속 강화 계획과 부분 강화 계획으로 구분된다.

(1) 계속 강화 계획

계속 강화 계획(continuous reinforcement schedule)은 행동이 발생할 때마다 강화물을 제시하는 것이다. 이것은 새로운 행동을 학습(습관)하도록 하기 위해 사용하는 강화 계획으로 쥐의 지렛대 누르기 행동이 습관이 되기 전에는 행동이 발생할 때마다 음식을 제공한다. 어린 아동이 잠들기 전에 양치질을 하면 즉각적으로 칭찬하는 것, 책상에 앉아 책을 읽을 때마다 격려와 관심을 보이는 것, 수학 문제를 풀 때마다 정답을 답하는 것은 계속 강화의 예이다. 계속 강화는 새로운 행동을 습관화하는 데 효과적이나 강화물이 제시되지 않는 소거에 약하다. 예를 들어, 언제나 칭찬과 관심에 의해 강화 받던 학습행동은 관심이 잠시 정지되면 쉽게 중단될 가능성이 있다. 계속 강화를 통해 일단 행동이 습관이 되면 인정이나 칭찬과 같은 보상이나 강화물이 제시되지 않아도 행동이 계속 유지될 수 있어야 한다. 강화전략은 새로운 행동을 효과적으로 학습하는 것뿐 아니라 이미 학습한 행동을 유지하고 지속할 수 있도록 계획되어야 한다.

(2) 부분 강화 계획

부분 강화 계획(partial reinforcement schedule)은 반응한 행동 가운데 부분적으로 강화물을 제공하는 것이다. 즉, 행동이 발생할 때마다 강화물을 제시하는 것이 아니라 선택적으로 강화하는 것이다. 부분 강화의 목적은 보상의 횟수를 줄이거나 전혀 보상하지 않아도 반응비율이 유지되도록 하는 것이다.

| 표 4-5 | 부분 강화 계획의 종류 |

강화 단위 구분	시간(주기 강화)	행동반응(비율 강화)
고정 (fixed)	고정간격 강화 (fixed-interval reinforcement: FI)	고정비율 강화 (fixed-ratio reinforcement: FR)
변화 (variable)	변동간격 강화 (variable-interval reinforcement: VI)	변동비율 강화 (variable-ratio reinforcement: VR)

따라서 부분 강화 계획은 강화물을 부분적으로 제시하는 방법에 따라 시간(time) 단위의 주기 강화 계획(interval reinforcement schedule)과 반응 비율(ratio) 단위의 비율 강화 계획(ratio reinforcement schedule)으로 구분된다. 주기 강화 계획은 고정시간 단위의 고정간격 강화 계획과 변동시간 단위의 변동간격 강화 계획으로 구분할 수 있으며, 비율 강화 계획은 정해진 반응률을 단위로 하는 고정비율 강화 계획과 변동 반응비율의 변동 비율 강화 계획으로 구분할 수 있다. 〈표 4-5〉는 부분 강화 계획의 종류를 요약한 것이다.

① 주기 강화

●고정간격 강화 계획

고정간격 강화 계획(Fixed Interval reinforcement schedule: FI)은 일정한 시간 간격을 두고 강화물을 제시하는 것으로 한 강화물과 다음 강화물을 제시하는 시간 간격이 일정하다. 예를 들어, 5분 간격으로 보상하는 고정 간격 강화는 행동의 발생 수와 관계없이 5분마다 행동을 강화한다. 45분 수업과 10분 휴식 시간, 5일 근무와 2일 휴무는 고정 간격 강화의 예이다. 그런데 이 강화 방법은 강화 받은 직후에는 반응률이 낮아지고 강화 받을 시간이 가까워지면 반응률이 증가한다. 이것을 열이 빨리 전달되고 동시에 빨리 식는 냄비의 특성에 비유해서 냄비 효과(scallop effect)라고 부른다. 강화가 제시되는 시간 간격이 일정하기 때문에 초기에는 반응이 약하게 일어나거나 전혀 일어나지 않지만, 강화시간이 가까워지면 강화물에 대한 기대로 반응이 증가한다. 예를 들어, 시험 기간이 임박해 오면 학습행동이 증가하지만 시험이 끝난 직후에는 학습행동이 급격히 감소한다. 흔히 월요병도 이와 같은 냄비 효과라고 볼 수 있다. 주말에 가까운 목, 금요일은 피로가 누적되는 시간임에도 일의 능률도 오르고 신이 난다. 그러나 일단 휴일을 지난 월요일은 앞으로 보상(휴일)받을 시간이 너무 멀기 때문에 사기가 저하되고 일의 능률이 떨어진다. 이렇게 고정간격 강화 계획은 강화의 시기가 예측되기 때문에 강화 직전의 반응률은 높아지고 강화 직후의 반응률은 낮아진다. 이처럼 고정간격 강화 계획은 소거에 약하기 때문에 반복적으로 사용하는 것은 바람직하지 못하다.

●변동간격 강화 계획

변동간격 강화 계획(Variable Interval reinforcement schedule: VI)은 강화물을 제시하는 시간의 간격을 변화시키는 방법이다. 한 강화물을 제시한 후 다음 강화물을 제시하기까지의 시간 간격이 일정하지 않다. 예를 들어, 물고기가 낚시꾼의 미끼를 무는 것은 일정한 시간 간격(30분 간격)으로 일어나지 않으며 어느 시점에서 발생할지 모르기 때문에 낚시꾼은 계속해서 낚싯대를 주시해야 한다. 변동간격 강화는 고정간격 강화와 달리 강화시간을 예측할 수 없기 때문에 냄비 효과가 제거되어 행동을 일정한 수준으로 유지한다. 고정간격 강화와 변동간격 강화는 강화물을 제시하는 시간 간격에는 차이가 있지만 제시되는 강화의 수가 같을 수 있다. 가령 일주일에 3회 숙제 검사를 한다면 고정간격 강화는 월, 수, 금의 격일로 실시하고 변동간격 강화는 월, 화, 금에 실시할 수도 있다. 정해진 요일에 숙제검사를 3회 실시하는 고정간격 강화보다 임의로 3회 실시하는 변동간격 강화가 학습자의 과제 수행 행동을 더 일관성 있게 유지해 준다.

② 비율 강화
●고정비율 강화 계획

고정비율 강화 계획(fixed ratio reinforcement schedule)은 행동의 일정한 반응률을 단위로 강화하는 것으로, 몇 번째 반응을 강화할 것인지를 결정해야 한다. 가령 매 5회 반응 단위로 강화한다면 5, 10, 15, 20번째 발생하는 행동에 대해 강화물을 제시한다. 강화할 반응률 단위는 3, 5, 12, 100, 250회와 같이 다양하게 변화시킬 수 있다. 옷 단추를 꿰매는 수작업에서 5개 단추가 완성된 옷 수량에 따라 일당이 지급되는 경우와 20개 문제를 해결한 뒤에 휴식을 허락하는 것도 고정비율 강화이다.

고정비율 강화의 경우 작업량(반응 수)에 따라 강화하기 때문에 같은 시간에 각 개인이 받는 강화물의 수는 각기 다르다. 가령 5회 단위로 강화할 때, 일정한 시간 동안 어떤 사람의 반응 수는 50이고 또 다른 사람의 반응 수는 30이라면 각각 10회와 6회의 보상을 받게 될 것이다. 삯일을 하는 사람들이 작업량에 따라 보수를 받는 것도 고정비율 강화이다. 고정비율 강화도 강화물이 제시되고 나면 반응률이 급격히 떨어진다. 피아노 연습을 10회 실시한 후 휴식을 갖도록 할 때, 처음 1회 연습은 마지못해 시작하지만 9, 10회 연습은 강화(휴식)가 얼마 남지 않았기 때문에 적극적으로 잘 수행할 수 있다. 일정 수의 반응이 누적되어야 강화를 받기 때문에 초기 행동의 반응률은 약하고 강화 받기 전의 행동의 반응률은 높아지는 문제점이 있다.

●변동비율 강화 계획

변동비율 강화 계획(Variable Ratio reinforcement schedule: VR)은 강화할 반응비율을 다양하게 변화시키는 방법이다. 가령, 100회의 행동에 10회의 강화를 할때 3, 4, 10, 15, 17, 22, 70, 88, 99, 100회 행동에 강화물을 제공하는 것이다. 몇 번째 행동이 강화 받을지를 전혀 예측할 수 없기 때문에 행동 수준이나 반응률이 일정하게 유지되며 강화를 받은 직후에도 행

그림 4-3 변동비율 강화

동 수준이 거의 약해지지 않는다. 이 강화 계획은 다른 강화에 비해서 소
거에 강하고 높은 수준의 반응률을 유지한다. 변동비율 강화의 대표적인
예는 로또 복권이다. 로또를 구매하는 대부분의 사람은 평생동안 당첨되
지 않을 수도 있지만, 혹시 당첨될 수 있다는 기대에 가능성이 희박해도
구매를 반복한다. 슬롯머신, 내기 게임 등 도박에 빠지는 중독성 행동은
강화시기를 전혀 예측할 수 없는 변동비율 강화에 의해 행동이 아주 강력
하게 강화되고 유지될 수 있음을 보여 주는 사례이다. 농구 게임에서 슛
을 많이 시도할수록 골인의 기회가 늘어나기 때문에 슛을 시도할 때마다
골인되지 않더라도 계속해서 공을 던지는 것도 변동비율 강화의 예이다.

4) 이차 강화

Skinner는 인간의 많은 행동이 강화의 통제를 받는다는 것을 설명하
기 위해 조건화된 강화물(conditioned reinforcer)을 언급했다. 음식처럼 처
음부터 반응을 강화하는 강화물의 특성을 갖고 있는 것을 일차적 강화물
(primary reinforcer)이라고 한다. 그런데 일차적 강화물과 반복적으로 연
합되어 제시된 중성 자극(가게에서 주는 쿠폰)이 강화물의 특성을 갖게 되
는데 이것을 이차적 강화물(secondary reinforcer)이라고 한다.

이차 강화는 이차적 강화물로 행동의 발생을 늘리는 것이다. 일차적 강화물은 기본적인 생리적 요구를 충족하는 자극으로 물, 음식, 따뜻함 등이다. 이차적 강화물은 일차적 강화물과 연합됨으로써 이차적 강화물이 된다. 아기들이 좋아하는 젖 병은 분유(일차적 강화물)와 연합되어 이차적 강화물이 된다. 돈은 빵, 사탕, 물 등과 같이 욕구를 충족하는 일차적 강화물과 강하게 연합되어 있는 이차적 강화물의 대표적인 예이다.

칭찬, 돈, 메달, 상장, 성적표는 따듯한 느낌, 맛있는 음식, 엄마의 미소 등의 일차적 강화물과 반복적으로 연합함으로써 바람직한 행동을 강화하는 이차적 강화물이 된다. 실제로 일상생활에서는 일차적 강화물과 이차적 강화물이 매우 강하게 결합되어 구분하기 어렵다. 소비자의 구매행동을 강화하는 각종 쿠폰, 포인트 점수, 할인쿠폰, 상품권도 이차적 강화물이다. [그림 4-4]는 일차적 강화물과 이차적 강화물의 비교이다.

일차적 강화물   이차적 강화물

그림 4-4 　일차적 강화물과 이차적 강화물의 비교

5) 변별 자극

스키너 상자에서 전등불이 켜졌을 때 지렛대를 누르면 음식이 제공되고 꺼져 있을 때 누르면 음식을 제공하지 않았다. 이런 실험 결과, 전등이 켜지면 쥐의 지렛대 누르기 행동이 증가하고 전구가 꺼져 있으면 누르기 행동을 시도하지 않았다. 여기서 전등불은 지렛대 누르기 행동이 보상을 받을 수 있는 상황과 그렇지 못한 상황을 구분해 주는 변별 자극으로 사용되었다. 이 변별 자극은 반응이 일어나기 전에 보상에 대한 단서로 작용함으로써 반응을 유도하는 선재적 자극으로 기능한다.

벌레가 땅 위에 있을 때 닭의 쪼는 행동은 먹이로 보상받지만 날아다니는 벌레를 쪼는 행동은 보상을 얻지 못할 것이다. 여기서 '땅(흙)'은 쪼는 행동을 통해 보상받을 수 있음을 알려 주는 변별 자극(Discriminative Stimulus: SD)이며, '벌레'는 쪼는 행동의 결과(consequences)로서 강화 자극(Reinforcement Stimulus: SR)이다.

학습자는 자기 행동이 보상받을 수 있는 상황과 그렇지 못한 상황을 정확하게 구분할 수 있다. 달리는 행동은 운동장에서는 보상받을 수 있지만 실내 복도에서는 그렇지 못하다. 즉, 실내 복도와 운동장은 어떤 행동이 보상받게 될 것인지를 알려 주는 변별 자극으로 기능한다. 따라서 변별 자극을 적절하게 제시함으로써 상황에 맞는 바람직한 행동을 유도할 수 있다. 시험 감독자는 부정행위를 포기하고 정직한 응시행동을 하도록 유

S^D ➡ R ➡ S^R

변별 자극　　반응　　강화 자극
흙　　쪼는 행동　　벌레

그림 4-5　**변별 자극과 강화 자극**

도하는 변별 자극으로 작용한다. 지지해 주는 친구의 존재는 주장행동을 유발하는 변별 자극이 된다. SD-R-SR에서 친구는 선행사건으로 변별 자극(SD)이며 지지는 주장행동의 결과로 강화 자극(SR)이다. S-R-S 과정을 통해 선행사건이 학습되고 이것은 행동을 유발하는 단서로 쓰인다.

3. 새로운 행동의 학습

임의의 능동적인 행동은 비교적 간단한 강화를 통해 학습될 수 있지만 새롭고 복잡한 행동의 학습은 단계적인 강화가 필요하다. 조형(shaping), 연쇄(chaining), 보조(prompting)와 용암법(fading)은 새로운 복잡한 행동을 단계적으로 강화하는 방법이다. 다음에서 이에 대해 살펴본다.

1) 조형

조형(shaping)은 반응의 질을 점차적으로 향상해 나가는 과정이다(이성진, 2001). 처음에는 아주 간단한 반응에 강화물을 제공하지만 점점 강화물의 기준을 까다롭게 하여 점점 더 복잡하고 정교한 반응을 습득하게 한다. 즉, 조형은 학습할 최종 목표행동을 작은 단위의 하위 행동으로 나누어 단계적으로 강화함으로써 최종 목표행동을 강화하는 방법이다. 여러 단계를 포함하고 있는 복잡한 행동은 쉽게 발생하지 못하기 때문에 강화 받을 기회를 갖지 못한다. 예를 들어, 스키나 수영, 기계체조와 같은 운동은 하위 수준의 운동기능이 단계적으로 연합한 운동이다. 수준 높은 운동기능은 하위 수준의 운동기능을 순차적이고 단계적으로 학습해야만 습득할 수 있다.

조형에는 차별적 강화와 점진적 접근의 요소가 있다. 차별적 강화(differential reinforcement)는 강화해야 할 행동과 강화하지 않을 행동을 정확하게 구분하여 강화하는 것이다. 점진적 접근(successive approximation)은 목표행동에 접근하는 행동을 점진적으로 강화하는 것이다. 예를 들어, 스키너 상자 실험을 조형 방법에 적용하면 다음과 같다. 먼저 쥐가 먹이통으로 다가가면 실험자가 배식 기계를 작동하여 음식을 제공한다. 다가가는 행동을 학습하였으면 먹이통 옆에서 머무는 행동을 강화한다. 이때, 강화할 행동은 먹이통 옆에 머무는 행동이고 강화하지 않을 행동은 먹이통에 다가가는 행동으로 차별적인 강화가 이루어진 것이다. 이젠 먹이통 옆에 있는 행동은 강화하지 않고 지렛대 누르기 행동을 강화한다. 이 과정이 바로 차별적 강화와 점진적 접근을 함께 사용한 것이다. 앞 단계의 행동을 습득하면 습득한 행동의 강화를 중단하고 다음 수준의 행동을 순차적으로 강화하면서 점차적으로 목표행동에 접근하도록 한다.

예컨대, [그림 4-6]과 같이 발장구를 치면서 팔을 돌리는 자유형 수영 동작의 경우 처음부터 완벽하게 수행하기는 어렵다. 자유형 수영을 하기 위해 처음에는 발장구를 치는 연습을 하고, 이후 팔돌리기와 호흡하기 동작을 연습하면서 차츰 완벽한 동작을 익혀야 한다. [그림 4-7]은 주인이 개에게 '앉아'와 '엎드려'를 가르칠 때 개가 이를 학습하기까지의 조형 과정을 보여 주는 그림이다.

개는 각 장면에 있는 행동마다 강화를 받아서 마침내 '앉아'라는 주인의 말소리에는 앉는 행동을 보이고 '엎드려'라는 말에는 엎드리게 된다. 즉, 개가 앉거나 엎드릴 때까지 기다렸다가 강화하는 것이 아니라 그와 비슷한 행동을 보이면 강화를 하고, 좀 더 앉는 행동과 비슷한 행동에 강화를 주며 마지막으로 앉는 행동에 강화를 준 것이다.

조형을 사용할 때 알아야 할 일반 지침을

1단계

2단계

3단계

그림 4-6 자유형 수영 동작

제안하면 다음과 같다. 첫째, 한 단계에서 다음의 상위 단계로 너무 빨리 올라가지 말아야 한다. 각 단계를 충분히 시험해 본 후에 다음 단계로 옮겨야 한다. 둘째, 각 단계 간의 행동 간격을 작게 하여 여러 단계로 나누어야 한다. 그렇지 않으면 새로운 행동을 배우기 이전에는 강화를 받지 못하므로 앞 단계의 행동마저 없어지게 된다. 셋째, 만약 너무 빨리 단계를 옮겼거나 단계의 차이(간격)가 너무 커서 행동을 잃어버렸다면 다시 행동을 할 수 있는 이전 단계로 돌아가야 한다. 넷째, 너무 느리게 단계를 옮겨 가는 것도 문제가 된다. 한 단계의 행동이 너무 오랫동안 강화를 받으면 그 행동이 고착되어 다음 단계의 새로운 행동을 가르치기 어려울 수 있다. 다섯째, 무심코 목표행

그림 4-7　**행동조형으로 개의 '앉아'와 '엎드려'를 훈련하는 과정**

동과 관련이 없는 행동을 강화하지 말아야 한다. 부모와 교사는 착한 행동이면 모든 행동에 강화를 주는 경향이 있는데, 이는 목표행동에 도달하는 데 역효과를 줄 수 있다.

이처럼 한 단계에서 다음 단계로 넘어갈 때 너무 빠르거나 느린 것은 좋지 않다. 또한 각 단계는 얼마나 길게 잡아야 하는지, 강화량은 어느 정도가 적합한지를 정확하게 계산할 수 있는 공식은 없다. 따라서 학습자를 면밀하게 관찰한 후 각 단계의 진행 속도와 방법을 결정하여야 한다.

2) 연쇄

연쇄(chaining)는 한 자극이 어떤 한 반응을 일으키면 이 반응이 다음 반응을 유발하는 단서로 이어지는 과정이다. 이것은 한 반응이 다른 반응

을 유발하는 선행사건으로 기능하기 때문이다. 연쇄도 조형과 마찬가지로 행동을 작은 단위로 세분화하고 단순한 행동부터 단계적으로 강화하면서 최종 목표행동을 학습하는 것이다.

여기서 복잡한 행동을 위계에 따라 분류하여 소단위의 간단한 행동으로 세분화하는 것을 과제분석(task analysis)이라고 한다. 과제분석은 목표행동을 쉽게 학습할 수 있도록 간단한 작은 단위의 행동으로 나누는 것으로 학습자는 쉽게 수행하고 강화 받을 수 있다. 이러한 일련의 연속된 동작 가운데 한 동작씩 학습하는 행동연쇄에는 순행 행동연쇄법과 역행 행동연쇄법이 있다. 순행 행동연쇄법(forward chaining)은 행동의 시작 단계부터 순차적으로 학습하는 방법이다. 예를 들어 '바지 입는 행동'을 과제분석하여, ① 의자에 앉기, ② 바지허리를 양손으로 잡기, ③ 한 발 넣기, ④ 다른 발 넣기, ⑤ 의자에서 일어나기, ⑥ 허리까지 올리기의 순서로 세분화했다고 하자. 우선 의자에 앉는 첫 번째 단계의 행동을 강화하고 나머지 단계의 행동은 부모가 도와준다. 첫 번째 단계의 행동이 완성되면 두 번째 단계의 행동을 강화하고 나머지 단계의 행동은 부모가 도와준다. 이렇게 점차 아동이 혼자 할 수 있는 행동 단계는 늘어나고 부모가 돕는 행동 단계가 줄면 아동은 혼자 바지를 입는 행동을 할 수 있다. 역행 행동연쇄법(Backward chaining)은 행동의 마지막 단계부터 강화하는 것이다. 예를 들어, 상의를 입을 때의 행동과제(셔츠 목 찾기 → 머리 넣기 → 왼팔과 오른팔 소매 찾기 → 팔 넣기 → 옷 내리기) 중에서 앞의 네 단계 행동은 엄마가 돕고 아동은 마지막 옷 내리기를 하고 강화를 받는다. 다음은 앞의 세 단계 행동을 엄마와 함께하고 아동은 팔 끼우기와 옷 내리기를 하고 강화를 받는다. 이렇게 점차 도움을 받는 행동 단계가 줄고 혼자 할 수 있는 행동 단계는 늘어나면 아동은 혼자 상의를 입을 수 있다.

행동연쇄는 옷 입기뿐 아니라 식사 지도, 악기 연주, 무용 등과 같은 복잡한 기술이나 동작을 가르칠 때 효과적으로 사용할 수 있다. 행동과제에 따라 행동연쇄와 행동조형을 함께 사용할 수도 있다. 바지 입는 행동을 학습할 때 팬티, 반바지, 긴 바지 입기 순서로 하는 것이 효과적이다. 이 것은 행동형성의 과정으로 긴 바지를 입는 행동은 팬티와 반바지 입는 행 동을 잘할 수 있어야 하기 때문이다.

행동조형과 행동연쇄에서 복잡한 새로운 행동의 학습을 위해 쉽게 실 행할 수 있는 소단위의 행동을 단계적으로 강화하는 것은 공통적이다. 그 러나 조형은 목표행동과 유사하거나 목표행동에 접근해 가는 행동을 단 계적으로 강화하고, 연쇄는 목표행동의 일련의 연속적인 과정인 부분행 동을 순서적으로 강화한다. 예를 들어, 조형의 목표행동이 등교라면 처음 에는 아침에 가방을 둘러메고 집을 나가는 행동을 강화한다. 이때, 학교 에 가지 않더라도 이 행동을 강화하고 점차 목표행동을 만들어 나간다. 반면에 행동연쇄는 혼자 가방을 메고 집을 나서는 행동까지 강화하고 그 다음의 학교까지 가는 행동은 엄마가 동행하여 등교한다. 여기서 행동연 쇄나 행동조형의 목표행동은 모두 '혼자 등교하는 행동'이다. 즉, 행동연 쇄와 행동조형은 한 과제가 완성되지 않은 상태에서 강화하는 것은 공통 적이지만 행동조형은 목표행동에 접근하는 행동을 강화하고 행동연쇄는 목표행동의 일련의 과정인 한 부분을 강화한다는 점에서 차이가 있다.

3) 보조법과 용암법

학습자는 강화 받을 수 있는 행동과 그렇지 않은 행동을 정확하게 구분 할 수 있다. 예를 들어, 수업 중 잡담은 결코 강화를 받지 못하지만 집중 은 강화를 받을 수 있다는 것을 구분한다. 따라서 어떤 특정 행동의 수행 을 알려 주는 단서나 변별 자극을 제공하여 바람직한 행동을 유발하는 것 이 변별학습(discriminative learning)이다. 이것은 과제행동을 수행하도록 촉진하는 단서를 제시하는 것으로 행동발생을 보조(prompting)한다. 보 조, 변별 자극, 단서는 모두 행동의 발생 가능성을 높이는 선행사건의 의 미로 사용된다. 연극배우는 대사를 잊어버렸을 때 대사의 첫 단어만 말해

그림 4-8 **용암법을 통해 학습한 자전거 타기**

주어도 다음의 긴 대사를 생각해 낸다. 실내화를 신고 운동장에 나온 학생에게 교사가 '여긴 운동장인데'라고 말하거나 또는 실내화를 손으로 지적하면 운동화로 바꿔 신어야 함을 알 수 있다. 이것이 보조법이다.

용암법(fading)은 변별력을 가르칠 때 자극을 점진적으로 조절하여 궁극적으로 일부 변화된 자극 또는 새로운 자극에 대해 반응할 수 있도록 하는 절차이다. 용암의 원어 'fading'은 연극이나 영화에서 장면의 끝에 화면이나 무대의 조명이 차츰 어두워져서 사라져 가는 과정을 의미하는 것으로, 바람직한 행동을 유발하는 변별 자극을 차츰 줄여 나가는 것이다. 교사가 실내화란 단어를 가르치기 위해서 아동이 신고 있는 신발을 가리키며 '실내화'라고 말하면 아동이 '실내화'라고 따라 한다. 이것은 '실내화'라는 말을 유도할 수 있는 모든 자극 단서(보조)를 사용한 것이다. 다음에는 실내화를 가리키면서 '실내'라는 두 글자를 알려 주면 곧 아동은 실내화라고 말한다. 마지막으로 실내화만을 지적하는 것으로 아동에게 '실내화'라는 정확한 반응을 유발할 수 있다. 보조법은 반응 단서를 제공하는 것이고 용암법은 반응 단서를 줄여 나가는 것이기 때문에 함께 사용된다. 즉, 정확한 반응을 유도하기 하기 위해 되도록 많은 단서를 제공하는 보조법을 쓰면서 학습자가 행동을 정확하게 잘 수행함에 따라 단서나 힌트를 줄여 가는 용암을 동시에 진행한다. 예를 들어, '어머니'라는 글자를 배울 때 어머니, 어머□, 어□□, □□□의 순서로 글자를 익힘에 따라 단서를 줄이는 용암이 진행된다.

4. 학습활동의 적용

1) 프로그램 학습

행동주의 학습이론에 따르면 가장 효과적인 학습조건은 다음과 같다. 첫째, 소단계의 학습활동, 둘째, 학습활동에 대한 정확한 송환 정보, 셋째, 학습자별 학습 속도이다. Skinner는 이 세 가지 학습조건을 갖춘 교수 기법을 프로그램 학습(programmed learning)이라고 하고 이를 위해 개발한 도구가 교수기계(teaching machine)이다(Skinner, 1958). 교수기계는 학습내용을 쉽게 학습할 수 있도록 소단계로 나누어져 있으며 학습자가 적극적으로 학습활동에 참여할 수 있도록 즉각적인 피드백과 강화를 받도록 설계된 학습 도구이다. 프로그램 학습은 일종의 개별화 학습(personalized learning)으로 개인교수와 유사하며 다음과 같은 특성을 갖는다.

첫째, 학습자가 성취해야 할 학습활동을 구체화한다. 즉, 학습목표를 달성하기 위해 필요한 학습활동을 정확하게 서술한다. 둘째, 학습활동은 소단계로 나누고 세분화한다. 학습목표와 관련한 대단위의 학습자료나 학습활동은 학습자의 수준에서 시작하고 단계적으로 수준을 높여서 최종적인 학습활동 수준에 도달하도록 계획한다. 따라서 학습활동은 아주 작은 단위의 학습활동으로 나누는 것이 중요하다. 예를 들어, '제조하다'라는 영어단어 'manufacture'의 간단한 학습활동조차도 〈표 4-6〉과 같이 소단위 학습활동으로 나눈다. 셋째, 학습자의 학습 속도, 학습활동 진행은 학습자 개인의 학습 속도 수준에 따라 다르다. 프로그램 학습에서 사용하는 교수기계와 같은 학습 도구는 학습자 각자가 다루도록 되어 있다. 따라서 같은 학습활동이더라도 학습자의 수준에 따라 학습활동 진행 속도는 다르다. 넷째, 아주 작은 단위의 학습활동에 정확하게 반응했는가를 확인하기 위한 학습자는 문제나 질문에 대해 적극적으로 반응해야 한다. 작은 단위로 나눈 각 학습활동은 위계적 순서로 조직되어 있기 때문에 각 수준에서 완전학습을 확인하는 문제가 반드시 제시되어야 한다. 다섯째, 작은 단위의 학습활동에 대한 즉각적인 피드백을 주어야 한다. 즉, 학습자의 문제에 대한 반응 정확성을 즉시 확인한다. 학습자의 반응과 정답이 일치하면 다음 단계의 학습활동으로 넘어가는데 이것은 강화의 기능을 한다. 반면에 오답인 경우는 같은 수준의 다른 문제를 해결하도록 프로그램이 되어 있고 이런 과정은 옳은 반응을 할 때까지 반복된다. 이런

표 4-6 소단위 학습활동

단계	manufacture 단어 학습
1단계	'manufacture'의 의미는 '제조하다'의 뜻을 갖는다. 예를 들어, 'Furniture factories manufacture chairs(가구공장은 의자를 제조한다)'와 같이 사용된다. 여기에 위에 있는 '제조하다'의 영어단어를 적으시오. — — — — — — — — — — — — —
2단계	다음 빈칸에 들어갈 단어는 공장의 의미인 영어단어 'factory'와 부분 일치한다. 빈칸을 채워 넣으시오. m a n u __ __ __ __ u r e
3단계	'manure'의 단어와 비슷하다. 공통점은 '손(hand)'이라는 단어에서 유래하였고 많은 물건이 손으로 만들어진다. __ __ __ __ __ f a c t u r e
4단계	다음 빈칸에 들어가는 알파벳은 모두 같다. m __ n u f __ c t u r e
5단계	다음 빈칸에 들어가는 알파벳은 모두 같다. m a n __ f a c t __ r e
6단계	다음 문장을 완성하시오. 가구공장은 의자를 제조한다. Furniture factories _____ chairs.

프로그램 학습의 목적은 완전학습이다. 예를 들어, 완전학습 문제집의 경우 문제의 난이도가 번호 순서대로 해결하도록 되어 있지 않은데 처음은 1번부터 시작하지만 정답 또는 오답에 따라 그다음의 문제 난이도 유형이 다르다.

2) 효과적인 변별 자극의 사용

⑴ 칭찬-무시 접근

칭찬-무시 접근(praise-and-ignore approach)은 바람직한 행동에 주의하여 적극적으로 칭찬하고 부적절한 행동을 무시하는 방법이다. 이것은 강화되는 행동과 무시되는 행동의 기준이 명확하고 학생들도 이 기준을 분명하게 알고 있을 때 효과적으로 사용할 수 있다. 만약 교사가 분명한 기준이 없이 모든 학생을 똑같이 칭찬한다면 강화의 효과가 없을 것이다. 따라서 강화를 사용할 때도 몇 가지 기본 원칙을 지켜야 한다. 첫째, 칭찬은 적절한 행동과 직접적으로 연관하여 제시함으로써 학습자가 강화되는 구체적인 행동과 성취에 대해 정확히 인식할 수 있어야 한다. 가령 '매우 책임감이 강하다'는 표현보다 '기한 내에 과제를 작성했고 내용 구성이 좋았다'와 같이 행동을 구체적으로 진술하며 칭찬하는 것이 학습자가 강화 받는 행동을 정확하게 인식할 수 있다. 둘째, 성취행동 자체를 강화해야 한다. 가령 조용히 앉아 있거나 단순히 방해 행동이나 부적절한 행동을 하지 않는 소극적인 행동을 강화해서는 안 된다. 강화할 때는 반드시 최소한의 목표성취에 초점을 두어야 한다. 셋째, 학생 개인의 능력 수준과 그에 따른 변화에 초점을 두고 강화해야 한다. 다른 학생의 성취 수준과 비교하는 경쟁적인 방법으로는 강화하지 않는다. 넷째, 강화는 노력과 능력의 결과임을 학생들이 인식하도록 함으로써 성공에 대한 자신감을 갖게 해야 한다. 행운 또는 우연에 의해 강화 받은 것이 아님을 인식할 수 있도록 문제해결 과정과 직면한 어려움에 대해 질문하고 격려하여야 한다. 다섯째, 칭찬이 실제로 강화의 기능을 가져야 한다. 몇몇 학생을 칭찬함으로써 다른 학생에게 영향을 주려는 의도는 피해야 한다. 학생들은 이러한 교사의 의도를 쉽게 파악하기 때문에 진정한 강화의 의미를 잃을 수 있다. 또한 단순히 실패를 격려하기 위해 부당한 칭찬이나 격려 역시 피해야 한다. 이것은 학생을 위로하지 못할 뿐더러 개인의 노력이나 능력 부족에 주의를 기울이지 못하게 한다.

(2) 프리맥의 원리

이차적 강화는 생리적 욕구를 충족하는 일차적 강화와 연합하여 강화의 기능을 갖는다. 그러나 Premack(1959)은 강화물이 반드시 일차적 강화물과 연합하여야 강화의 성질을 갖는 것은 아니라고 주장한다. 발생빈도가 높은 행동은 그보다 발생빈도가 낮은 행동을 강화할 수 있다. 가령 한 개인의 발생빈도가 높은 행동의 순서가 컴퓨터 게임, TV 보기, 잡지책 읽기, 친구와 전화 통화하기, 독서하기라면, 발생빈도가 낮은 독서행동의 발생빈도를 높이기 위해 컴퓨터 게임을 허락할 수 있다. 즉, 발생빈도가 높은 행동을 강화물로 사용하여 발생빈도가 낮은 행동을 강화하는 것이 프리맥의 원리(Premack's principle)의 원리이다. 프리맥의 원리를 적용하려면 우선 개인의 활동목록을 작성하여 가장 발생빈도가 높은 행동을 찾아야 한다. 따라서 이때 강화물로 사용하는 행동은 개인이 가장 선호하며 자주 발생하는 활동이다. 이것은 '우선 내가 원하는 것을 네가 하면, 네가 원하는 것을 허락하겠다'는 '할머니의 규칙(Grandma's rule)'이라고도 한다. 각 학습자가 가장 선호하는 활동을 강화물로 사용하는 것이기 때문에 개인에게 가장 효과적인 강화물을 선택할 수 있다. 〈표 4-7〉은 학습자가 가장 선호하는 행동의 목록을 작성하는 질문지의 예이다.

표 4-7 선호행동목록 질문지의 작성 예

하고 싶은 활동은 무엇입니까?

이름: _____ 학년: _____ 날짜: _____

다음 질문에 솔직히 답해 주세요

1. 가장 좋아하는 교과목은:
2. 학교에서 가장 하고 싶은 세 가지는:
3. 학교에서 매일 30분간 자유 시간을 준다면 가장 하고 싶은 활동은:
4. 가장 좋아하는 과자는:
5. 휴식시간에 하고 싶은 것 세 가지는:
6. 1000원이 있다면 사고 싶은 것은:
7. 학급에서 하고(맡고) 싶은 세 가지 역할은:
8. 학교에서 함께 작업하고 싶은 두 사람은:
9. 집에서 즐기고 있는 활동 세 가지는:

(3) 처벌

Skinner(1953)는 처벌은 처벌하는 사람에게 강화적이기 때문에 사용한다고 말한다. 부적절한 행동을 약화하는 방법이지만 다음과 같은 부정적인 결과를 수반하기 때문에 사용할 때 주의해야 한다. 첫째, 처벌의 효과는 지속되지 않으면서 처벌을 통해 억압하는 행동은 겉으로 표출되지 않는 대신에 내면화되어 더욱 악화되는 경우가 많다. 둘째, 처벌은 부정적인 정서 반응을 학습시킨다. 가령 처벌을 피하기 위해 학교를 가지 않거나 가출할 수 있다. 셋째, 교사나 부모의 반복적인 처벌 사용을 통해 학습자는 호전성을 학습한다. 넷째, 습관적으로 처벌을 사용하면 학습자는 스스로 자신의 행동을 통제할 수 없는 무력감을 자주 경험하고 결과적으로 학습된 무기력(learned helplessness)을 습득한다. 따라서 처벌을 사용하지 않는 것이 바람직하지만, 꼭 필요하다면 다음과 같은 몇 가지 기본 원칙을 지켜야 한다.

첫째로 처벌은 최소한의 범위에서 사용하여야 한다. 부적절한 행동에 대한 처벌보다 긍정적인 행동에 초점을 두고 부적 강화를 사용하는 것이 바람직하다. 또한 처벌을 제시한 후에는 바람직한 행동이 일어나도록 단서를 제공하여 처벌을 최소화해야 한다. 처벌은 부정적인 행동에 초점을 두고 있기 때문에 어떤 형태의 긍정적인 행동도 유도할 수 없으며, 그 효과 또한 지속적이지 못하다.

둘째로 처벌은 일관성과 타당성이 있어야 한다. 처벌의 기준이 일관적이고 정확할 때 학습자도 처벌의 의미를 정확하게 인식하고 수용할 수 있다. 우발적으로 처벌하지 말아야 하며 처벌을 사용할 때는 즉각적이며 회피할 수 없는 것이어야 한다. 가령 '휴식시간 박탈'이란 처벌이 단지 제자리에 앉아 있는 것이라면 어떤 형태로든 휴식을 취할 수 있기 때문에 처벌의 효과가 없다.

셋째로 처벌을 할 때는 학생의 부정적인 행동에만 초점을 맞추어야 한다. 처벌의 표적 행동 이외에 학생의 다른 행동, 태도, 인성 등을 언급하거나 학생에 대해 부정적인 감정을 표현해서는 안 된다. 빈정거림이나 분노적인 표현보다는 조용하고 단호한 목소리와 언어를 사용해야 한다.

넷째로 처벌보다는 '소거'를 사용하여야 한다. 부적절한 행동에 대해 관심을 주지 않는 '무시'를 통해 자동적으로 소멸하도록 할 수 있다. 질책이나 처벌은 때로 부정적 행동을 강화하는 요인으로 작용한다. 예를 들어, 교실에서 괴성을 지르는 아동에게 주어지는 교사의 질책이나 학급 친구들의 짜증은 주위의 관심을 끄는 기회가 되어 오히려 잘못된 행동을 강화하는 결과를 초래한다.

(4) 포만

어떤 행동을 반복하도록 강요하는 것은 학습자에게 신체적·정서적으로 고통스러운 일이다. 포만(satiation)은 어떤 행동을 중단하기 위해 반대로 그 행동을 계속하도록 강요함으로써 싫증을 느껴 스스로 그만두게 하는 방법이다. 이것은 동기나 관심이 모두 사라질 때까지 행동을 하도록 강요하는 것이다. 예를 들어, 수업 시간에 가요를 흥얼거리는 학생에게 중단을 지시하는 대신에 학급 친구들이 들을 수 있도록 수업 시간마다 큰 소리로 노래 부를 것을 강요할 수 있다. 처음에는 학생이 즐거워하겠지만 흥얼거릴 때마다 노래를 부르도록 강요하면 점차 흥미를 잃어 결국에는 그 행동을 중단할 것이다.

싫증을 느끼도록 행동을 강요하는 방법은 수업에 지장을 주지 않는 범위에서 사용한다. 포만을 사용하여 싫증을 느끼게 하려면 중단하려는 목표행동을 반복하도록 요구하는 것이 중요하다. 가령 수업 시간에 콧노래를 부른 학습자에게 '앞으로 수업 시간에 절대 노래를 하지 않겠다'는 반성문을 500번 쓰라는 요구는 중단하려는 목표행동(콧노래)을 반복하는 것이 아니기 때문에 목표행동(콧노래)에 대한 포만감을 유발하지 못한다.

Bandura의 사회학습이론

학습목표

1. 상호결정주의에 대해 설명할 수 있다.
2. 관찰학습의 특징과 과정을 제시할 수 있다.
3. 관찰학습의 기본 전제를 서술할 수 있다.

주요 용어

상호결정주의, 관찰학습, 대리경험, 대리강화, 대리처벌, 주의 과정, 유지, 행동재연 과정, 동기화 과정, 자기강화, 자기효능감, 내적 과정, 목표지향적 행동, 행동의 자기규제, 자기관찰, 자기평가

Skinner의 조작 조건화는 직접적 경험을 통한 학습이다. 반면에 Albert Bandura(1925~)는 모델을 관찰함으로써 행동이 습득되는 간접적 경험의 학습을 설명한다. 간접적 학습은 강화와 처벌에 대한 직접적인 경험 없이 다른 사람의 행동이 강화되거나 처벌받는 것을 보는 것만으로도 학습이 일어나는 것을 의미한다. Bandura(1965)는 환경적 모델을 관찰하는 간접적 경험이 학습에 얼마나 많은 영향을 주는가를 실험했다. [그림 5-1]과 같이 TV화면 속 주인공이 소리 지르며 인형을 발로 차고 때리고 짓밟는 등 공격적 행동을 하는 것을 녹화한 필름을 유치원 아동들에게 보여 주었다. 그리고 TV화면과 같은 놀이방으로 아동들을 들여보냈다. 놀이방에 들어간 아동들은 영상자료에서 봤던 대로 인형을 발로 차고, 때리고, 소리 지르는 공격행동을 하면서 놀이를 하였다. 아동의 이러한 행동은 모델의 공격적인 행동을 단지 관찰함으로써 학습한 것이다. 여기서 Bandura가 구분한 개념이 모방(imitation)과 관찰학습이다.

실제로 아동의 행동은 부모, 친구, 교사의 행동을 관찰하여 학습한 경우가 많다. 이와 같이 사회적 모델을 관찰하여 학습한 것을 관찰학습(observation learning) 또는 모델링(modeling), 사회학습이론(social learning

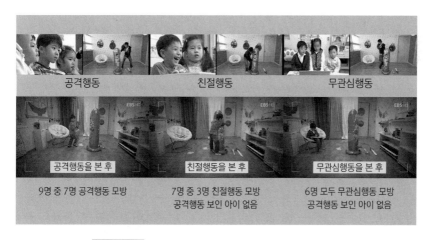

그림 5-1 공격행동에 대한 관찰학습(EBS, 2011a)

theory)이라고 한다. 사회학습이론은 학습 과정에서 행동주의가 완전히 배제한 인지적 요인을 중요한 학습의 요인으로 다루며 사고, 기대, 동기와 같은 인지 과정이 관찰학습의 중요한 요인임을 강조하기 때문에 사회인지이론(social cognitive theory)으로도 불린다. 그러나 여전히 행동주의 관점인 '사회적'의 개념을 사용하는 것은 행동, 사고, 신념, 도덕관, 가치관, 태도에 대한 학습이 여전히 사회적 환경의 영향을 받는다고 보기 때문이다. 따라서 사회학습이론에서 사회적 모델은 학습에 영향을 주는 중요한 환경적 요인이 된다.

1. 상호결정주의

앞서 행동주의 학습이론은 아주 엄격한 실험적 연구 방법을 강조하였다. 특히 Skinner는 Pavlov와 비교해서 내적이며 주관적이고 측정할 수 없는 변인에 대한 언급을 철저하게 배제하고 관찰과 측정이 가능한, 그리고 조작할 수 있는 변인에만 초점을 두고 엄격히 통제된 실험연구를 실시했다. 이렇게 행동연구에 있어서 과학적 탐구가 가능한 주제만을 다룬 Skinner의 방식은 급진적 행동주의(radical behaviorism)로 불렸다.

반면에 Bandura는 행동을 관찰할 수 있는 현상인 환경 요인의 결과로만 간단히 설명하기에는 한계가 있다고 지적한다. 공격성은 환경적 요인에 의해 유발되지만, 역으로 공격적 행동이 호전적 환경을 만들기도 한다. 즉, 환경이 일방적으로 행동에 영향을 미치는 것이 아니라 행동에 따라 환경이 달라질 수도 있다. Bandura는 인간의 행동을 '환경' '행동' '개인'의 상호작용 과정으로 이해하는 상호결정주의(reciprocal determinism)를 주장한다. 개인은 사고, 동기, 가치, 정서 등의 내적 특성을 의미하는 것으로 심리적 과정이 어떻게 행동에 영향을 미치는가를 설명한다.

상호결정주의는 Bandura(1977)의 사회인지이론의 기초가 된다. 사회

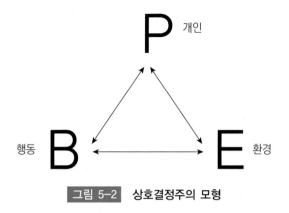

그림 5-2 **상호결정주의 모형**

인지이론에서 학습은 환경적 자극에 의해서 결정되는 것이 아니라 [그림 5-2]와 같이 개인(person), 환경(environment), 행동(behavior)의 상호작용의 결과이다. 행동과 환경의 관계를 보면, 행동은 환경에 의해 결정되지만 이와 반대로 행동이 환경에 영향을 준다. 쥐가 지렛대를 누르지 않으면 1분 간격으로 전기충격을 받는 Skinner의 실험에서, 쥐는 지렛대를 계속 누름으로써 충격을 제거할 수 있다. 개인이 동일한 자극에 대해 어떻게 행동을 하느냐, 즉 어떻게 다루느냐에 따라 자극의 의미는 달라진다. 가령 자동판매기에 거스름돈이 없다는 표시를 보고 100원짜리 동전을 넣어 음료수를 꺼낸 사람에게는 자동판매기가 편리하고 유용한 자극이다. 반면에 거스름돈 표시를 확인하지 않고 지폐를 넣어서 거스름돈을 받지 못한 사람에게는 그 기계가 불쾌한 자극이 된다.

개인과 환경의 관계를 보면, 개인의 신념이나 사고에 따라 같은 상황을 다르게 이해하거나 또는 환경이 개인의 사고나 신념을 바꾸기도 한다. 소금장수 아들과 우산장수 아들을 둔 두 어머니의 이야기는 사고의 차이가 다른 환경을 만들고 있음을 보여 준다. 한 어머니는 비 오는 날이면 소금장수 아들의 소금 생산을 망칠까 봐 우울하고, 맑은 날은 우산장수 아들의 장사가 망할까 봐 우울했다. 반면에 다른 어머니는 비 오는 날에는 우산장수 아들이 돈을 많이 벌 수 있어서 기쁘고, 맑은 날은 소금장수 아들이 소금을 잘 생산할 수 있어서 행복했다. 즉, 개인의 사고에 따라 같은 환경이 '행복' 또는 '불행'으로 다르게 해석될 수 있다. 이와 반대로 환경에 의해 개인의 내적 특성이 바뀌기도 한다. 경쟁적인 환경 속에서는 경쟁적 태도를 습득하고, 협동적 환경에서는 상호 지지하며 협조하는 태도를 배울 수 있다. 이처럼 환경은 개인의 사고, 신념, 가치관에 영향을 미친다.

개인과 행동의 관계를 보면, 우선 행동은 개인의 신념, 의지, 가치관, 정서에 의해 결정된다. 즉, 사고가 행동을 지배하는 것이다. 세상에 종말이 온다는 종교적 신념을 갖고 있는 사람은 가족, 직장, 친구를 버리고 현실적 삶을 포기한 채 은신처에서 집단생활을 하며 종말을 기다린다. 가족의 설득과 만류도 그들의 그러한 행동을 중단하지 못한다. 이와 반대로 경험이 사고를 바꾸기도 한다. 가령 농촌체험을 다녀온 청소년이 농산물의 가치를 새롭게 인식하기도 하고, 장애인 시설에서의 봉사활동이 장애인에 대한 무관심한 태도를 바꾸기도 한다. 즉, 경험이 사고를 지배할 수 있다.

2. 관찰학습

관찰학습(observational learning)은 단순히 모델을 관찰함으로써 행동의 모방을 통해 학습이 일어나는 것이다. TV의 폭력적인 장면은 청소년의 폭력성에 영향을 준다. 관찰학습은 사람, TV 프로그램, 영화, 책, 공연 등 정보를 제공하는 모든 환경적 모델을 관찰함으로써 학습이 일어날 수 있음을 설명한다. 청소년이 TV 뉴스에서 오토바이 폭주족이 단속으로 경찰에 연행되는 장면을 본다면 심야 오토바이 운행을 자제할 것이다. 반면, 폭주족이 집단으로 거리를 활보하고 허세를 부리며 즐거워하는 장면만을 본 청소년은 오토바이를 타고 싶어 할 것이다. 강화나 처벌을 직접 경험하지 않아도 다른 사람의 행동이 처벌되거나 강화되는 것을 관찰함으로써 해당 행동이 증가하거나 감소한다. 즉, 직접적 경험이 아닌 간접적 대리경험(vicarious experiences)을 통해 행동이 학습되는데 이것이 대리학습(vicarious learning)이다.

Bandura는 모델의 공격적 행동에 대한 대리강화와 대리처벌이 아동의 공격성에 어떻게 영향을 주는가를 실험하였다. 첫 번째 아동집단은 인형을 발로 차고 때리는 모델의 공격적 행동을 강화하는 장면을 관찰하게 하여 대리강화(vicarious reinforcement)하였다. 두 번째 집단은 모델의 공격적 행동을 처벌하는 장면을 관찰하게 함으로써 대리처벌(vicarious punishment)을 하였다. 세 번째 집단은 모델의 공격적 행동에 대해 아무런 후속적 결과가 제시되지 않는 장면을 보게 하였다. 그리고 아동들에게 인형을 가지고 놀도록 한 후 아동의 인형에 대한 공격성 정도를 측정하였다. 그 결과 대리강화를 받은 아동의 공격성이 가장 높고, 대리처벌을 받은 아동은 공격성이 가장 낮게 나타났으며, 세 번째 집단 아동의 공격성은 중간이었다. 결국 모델의 행동을 관찰한 아동은 모두 공격적 행동을 시도했지만 모델 행동의 후속적 결과(강화, 처벌, 중립)를 관찰한 장면에 따라 공격성의 정도가 달랐다.

그러나 모델의 행동을 관찰한다고 그 행동을 모두 학습하는 것은 아니다. 한 유명 스타가 더운 여름에 짧은 반바지를 입고 카우보이 부츠를 신고 TV에 출연한 장면을 본 모든 사람이 그 패션스타일을 학습하는 것은 아니다. 어떤 젊은 시청자는 즉각 모방할 수 있지만, 또 다른 시청자는 전혀 관심을 보이지 않을 수 있다. 행동을 실행할 수 있는 능력은 개인의 훈련 정도, 지적 수준, 학습의 형태에 따라 달라진다. 관찰학습은 다음의 네 가지 과정을 거쳐 일어난다(Bandura, 1977).

1) 주의 과정

모델을 통해 무엇인가를 배우려면 우선 모델에게 주의집중해야 한다. 주위에 많은 모델이 있지만 오직 관찰자가 집중해서 관찰한 것만 학습할 수 있다. 즉, 관찰학습에서 가장 중요한 것은 모델에 대한 학습자의 주의 과정(attentional process)이다. 학습자가 모델에 대해 주의와 관심을 기울이지 않으면 정확하게 학습할 수 없다. 가령 교사의 'rich'와 'reach'의 발음을 주의 깊게 들을 때 발음도 정확하게 할 수 있다. 주변에 다양한 좋은 환경적 모델이 있더라고 학습자가 관찰하지 않는다면 학습은 일어나지 않는다. 관찰은 학습자가 모델의 행동에 관심을 갖고 주의를 집중할 때 비로소 시작된다.

모델에 대한 관찰자의 이러한 선택적 관심과 주의는 관찰자와 모델의 몇 가지 특성에 의해 영향을 받는다. 우선 관찰자의 특성을 살펴보면, 첫째, 주의(attention)는 관찰자의 감각 능력에 의해 영향을 받는다. 예를 들어, 시각장애자나 청각장애자는 일반 관찰자가 주의하는 모델에게 주의할 수 없는데, 청각적 또는 시각적 모델 자극은 이들의 주의를 끌 수 없기 때문에 적합하지 못하다. 또 예민한 청취력을 가진 사람은 원어민의 'R' 'L'의 발음 차이를 구분하여 듣고 정확하게 발음한다. 반면에 평범한 청취력을 가진 사람은 발음의 차이를 구분하는 데 어려움이 있다. 둘째, 과거의 강화 경험이 관찰자의 선택적 주의에 영향을 준다. 예를 들어, 관찰자는 이전에 강화를 받은 행동과 비슷한 행동 유형에 더 쉽게 주목한다. 즉, 이전의 강화 경험이 앞으로 관찰자가 관찰하게 될 지각적 상황을 결정한다. 가령 예전에 복권을 사서 소액이라도 당첨된 경험이 있는 사람이 로또 복권 당첨자가 수백 억 원을 받게 되었다는 뉴스 보도에 예민하게 반응할 것이다. 그러나 복권을 구입해 보지 않은 사람은 로또 당첨금 뉴스로 주변이 떠들썩해도 별 관심을 보이지 않는다.

또한 모델의 다양한 특성도 관찰자의 주의에 영향을 준다. 모델의 성,

나이, 명성과 권위, 능력, 매력, 모델과의 관련성 등은 관찰자가 모델에게 주의나 관심을 갖게 하는 주요한 요인이 된다. 여러 명이 비슷하거나 같은 행동을 하는 경우에도 다수의 효과가 나타나서 관찰학습이 발생할 가능성이 높아진다. 마지막으로 결과에 대한 긍정적 혹은 부정적 예측이나 기대가 행동을 촉발, 노력, 지속하는 것에 영향을 줄 수 있다.

2) 유지

관찰한 모델에게서 얻은 정보를 학습하려면 그 정보를 유지하는 과정(retentional process)이 있어야 한다. 정보를 저장하는 두 가지 방법은 심상(imagery)과 언어(verbal)를 통한 상징화(symbolization)이다. 우선, 심상적 상징(imaginary symbol)은 관찰자가 모델의 행동을 영상적으로 저장한 것이다. 관찰자는 모델을 관찰한 후 상당한 시간이 지난 뒤에 저장된 심상 정보를 인출하여 행동을 모방하게 된다. 아동이 집에 돌아와 교사의 행동을 모방하는 것은 교사의 행동에 대한 심상 정보를 인출하며 행위로 옮기는 것이다. 또 아이돌 가수의 춤 자세를 영상화하여 기억에 저장(정신적 심상)해야만 관찰자는 춤 행동을 실제로 재연할 수 있다. 둘째, 언어적 상징(verbal symbol)은 관찰한 장면을 언어적 기호로 간단하게 표상하여 저장한 것이다. 예를 들어, 운전을 배우는 사람이 '먼저 시동을 걸고, 주차 브레이크를 풀고, 변속기어 D에 놓은 후에 천천히 가속 페달을 밟는다'는 시각적(영상적) 심상을 저장하는 대신에 '시동, 주차 브레이크, D, 가속 페달'의 간단한 언어적 부호로 저장하면 나중에 정확하게 시연할 수 있다. 또 어떤 장소를 방문할 때 예전에 갔던 길을 모두 영상적으로 저장하여 인출하는 대신에 '여기서 왼쪽, 다음은 직진 후 우회전, 유턴 후 골목길 우회전'과 같은 언어적 표상을 통해 정확하게 길을 찾을 수 있다.

Bandura는 사람들이 관찰을 한 후 오랜 시간이 지나도 관찰학습이 일어나는 이유는 바로 정보를 상징화(기호화)할 수 있는 정신 과정 때문이라고 설명한다. 즉, 과거에 관찰한 모델의 행동을 영상과 언어로 부호화함으로써 내적으로 인출하고(떠올리고) 시연하고 반복할 수 있기 때문이다. 가령 엄마가 술에 취한 아빠에게 하는 말을 들은 아동이 소꿉놀이를 할 때 엄마의 말을 흉내 내는 지연 모방(deferred imitation)은 바로 이와 같은 정신적 표상 능력이 있을 때 일어난다. 지연 모방은 모델의 행동을 관찰하고 어느 정도 시간이 경과한 뒤에 학습(모방)이 발생하는 것을 의미한다. 자녀에 대한 부모의 태도와 행동은 조부모(모델)의 자녀에 대한 행동과 태도를 상징적 기호(심상, 언어)로 저장하고 내면화한 뒤 몇 십 년이 지난 후에 비로소 시연(rehearsal)된 것이다. 아버지의 폭력에 시달린 아들이 다시 폭력적인 부모가 되는 것은 부모 역할에 대한 부정적 심상이 성인이 되어 행동으로 시연된 것이라고 볼 수 있다.

3) 행동재연 과정

행동재연 과정(motor reproduction process)은 관찰한 것을 행동으로 전환하는 것인데, 관찰자가 관찰한 모든 행동을 학습할 수 있는 것은 아니다. 예를 들어, 스케이트를 타 본 경험이 전혀 없는 사람은 '호두까기 인형'의 아이스 발레 공연을 관람한 후 그 행동을 그대로 재연할 수 없다. 즉, 관찰자가 모델을 관찰하고 심상적 정보와 언어적 정보로 저장하고 있더라도 그것을 재연할 수 있는 능력이 없다면 관찰학습은 일어나지 않는다. 아름답고 난이도 높은 피겨 발레 동작은 정신적으로 표상했더라도 모방하려면 그것을 행동으로 시연할 수 있는 운동 능력이 필요하다. 따라서 관찰학습은 재연을 할 수 있는 개인의 신체적 능력이 필요하다. 개인은 성숙 수준, 질병, 상해 등 여러 가지 이유로 관찰한 것을 행동으로 실천하지 못할 수 있다.

행동을 재연하기 위해서는 신체적 능력뿐 아니라 인지적 재연(cognitive rehearsal)이 필요하다. 인지적 재연은 관찰자가 자신의 행동과 모델의 행동을 비교하는 것이다. 인지적 재연 과정에서 관찰자는 자신의 행동에 대해 자기관찰(self-observation)하고 모델 행동에 대해 저장(기억)하고 있는 인지적 표상(상징적 기호)과 자신의 행동을 비교하면서 자기교정(self-correction)을 한다. 이 과정은 완전한 행동재연이 일어날 때까지 계속된다. 결국 모델 행동에 대한 기억은 반복적인 송환 정보의 기능을 하며 자기관찰(self-observation)과 자기교정(self-correction)을 통해 점진적으로 모델 행동에 가까워진다.

4) 동기화 과정

모델을 관찰하고 모방하려는 동기화 과정(motivational process)이 있어야 학습이 발생한다. 관찰학습은 결과기대(친구들을 만나는 것을 자제하고 공부를 열심히 공부하면 A학점을 받을 수 있을 것이다.)와 자기효능감에 의해 동기화된다. 관찰학습에서 강화는 두 가지 중요한 기능을 갖는데, 첫째, 강화에 대한 기대로 강화 받는 모델을 관찰한 사람은 자신도 모델과 같이 행동하면 강화 받을 수 있을 것이라는 기대(expectation)를 갖게 된다. 둘째, 강화는 학습을 행동으로 전환하려는 동기로 작용한다. 관찰한 모델의 행동을 모두 시행하는 것은 아니며 경우에 따라서는 오랜 시간 상징적 기호(심상과 언어)로만 저장되어 있다가 나중에 행동으로 재생되기도 한다. 즉, 인지적으로 학습한 모델의 행동에 관한 정보를 사용할 만한 이유가 있을 때까지 관찰학습은 잠재되어 있다. 예를 들어, 기구운동이 근육발달에 효과적이라는 사실을 알게 되더라도 스스로 필요를 느껴야만 비로소 운동을 시작할 것이다. 즉, 저장된 정보를 활용하려는 동기(motivation)가 있을 때 관찰학습이 일어난다.

결국 강화 모델은 관찰자에게 강화에 대한 기대와 행동을 시연하려는 동기를 부여한다. 학습자가 반드시 직접적으로 강화 경험을 해야 하는 것은 아니다. 관찰자는 모델의 행동 결과를 관찰하고 이것을 정신적 정보로 저장해 두었다가 필요할 때 사용한다. 모델의 행동에 대한 보상이나 처벌, 즉 대리강화나 대리처벌은 직접적 강화나 처벌처럼 행동의 시연 여부를 결정하는 중요한 정보로 사용된다. 그러나 보상이나 처벌에 대한 예측이나 기대가 유일하게 행동을 유발하는 동기는 아니다. 대리강화에 대한 관찰자의 선호, 필요와 요구, 가치 등의 내면화된 행동 기준에 의한 자기강화(self-reinforcement)와 행동을 수행할 수 있다는 자신감인 자기효능감(self-efficacy)에 의해 동기화된다(Bandura, 1980). 자기효능감은 과제 수행에서 요구되는 행동을 실천하고 조직하는 능력에 대한 개인의 믿음이다. 사람들은 자신이 잘할 수 있다고 믿는 행동을 수행하려는 경향이 있다. 따라서 관찰한 행동에 대해 높은 자기효능감을 갖고 있는 사람은 쉽게 동기화된다. 농구 경기에서 장거리 슈팅에 대한 자기효능감이 높은 선수만이 장거리 슈팅을 시행할 것이다.

자기효능감을 향상하는 것은 학습동기에서 매우 중요하다. 자기효능감의 향상에 영향을 주는 요인은 성공적 수행, 사회적 모델링, 사회적 격려, 정서적 각성이다. [그림 5-3]은 관찰학습의 과정을 요약한 것이다.

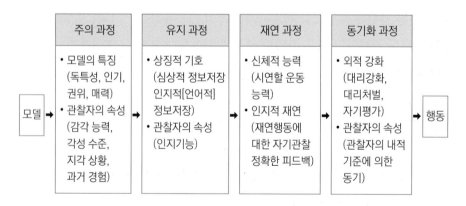

그림 5-3 관찰학습의 과정

3. 기본 전제

모델의 관찰을 통해 학습활동이 일어나려면 다음과 같은 기본 가정이 전제되어야 한다.

1) 관찰을 통한 학습

학습이 일어나려면 모델을 관찰할 기회가 있어야 한다. 행동주의의 조건 학습은 자극에 대해 반복적인 경험을 통한 습관이지만 관찰학습은 모델을 관찰함으로써 발생한다. 가령 유치원 교사가 '엄마'라는 글씨판을 보여 주며 '엄마'라고 읽으면 아동들도 따라 읽는다. 형이 미니 농구대 바구니 안에 공을 던져 넣는 것을 본 어린 동생은 장난감을 바구니 안에 넣으려고 한다. 유아가 최초로 배우는 말은 바로 엄마의 발음을 듣고 입 모양을 관찰함으로써 학습한 것이다. 따라서 관찰학습에서는 바람직한 모델을 관찰할 수 있는 기회를 갖는 것이 그 무엇보다 중요하다.

Bandura, Grusec과 Menlove(1967)는 개에 대해 강한 공포감을 갖고 있는 아동을 치료하는 전략으로 개와 상호작용하고 있는 동료 모델을 보여 주었다. 개에 대한 공포감이 있는 아동은 개와 친숙하게 지내는 친구들을 관찰함으로써 개에 대한 두려움을 없애고 개를 만지며 놀 수 있다.

그림 5-4 주의를 통한 모방학습

2) 내적 과정으로서의 학습

모델에 대한 관찰이 곧 관찰학습으로 나타나는 것은 아니다. 즉, 관찰이 곧 행동실행으로 이어지지는 않는다. 관찰학습에서는 행동의 실천이 발생하기 전에 관찰한 정보를 정신적으로 저장하는 내적 과정(internal process)도 중요한 학습 과정으로 본다. 행동재연이 일어나기 전에 관찰한 행동을 상징적으로 기호화(저장)하는 내적 과정이 없으면 관찰학습은 일어나지 않는다. 관찰학습에서 관찰된 행동이 표출되지 않아도 관찰행동을 심상화하거나 부호화하는 내적 과정으로서의 학습은 매우 중요하다. 따라서 Bandura의 사회학습이론은 학습과 행동을 분리한다. 학습이 행동 변화의 결과로 나타날 수 있지만 학습, 즉 심상과 언어적 기호를 통한 정보저장은 행동의 표출로 나타날 수도 있고 그렇지 않을 수도 있다. 외국인에게 감사의 표현으로 "thanks you"라고 말하는 것은 알고 있지만 실제 상황에서는 머쓱한 표정만 짓고 말은 하지 않을 수도 있다. 사회학습이론에서 학습은 내적 과정이기 때문에 즉시 행동으로 실행되지 않을 수 있으며 개인적 필요가 생길 때 비로소 실행된다고 본다.

3) 인지적 과정의 영향

인지적 과정은 무엇을 학습하느냐를 결정하는 데 중요한 역할을 한다. 사회학습이론에서 학습은 정신 과정이다. 학습자가 외부 환경에 대해 어떻게 생각하고 인식하느냐에 따라 학습이 일어날 수도 있고 그렇지 않을 수도 있다. 따라서 관찰학습에서는 학습에 대한 학습자의 내적 사고 과정의 역할에 관심을 둔다. '눈에 눈이 들어갔다'에서 '눈'의 발음에 주의를 기울인 사람은 정확하게 발음하지만, 여러 번 들어도 주의를 하지 않으면 발음 차이를 구분하지 못한다. 주의와 관심, 흥미와 같은 학습자의 인지적 과정은 효과적인 관찰학습에서 중요한 요인이 된다.

4) 목표지향적 행동

관찰한 모델이 개인의 목표와 일치할 때 관찰학습이 일어난다. 체중감량을 원하는 여학생은 친구의 성공적인 체중감량 작전을 주의 깊게 관찰하고 실천한다. 복권에 당첨되어 큰돈을 벌고 싶은 사람은 로또 당첨자의 복권 구입 장소에 대한 정보에 귀를 기울인다.

사람들은 스스로 목표를 설정하고 목표를 성취하기 위해 일정한 방향으로 행동한다. 학업성적 향상, 급우 사이의 인기와 같이 희망하는 목표가 있으면 개인은 자신의 목표와 일치하는 모델을 관찰하지만 관계없는 모델에 대해서는 주의를 기울이지 않는다. 따라서 관찰학습은 모델의 제시만으로 일어나는 것이 아니라 모델링이 개인의 목적에 부합하였을 때 발생한다. 예를 들면, 미국 여행을 계획하고 있는 학생은 교양영어 시간에 강사의 발음과 설명에 주의를 기울이며 관찰학습을 할 것이다. 또한 머리 스타일을 바꾸고 싶은 학생은 잡지에 나온 연예인의 머리 스타일에 관심을 갖고 마음에 드는 유형을 발견하면 그런 스타일을 따라 할 것이다.

5) 행동의 자기규제

행동은 강화와 처벌을 통해서만 통제되는 것이 아니다. 사회학습이론에서 행동에 대한 자기규제를 강조한다(Bandura, 1977). 자기규제(self-regulation)는 행동의 적절성에 대한 자신의 기준에 따라 행동을 선택하는 것이다. 자신의 행동을 스스로 통제하는 자기규제는 자신의 기준에 도달할 수 있는 행동과 그렇지 않은 행동을 구분하고 차별적으로 선택하며 정확하게 관찰학습을 한다. 가령 패션 모델을 꿈꾸는 학생은 전문 패션 모델의 걷는 행동을 머릿속에 떠올리면서 만족할 수준에 도달할 때까지 걷는 행동을 연습하고 수정할 것이다.

자기규제에는 세 가지 기본 요소가 있다. 첫째, 자기관찰(self-observation)로 우선 자신의 행동을 스스로 관찰하고 계속 감시해야 한다. 둘째, 자기평가(self-judgement)로 스스로 관찰한 행동을 어떤 한 기준을 두고 비교하는 것이다. 가령 '일주일에 세 번 이상 운동하기'의 기준과 실제 운동 횟수를 비교하는 것이다. 셋째, 자기반응(self-response)으로 자신의 기준과 비교해서 잘 수행했으면

그림 5-5 관찰을 통한 행동의 자기규제

만족과 같이 스스로 보상하는 자기반응(self-response)을 보이고 부적절하게 수행했다면 '후회'과 같은 처벌적인 자기반응을 보일 것이다. 전자는 자기강화이고 후자는 자기처벌이다. 자기강화가 일어나면 더 발전한 학습행동을 동기화하고, 자기처벌은 적절하지 못한 행동을 억제하거나 수정하도록 동기화한다. 이렇게 행동을 자기규제 하는 능력은 정확한 관찰학습이 일어나게 한다.

6) 강화와 처벌의 간접적 효과

조작 조건화에서는 처벌과 보상에 대한 직접적인 경험을 통해 학습자의 행동이 강화되거나 소거된다. 그러나 사회학습이론에서 학습자는 모델 행동이 강화 또는 처벌받는 것을 관찰함으로써 행동의 결과를 예측할 수 있다. 즉, 처벌과 보상에 대한 관찰은 대리적으로 강화나 처벌을 받는 대리경험을 통해 대리강화와 대리처벌이라는 간접적 효과를 갖는다(Bandura, 1965). 교사가 학급에서 사용하는 보상과 처벌은 그것을 관찰하는 학습자에게 간접적인 보상과 처벌의 효과를 갖는다. 즉, 모델 행동이 강화되거나 처벌되는 것을 관찰하는 것만으로도 관찰자의 행동이 강화되거나 소거된다. 가령 학기 초에 담임선생님이 조용하게 앉아서 선생님

말씀을 잘 듣는 아이를 칭찬하는 것을 보고 그것을 따라 수업 시간에 조용히 있는 것은 대리강화이고, 떠드는 아이를 혼내는 것을 보고 그 수업 시간에 학생들이 조용해지는 것은 대리처벌이다.

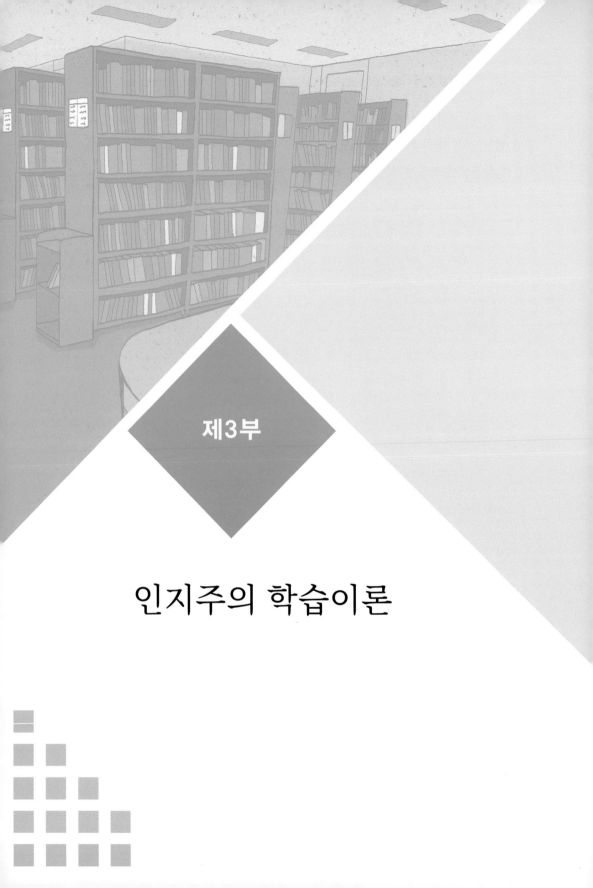

제3부

인지주의 학습이론

"

　형태주의 지각 현상에 기초한 인지주의 학습이론은 개인이 어떻게 정보를 지각하고 다룸으로써 학습이 일어나는가에 관심을 둔다. 따라서 인지주의는 학습자가 무엇을 학습했는가의 학습 결과보다 어떻게 배웠는가인 학습 과정에 초점을 두고 지식은 개인의 요구, 목적, 의미에 따라 계속 조직되고 재구성된다고 본다. 따라서 인지주의 학습은 바로 인지 과정으로 인지구조, 사고구조에 초점을 둔다. 초기 학습심리학자들은 바로 이 인지 과정이 인간의 학습에 필수적인 부분이라고 제시했으며, 대표적인 사람들이 형태주의 심리학자들이었다. 인지주의 관점의 가정은 학습을 외현적 행동 변화를 요구했던 행동주의자들과는 달리 학습이 내적 · 정신적 변화를 수반한다고 하였다. 이러한 인지주의의 기반이 되었던 형태주의 심리학에 대해서 알아본 후에, 형태주의 학습이론인 Wolfgang Köhler의 통찰설(insight theory), Kurt Lewin의 장이론(field theory)과 인지주의 학습의 대표적인 정보처리이론(information processing theory), Gardner의 다중지능이론(multiple intelligence theory)에 대해서 알아볼 것이다.

"

제6장

인지주의 학습 개관

학습목표

1. 형태주의가 어째서 인지주의 학습에 근간이 되는지를 구체적으로 설명할 수 있다.
2. 전경과 배경과 선택적 주의가 어떻게 연결될 수 있는지를 이해하여 설명할 수 있다.
3. 통찰설과 시행착오 학습의 차이를 실험 예시를 통해서 비교 · 설명할 수 있다.
4. 통찰 학습의 특징을 구체적인 예를 들어 설명할 수 있다.
5. 장이론의 학습 개념을 인식하고 통찰설과 더불어 인지주의 학습과의 공통점을 설명할 수 있다.

주요 용어

형태주의, 근접성, 유사성, 대칭성, 폐쇄성, 연속성, 전경과 배경, 맥락 효과, 통찰, 장, 생활공간, 변별, 종합, 재구성

1. 형태주의

1) 형태주의의 의미

Wertheimer(1880~1943)의 형태주의 심리학(Gestalt Psychology)에서 '형태(Gestalt)'는 영어의 'form' 'shape'의 의미로 전체, 형태, 모습에 대한 전체적인 지각 현상을 말한다. 대상은 그 대상을 구성하고 있는 부분적 요소의 단순한 합 이상의 전체적 관계 또는 형태로 지각된다는 것이 형태주의의 기본 생각이다. 이는 지각이나 학습 그리고 문제해결에 있어서 조직적 과정을 중요시하는 관점으로 행동주의 학습과는 다르다. 예를 들어, 사람들은 '자동차'를 볼 때 그것의 요소(타이어, 페인트, 철판, 전구, 유리 등)가 합쳐진 의미 그 이상으로 서로 다르고 독특하게 지각한다. 동일한 물리적 요소를 보고 있지만 개인의 인지적 과정이 작용하면서 자동차에 대한 지각 현상은 매우 달리 나타난다. [그림 6-1]과 같이 동일한 자동차를 보면서도 어떤 사람은 자동차를 멋있고 세련된 디자인으로 지각하는 반면 어떤 사람은 촌스러운 자동차로 지각한다.

그림 6-1 개개인의 인지 과정에 따른 지각 현상의 차이

형태주의 이론은 사람들이 사물을 지각할 때, 대상을 구성하고 있는 요소를 자신들의 인지구조로 재조직하고 재구성하여 지각한다고 본다. 가령 감각적 대상(자동차)을 구성하는 요소(타이어, 도색, 바퀴, 전구, 유리, 철판 등)에 전혀 포함되어 있지 않은 개인적 경험, 희망, 요구를 개입하여 새로운 형태(독특한 개성을 추구한 멋있는 차)로 지각한다.

감각적 자극을 개인의 인지 도식(cognitive scheme) 속의 정보를 사용하여 의미 있는 형태로 조직함으로써 지각 현상이 일어난다. 형태주의에서 대상에 대한 지각 현상은 주관적이므로, 사람들은 각자 더 친숙한 대상을 먼저 지각한다. [그림 6-2]는 사람들의 지각이 어떠한지에 따라서 토끼도 되고 오리도 된다.

그림 6-2   **무엇으로 보입니까?**

형태주의는 대상들의 부분적 요소를 조직화하고 전체적인 형태로 통합하는 지각 현상의 몇 가지 규칙을 제시하는데 다음에서 이에 대해 살펴본다.

2) 지각적 조직

지각적 조직(perceptual organization)이란 지각 대상을 구성하고 있는 부분적 요소가 큰 단위, 전체 단위로 묶여 의미 있는 대상으로 전환하는 지각 현상을 의미한다. 따라서 감각적 요소의 합을 단순히 지각하는 것이 아니라 요소 간의 배열 관계에 따라 요소를 통합해서 지각하는 것이다. 이처럼 감각적 요소가 배열에 따라 군집화되고 통합되는 과정을 집단화(grouping)라고 한다. 이러한 집단화로 인해서 지각은 실제와 다르다. 집단화 과정에는 다음과 같은 몇 가지 규칙이 있다(Carlson & Buskist, 1997).

(1) 근접성
근접성(proximity)은 공간상 가까운 자극 요소를 묶어서 하나의 의미 있

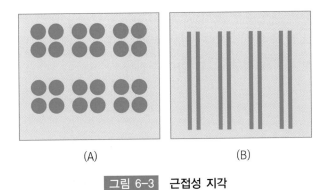

(A)   (B)

그림 6-3 근접성 지각

는 형태로 지각하는 현상이다. 같은 요소 가운데 가까이 있는 요소는 하나의 집단으로 지각되는 경향이 있다. 즉, 사람들은 가까이에 있는 것들을 공간적으로 묶어서 하나의 단위로 지각하는 경향이 있다. [그림 6-3]에서와 같이 같은 형태의 도형이나 평행선의 간격을 넓거나 좁게 배치했을 때 (A)는 가까운 도형끼리 묶여 4개의 원이 한 집단을 이룬 6개의 도형으로 지각된다. (B)는 가까운 두 선이 한 집단을 이루어 한 쌍의 직선이 4개가 있는 것처럼 지각된다.

(2) 유사성

유사성(similarity)은 모양, 크기, 색의 특징에서 유사한 자극끼리 한 집단을 이루어 하나의 의미 있는 형태로 지각되는 현상이다. [그림 6-4]에

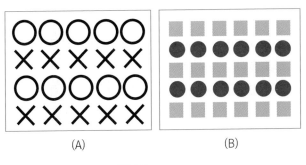

(A)   (B)

그림 6-4 유사성 지각

서 (A)의 경우 ○와 ×로 묶여 선의 형태로 지각되고, (B)의 경우도 같은 도형과 색으로 묶여 지각된다. 연구 결과, 생후 6~7개월의 영아들도 유사성의 법칙에 의해 세상을 지각한다고 한다.

(3) 대칭성

대칭성(symmetry)은 균형과 안정감을 주기 때문에 두 개의 선형이 대칭을 이루면 한 형태로 묶여 지각되는 것이다. [그림 6-5]를 보면, 세로선 하나씩을 보는 것이 아니라 대칭되어 있는 두 선으로 인식한다. 즉, 배열이나 그 성질이 같으면 같은 집단으로 지각한다는 법칙이다.

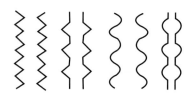

그림 6-5　대칭성 지각

(4) 폐쇄성

폐쇄성(closure)은 선형이 연결되지 않은 불안정한 도형을 완성된 형태로 지각하는 경향이다. 완결성이라고도 하는데, 완전한 그림을 만들기 위해 빠져 있는 조각을 채우려고 한다. [그림 6-6]의 카니자의 삼각형(1955년 이탈리아의 수학자 Gaetano Kanizsa 교수가 만들어 낸 삼각형)은 3개의 팩맨이 존재할 뿐인데 그 속엔 가상의 삼각형이 있는 그림으로 대상은 정확하게 삼각형이 아니지만, 삼각형의 완전한 도형으로 지각된다. 닫히지 않은 불안정한 도형보다 더 안정되고 의미 있는 닫힌 도형으로 지각되는 현상으로 불완전한 것을 완전한 것으로 보려는 경향이 있기 때문이다. 카니자의 삼각형에서 틈이 있는 불안정한 도형은 틈을 메움으로써 삼각형의 완전한 도형으로 지각된다.

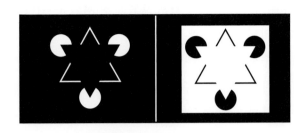

그림 6-6 카니자의 삼각형

(5) 연속성

연속성(continuation)은 단절되지 않는 방향으로 연결하여 지각하는 현상이다. 이 법칙에 따르면, 단절된 도형이 전체로서 조직화되기 때문에 연결된 그림으로 보인다. [그림 6-7]에서 (A)는 각기 다른 방향으로 연결되는 선형처럼 지각되고, (B)는 상하로 분리된 반원이 하나의 곡선과 직선이 서로 교차하는 것으로 지각된다.

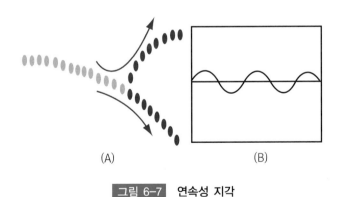

(A)   (B)

그림 6-7 연속성 지각

3) 전경과 배경

모든 감각대상을 순간에 모두 지각할 수 없기 때문에 일부분만 지각하게 되는데, 이때 지각의 대상이 되는 부분을 전경(figure)이라고 하고 지각의 대상에서 제외된 부분은 배경(ground)이라고 한다. 전경과 배경은 우리가 주의하는 순간에 결정되며, 주의(attention)가 주어진 대상은 전경이고 주의가 주어지지 않은 부분은 배경이 된다. 결국은 형태를 형성한다는 것은 어느 한순간에 가장 중요한 욕구나 감정을 전경으로 떠올린다는 것이며, 개인이 어느 한순간 주로 인식하게 되는 욕구나 감정은 전경이 되고, 나머지 관심 밖의 부분은 배경이 되는 것이다. 의도적으로 어떤 부분에 주의함으로써 형태를 지각할 수도 있기 때문에 전경과 배경은 순식간에 바뀐다. 그러나 일반적으로 대상에 대한 주의는 무의식적으로 이루어지는데 개인의 지식, 경험, 상황, 정서에 영향을 받으며 친숙한 것에 더 쉽게 주의하는 경향이 있다. [그림 6-8]의 루빈의 컵을 보면 전경과 배경 중 어느 것을 더 주의 깊게 지각하느냐에 따라 얼굴을 마주 보고 있는 사람이 되기도 하고 컵이 되기도 한다. 즉, 전경과 배경이 바뀜에 따라 다른 모습으로 지각하게 된다.

그림 6-8 **루빈의 컵: 전경과 배경**

4) 맥락 효과

맥락 효과는 감각대상을 관찰자의 심리 상태나 주변 상황과 맥락적 관계로 지각하는 현상이다. 따라서 동일한 대상도 주변 사태에 따라 다르게 지각된다. 특히 친숙하지 않거나 모호한 대상일수록 주변 상황과 연관하여 형태를 지각하려는 경향이 있다. [그림 6-9]에서 (A)의 가운데 글자는 숫자와 관련하면 '13'으로 지각되고, 알파벳과 관련해서 보면 'B'로 지각된다. (B)는 가운데 있는 알파벳이 모호하기 때문에 단어 의미와 관련하여 읽게 되고 각각 H와 A로 지각된다.

(A)   (B)

그림 6-9　맥락 효과

형태주의의 지각적 규칙은 물리적 자극을 객관적 사실대로 보고 있지 않음을 보여 준다. 시각, 청각, 미각, 후각, 촉각의 다섯 가지 감각기관을 통해 들어온 외부 정보를 뇌의 신경부호로 바꾸는 감각 과정은 물리적 자극을 객관적으로 전달하지만 뇌에서는 주관적인 해석을 한다. 즉, 지각현상은 감각을 통해 들어온 외부 정보를 지식, 사고, 가치, 정서, 요구, 신념, 태도 등에 근거해 해석하고 판단하는 인지 과정이기 때문에 감각기관을 통해 뇌까지 전달된 객관적 현실은 주관적 현실로 바뀐다.

형태주의는 동일한 물리적 환경이 그것에 대한 개인의 지각에 따라 서로 다르다고 보는 것이다. 따라서 행동주의는 개인의 행동을 환경적 단서를 통해 분석하지만 형태주의는 물리적 환경을 개인이 어떻게 지각하느냐에 따라 행동이 달라진다고 본다. 즉, 개인의 행동은 물리적 자극에 대한 개인의 인지적 해석, 즉 심리적 환경의 영향을 받는다. 따라서 형태주의에 근거한 인지주의 학습 과정은 개인의 내적 특성에 초점을 둔다.

2. 통찰설

유기체가 환경을 있는 그대로 받아들이는 것이 아니라 환경을 능동적으로 구조화하고 조직함으로써 형태를 구성한다. 대표적인 형태주의 이론가였던 Köhler는 자극-반응의 연합을 통한 점진적인 반응로서의 학습을 거부하였다. 유인원연구소 소장으로 근무하였던 Köhler(1969)는 침팬지의 문제해결 능력을 알아보는 실험을 하였다. 문제 상황이 제시되면 그 상황에 있는 모든 자극을 전체적으로 지각하여 자극 간의 관계를 파악함으로써 문제해결을 할 수 있다고 설명한다. 즉, 상황적 요소를 지각하여 자극 간의 관계를 파악하는 통찰(insight)을 통해 점진적인 학습이라고 하는 시행착오 과정을 거치지 않고도 한 번에 문제를 해결할 수 있다는 것이다. Köhler는 침팬지의 문제해결 실험을 통해 시행착오 과정이 없이 순식간에 문제를 해결하는 통찰 과정을 보여 준다.

1) Köhler의 실험

지능이 우수한 침팬지 술탄이 우리 안에 앉아 있다. 침팬지 앞에는 여러 개의 막대가 놓여 있는데 모두 길이가 짧아서 우리 밖에 있는 과일 바구니를 끌어올 수 없다. 우리 밖에는 2m 정도의 긴 막대가 있다. 처음에 술탄은 우리 안에 있는 짧은 막대를 이용하여 과일 바구니를 끌어오려고 했고, 그다음에는 철사를 이용하여 다시 끌어오려고 노력했으나 모두 실패했다. 그 후 한참 동안 우두커니 바라보던 술탄은 갑자기 짧은 막대를

이용해서 긴 막대를 끌어온 뒤 그 긴 막대를 이용해서
과일바구니를 잡아당겼다.

술탄의 또 다른 과제는 우리 안에 나무상자가 하나
있고 천장에는 침팬지가 좋아하는 바나나가 달려 있는
상황이다. 처음 몇 번의 점프 시도를 실패한 뒤, 한쪽
구석에 앉아서 우리 안에 있는 바나나, 상자, 막대기를
번갈아 가며 응시했다. 그리고 나무상자를 바나나가
있는 곳으로 옮기고 상자 위로 올라가 바나나를 따 먹
었다. 그 다음에 제시된 문제 상황은 바나나를 더 높이
매달아 놓고 주변에 상자를 흩어 놓았다.

그림 6-10 문제해결에 도구를
이용하는 원숭이
술탄

출처: Robert Cook, http://www.
pigeon. psy.tufts.edu/psych26/
kohler.htm

막대를 이용하여 바나나를 따 먹는 침팬지의 행동에
대해 Köhler는 침팬지가 우리 안의 모든 상황을 파악
하고 순간적으로 이해함으로써 문제를 해결한 것이라고 설명한다. 새로
운 문제 상황이 제시될 때마다 상황에 있는 모든 요소를 전체적으로 지각
하고 새롭게 조직함으로써 순간적으로 통찰이 일어났고, 통찰을 통해 새
로운 문제 상황을 해결한 것이다.

침팬지는 몇 번의 행동 시도를 한 뒤 우리 안에 있는 자극 요소를 한동
안 응시하다가 갑자기 문제를 해결했다. 그런데 문제를 해결하기 전, 주
위를 살펴보는 것, 시도, 바나나 획득 실패, 시도 중단, 우리 안에 있는 여
러 단서 응시, 그리고 통찰(문제해결)의 패턴은 새로운 문제가 제시될 때
마다 반복되었다. Köhler는 침팬지가 도구를 사용하기 전(통찰이 일어나
기 전)에 동작을 멈추고 마음속으로 여러 가지 방법을 실험해 보는 것처
럼 보이는 행동이 잠시 중단된 상태를 일종의 인지적 시행착오(cognitive
trial and error)라고 하였다.

Köhler는 침팬지는 문제해결에 관한 갑작스러운 통찰에 이르기까
지 다양한 방식으로 문제 요소를 배열하면서, 즉 재구조화하면서 가능
한 문제해결책에 대해 생각하는 것처럼 보였다고 하였다. 결론적으로

Thorndike의 S-R 결합이론에서는 자극과 반응의 결합에 필요한 행동적 시행착오이지만, Köhler의 인지적 시행착오는 통찰이 발생하기 전에 여러 가지 방법을 마음으로 시행해 보는 정신적 시연(mental rehearsal)이다.

2) 통찰

술탄은 전체적인 상황 속에 있는 바나나(목적물)와 도구(상자 또는 막대) 그리고 사태의 관계를 발견하는 순간에 문제를 해결했다. 이와 같이 자극 간의 관계를 발견하는 능력이 통찰이다. 통찰이론에서 학습은 학습 장면에 있는 자극적 요소의 전체적인 관계를 발견하는 것이다. Thorndike의 시행착오 과정에서는 자극과 반응의 반복적인 결합 과정이 증가하면서 점진적으로 학습이 일어났다. 그러나 통찰 학습에서 문제를 해결하기 위해 학습 상황에 있는 요소를 탐색하고 요소 간의 관계를 발견하는 통찰은 점진적이지 않으며 순식간에 일어난다.

[그림 6-11]의 (A)는 고양이가 탈출을 시도하는 시행이 많아질수록 탈출하는 데 걸리는 시간이 짧아지면서 마침내 탈출 행동을 습득하는 과정을 나타낸 학습곡선이다. (B)는 문제 상황의 요소를 파악하는 순간에 문제를 해결하는 행동을 학습하는 통찰에 의한 학습곡선이다.

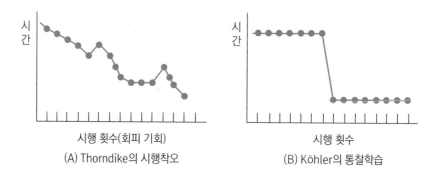

(A) Thorndike의 시행착오

(B) Köhler의 통찰학습

그림 6-11 **시행착오와 통찰에 의한 학습곡선**

자극 간의 전체 관계를 파악하는 통찰 능력은 바로 사고 과정이다. 시행착오는 자극과 반응의 반복된 결합 그리고 그 결합을 강화하는 생리적 만족에 의해 결정되는 것으로서 자극에 대한 반복적 경험이 필요하다. 반면에 통찰은 반복적인 경험 없이 순간에 새로운 문제해결을 깨닫는 것으로 '아하(Aha)' 경험이라고도 한다. 원숭이는 분명히 시행착오 없이 목적(바나나)과 수단(상자, 막대기)의 구조적인 새로운 관계를 파악하여 문제를 해결했다. 통찰이론에서 학습은 학습 장면의 전체적인 형태를 구성하는 요소 간의 관계를 파악하는 능력이다.

3) 통찰에 필요한 조건

통찰은 학습과제의 문제해결뿐 아니라 일상적인 문제해결에 필요한 능력이다. 그러나 언제나 통찰이 순간적으로 일어나고 자동으로 가능한 것은 아니다. 통찰은 자극의 전체적인 관계를 파악할 수 있는 인지 능력이 있을 때 가능하다. 학습과제에 제시되어 있는 여러 자극 사태의 관계를 파악할 수 있는 지적 능력이 준비되어 있지 않으면 문제를 해결하기 위한 통찰은 일어나지 않는다. 만 원을 가지고 아이스크림(5,000원), 콜라(3,000원), 스티커(1,500원)를 구입할 때, 돈을 지불하고 정확하게 거스름돈을 확인해야 하는 상황에서 사칙계산을 알고 있는 사람만이 문제해결에 필요한 통찰을 할 수 있다.

Köhler의 실험에서 침팬지 술탄이 통찰을 통해 문제를 해결하기 전에, 나무상자나 막대를 다루는 것을 사전에 충분히 경험하였다. 통찰 능력은 오랜 시간에 걸쳐 많은 문제를 다루고 해결하는 경험에서 나온다. 통찰은 순간에 떠오르는 '아하' 경험이지만 자극의 관계를 지각할 수 있는 지적 준비가 되어 있지 않다면 일어나지 않는다.

거실에 3개의 전등이 있는데 각 전등의 스위치는 지하실에 나란히 있다. 각 전등의 스위치를 확인하기 위해 스위치가 있는 지하실로 내려가 전등의 각 스위치를 확인하려고 한다. 지하실에 내려가서 한 번의 시도로 각 전등의 스위치를 찾는 방법은 무엇인가?

그림 6-12　　이야기 퍼즐: 전등의 스위치(박종하, 2003)

　　[그림 6-12]의 예를 보면, 문제해결을 위한 통찰에 사전지식이 얼마나 중요한가를 보여 준다. 이 문제를 해결하기 위해서는 전구가 백열등이라는 사실에 주목해야 한다. 그리고 스위치가 지하실에 있어서 어느 한 스위치를 올리고 어느 전등에 불이 들어왔는지 확인하려면 거실과 지하실을 왔다 갔다 해야 한다. 이 문제 사태를 확인하고 머릿속으로 이런저런 방법을 시도해 보며 적절하지 못한 방법을 제외하면서 문제해결 방법을 찾는다. 이 과정은 정신적으로 여러 가지 방법을 시행하는 인지적 시행착오이다. 그리고 마침내 '백열등'이라는 것에 초점을 맞추고 방법을 찾는다. 문제해결 방법은 다음과 같다. 각 스위치에 1, 2, 3과 같이 번호를 매기고 우선 1번 스위치를 올리고 몇 분간 기다린다. 그리고 1번 스위치를 내린 후에 2번 스위치를 올린 후 신속하게 거실로 간다. 전등을 만져서 따뜻한 전등의 스위치는 1번이고 현재 불이 들어와 있는 전등의 스위치는 2번, 나머지는 자동으로 3번이다. 이 문제를 해결하려면 적어도 전등이 발열한다는 사실을 반드시 알고 있어야 한다. 통찰은 사태에 있는

감각적 요소뿐 아니라 잠재된 요소(정보) 간의 관계도 파악하는 것이다. 이 문제에서 백열등의 발열 특징은 겉으로 드러난 요소는 아니었지만 분명히 존재하는 요소이며, 문제를 해결하기 위해 반드시 알아야 할 정보였다. 백열등의 발열에 대한 사전지식이 없었다면 문제를 해결할 수 있는 통찰은 일어나지 않았을 것이다. 즉, 지식은 바로 통찰을 가능하게 하여 통찰 능력을 높여 준다.

4) 통찰 학습의 특징

통찰 학습은 다음과 같이 세 가지 특징을 가진다.

첫째, 통찰을 통한 문제해결은 문제 상황에 배열된 요소를 전체적으로 지각하고 그 요소 간의 관계를 파악함으로써 가능하다. 문제 상황에는 문제해결에 핵심이 되는 요소가 배열되어 있다. 그런데 문제 상황 안에 있는 요소는 문제해결과 관계없는 요소도 있고 또 반대로 핵심이 되는 요소도 있다. 문제해결은 문제해결의 핵심이 되는 요소를 지각하고 이들의 관계를 통찰함으로써 가능해진다.

어느 나라 임금이 보석을 무척 좋아해 귀한 보석을 모으는 것이 취미였다. 하나의 무게가 10g인 세상에서 가장 귀한 보석을 100개나 수집한 임금은 10개의 상자에 10개씩 넣어 보관하고 깊이 숨겨 두었다. 그런데 어느 날 도둑이 한 보석상자에서 10개의 보석을 모두 훔쳐 가고 대신에 9g짜리 가짜 보석 10개 넣어 두고 쪽지를 남겼다. '어느 보석 상자에 가짜 보석이 들어 있는지를 알아내면 훔쳐 간 보석을 돌려주겠다. 단 저울을 한 번만 사용할 것.'

그림 6-13　**이야기 퍼즐: 가짜 보석을 찾아라**(박종하, 2003)

[그림 6-13]의 문제를 해결하기 위해서는 문제해결에 핵심이 되는 요소를 통찰해야 한다.

진짜 보석과 가짜 보석을 구분할 수 있는 유일한 기준은 무게인데 진짜 보석은 10g이고 가짜 보석은 9g이다. 그런데 도둑은 저울은 한 번만 사용해야 한다는 조건을 내세웠기 때문에 단 한 번의 무게 측정으로 가짜 보석 상자를 찾아야 한다. 여기서 제시된 단서를 통찰하여 얻은 문제해결 전략은 다음과 같다.

각 상자에 1번부터 10번까지 번호를 붙인다. 그리고 각 번호에 해당하는 수만큼 보석을 꺼낸다. 예를 들어, 1번 상자에서는 1개의 보석을 꺼내고, 2번 상자에서는 2개의 보석을, 3번 상자에서는 3개를, 10번 상자에서는 10개를 꺼낸다. 이렇게 꺼낸 55개의 진품 보석 무게의 합은 550g이어야 한다. 그런데 각 상자의 번호 수대로 보석을 꺼냈기 때문에 꺼낸 보석의 무게 합이 547g이라면 3번 상자가 가짜 보석상자가 된다. 정상 무게 합 550g보다 3g이 부족하다면 보석을 3개를 꺼낸 상자가 가짜이기 때문이다. 만약 6g이 부족하면 6번 상자, 10g이 부족하면 10번 상자가 가짜 보석상자가 된다.

둘째, 통찰을 통해 해결한 방법은 반복적으로 연습하지 않아도 오래 유지되고 쉽게 재연된다. 시행착오 이론에서는 반복적인 행동 시연이 이루어져야 그 행동이 유지되고 강화된다. 즉, 반복적인 시연을 통해 학습이 일어난다고 보는 것이다. 그러나 원리에 대한 이해를 통해 통찰이 일어났다면 반복적인 문제 풀이를 하지 않아도 문제의 해결 방법은 쉽게 망각되지 않는다.

셋째, 통찰은 어떤 특수한 상황에만 적용되는 문제해결 능력을 의미하지 않는다. 문제해결을 위한 자극 간의 관계를 파악하는 능력은 문제 상황의 자극을 지각하는 인지 능력이다. 따라서 문제 상황이 바뀌어도 그에 따라 새로운 관계를 지각할 수 있기 때문에 새로운 통찰과 문제해결 방법을 찾을 수 있다. 침팬지 실험의 경우, 우리 안에 막대기가 놓인 상황에서 문제해결을 한 침팬지는 상자만 흩어져 있는 새로운 상황에서도 새로운 통찰을 통해 문제를 해결했다. 이것은 어떤 특정 문제 상황에 대한 통찰이 또 다른 문제 상황에 대한 통찰을 가능하게 한다는 것을 보여 준다. 즉, 하나의 통찰은 새로운 통찰을 불러일으킨다.

3. 장이론

　Kurt Lewin(1890~1947)은 어떤 상황에서 특정한 목표를 추구하려는 내적 긴장에 의해 행동이 발생한다고 설명한다. 개인은 의식적인 행동의 주체자로 개인의 요구, 목적, 신념에 따라 자신의 환경을 지각한다. 즉, 환경에 의해 개인이 수동적으로 영향을 받는 것이 아니라 개인의 요구에 따라 환경을 지각함으로써 개인의 심리적 환경을 구성하고 이에 따라 행동한다. 결국 같은 환경조건에서도 심리적 환경은 개인마다 다르고 개인의 요구, 신념, 정서와 같은 내적 특성이 변화함에 따라 한 개인의 심리적 환경도 변한다. 따라서 행동은 물리적 환경에 의해 결정되는 것이 아니라 심리적 환경에 의해 결정되기 때문에 개인과 환경의 상호작용의 함수, 즉 B=f(P×E)로 설명된다.

　사람들은 실제로 존재하는 현실 속에 사는 것이 아니라 개인이 중요하다고 생각하거나 의미를 두고 있는 현실, 즉 심리적 공간 속에 살고 있다. 가령 신도시 개발, 아파트와 토지 가격 상승, 종합 부동산세, 담보대출 등 많은 부동산 관련 정보나 정책이 모든 사람에게 중요한 환경은 아니다. 부동산 투자에 관심을 갖고 있는 사람에게는 중요한 심리적 환경이지만 학생에게는 그렇지 않다. 어떤 현실 속에 있든 간에 그것이 개인에게 의미가 있고 중요할 때만 개인의 생활공간, 즉 심리적 환경(psychological environment)이 된다. 이렇게 환경과 개인의 역동관계를 설명하는 Lewin은 미국의 사회심리학자로서 집단역동성(group dynamic) 연구에 많은 공헌을 했다.

1) 장의 의미

Lewin(1943)의 '장(field)'은 개인의 전체적인 생활공간이며 이 생활공간은 '개인'과 '개인의 요구, 목적, 신념에 의해 규정되는 심리적 환경'으로 구성된다. 생활공간이 어떻게 이루어지는가를 설명하기 위해 Lewin은 물리학의 '벡터(vector)'와 '위상(topology)'의 개념을 사용한다. 그래서 Lewin의 장이론을 위상심리학(topological psychology) 또는 벡터심리학(vector psychology)이라고도 한다. 위상심리학은 어떤 순간에 처해 있는 생활공간의 구조에서 어떤 행동이 일어날 수 있으며, 또 어떤 행동은 일어날 수 없는지를 연구한다. 한편, 벡터심리학은 현실에서 행동이 어떤 방향으로 얼마나 강하게 일어나는가를 연구한다. 어떤 장소의 위치를 말할 때 여기서부터 '어느 방향'으로 '얼마만큼' 떨어져 있다고 표현하듯이, 벡터는 물리학에서 사물의 방향과 크기를 나타내는 단위로 두 가지 정보를 알려 준다. '위상(topology)'은 사물의 순간적 위치를 가르칠 때 사용하는 개념으로 어느 순간에 어느 곳에 위치해 있는가를 나타내는 순간적인 상태이다.

생활공간은 어떤 순간이나 장기간 개인의 행동에 영향을 미치는 전체적인 환경 상황이다. 여기서 개인이 관심을 두고 의미를 부여하여 스스로 위치해 있는 환경적 공간, 즉 생활공간이 '위상'이다. 개인이 순간에 심리적으로 어느 곳에 위치해 있느냐에 따라, 즉 위상에 따라 어떤 행동은 일어나고 또 다른 행동은 일어나지 않는다. 학습이론 강의에 관심을 갖고 있는 학생에게 강의실 환경(강사, 교육자료, 교실의 물리적 환경, 교육 내용 등)은 그 순간에 생활공간이 되기 때문에 학습행동이 일어난다. 그러나 애인과의 이별을 고민 중인 학생은 같은 물리적 공간에 있더라도 강의 환경이 생활공간이 아니기 때문에 학습행동을 하지 않을 것이다. 벡터는 개인의 요구, 목적의 방향과 크기(강도)를 나타내는 것으로 개인의 행동에 영향을 미치는 심리적 환경의 힘을 뜻한다. 예를 들어, 애인과의 결별이 학생에게 무척 심각하고 중요한 문제라면 수업시간뿐 아니라 온종일 애인과 관련한 환경이 심리적 환경이 될 것이다.

운동이 절실히 필요하다고 느끼고 있는 사람은 근린공원의 산책길이나 운동 편의시설이 중요한 생활공간이 될 것이고 이 시설을 적극적으로 활용할 것이다. 그러나 운동의 필요성을 느끼지 않는 사람은 집 근처에 여러 가지 편의시설이 있다는 것조차 의식하지 못할 수도 있다. 즉, 운동시설이라는 물리적 편의시설이 운동을 하도록 만드는 것이 아니라 운동에 대한 요구를 갖고 있는 사람이 주변의 운동 편의시설을 지각하고 활용하는 것이다. 즉, 운동을 하는 사람이나 하지 않는 사람에게 운동 편의시설은 동일하게 존재하는 물리적 환경이지만 운동에 대한 개인의 요구와 목적에 부합할 때 비로소 진짜 환경, 즉 생활공간이 된다. 개인적 요구나 필요에 관련한 환경적 요소는 동시에 개인과 관계를 맺고 심리적 환경을 구성함으로써 행동으로 연결된다.

(1) 개인

생활공간은 의식의 주체인 '개인'과 개인의 요구와 목적에 의해 규정된 심리적 환경이다. 여기서 개인은 의식적으로 행동하는 자아로서 생활공간의 중심이 된다. 개인의 내적 요구, 신념, 필요, 목적에 따라 심리적 환경이 변화하기 때문이다.

(2) 심리적 환경

심리적 환경은 [그림 6-14]처럼 생활공간 중에 개인을 심리적으로 둘러싸고 있는 모든 환경적 요소이다. 개인의 주변에 있는 모든 물리적 공간 환경이 개인에게 영향을 주는 것이 아니라 그것에 대해 개인이 의식적으로 지각했을 때 비로소 진짜 환경이 된다. 즉, 심리적 환경은 관념적이든 실재적이든 개인이 의식함으로써 개인에게 심리적으로 영향을 주는 모든 환경을 의미한다. 학업성취에 대해 개인이 관심을 두고 있지 않다면

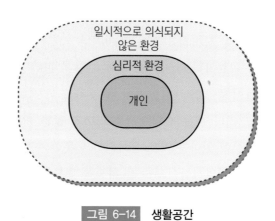

그림 6-14   **생활공간**

낮은 평가의 성적표는 학습행동에 영향을 주지 못한다.

이렇게 심리적 환경은 의식적 자아인 개인에 의해 결정되기 때문에 상당히 유동적이다. 개인에 의해 순간적으로 의식되지 않던 환경이 어떤 한 순간에 의식됨으로써 심리적 환경이 될 수 있다. 또 이와 반대로 현재의 심리적 환경이 더 이상 의식되지 않음으로써 개인에게 영향을 주지 못하는 무의미한 환경이 될 수 있다. 개인의 요구가 변하면 지각하는 환경, 심리적 환경도 변한다. 수능을 끝내고 쇼핑을 즐기는 학생에게 쇼핑 공간, 진열 상품, 가격, 브랜드, 디자인, 유행, 개인 취향 등은 중요한 심리적 환경적 요소이다. 그러나 얼마 전까지는 교과목, 수업, 학교, 수능 작전, 암기한 지식, 성적, 학습전략, 집중과목, 학원 수강 등이 중요한 심리적 환경이었다.

또한 심리적 환경은 개인의 지적 · 정서적 · 신체적 · 사회적 요구에 의해 결정되고 변화한다. 비엔나 필하모니 오케스트라 공연, 스위스 라디오 클래식, 오페라 및 뮤지컬 공연 등은 문화적 요구를 갖고 있는 성인에게는 중요한 심리적 환경이다. 반면에 아동의 문화적 요구는 분명히 성인의 요구와는 다르기 때문에 이러한 공연은 아동에게 심리적 환경이 되기 어렵다.

(3) 생활공간의 계속성

생활공간은 심리적 환경과 개인의 역동적인 상호작용이 이루어지는 장이다. 따라서 생활공간은 개인의 내적 특성과 심리적 환경에 의해 끊임없이 변화한다. 개인은 개인의 관심과 요구에 의해 규정된 심리적 환경과의 상호작용을 통해 성장한다. 개인의 성장, 즉 내적 요구와 관심의 변화는 심리적 환경을 변하게 함으로써 이전과 다른 생활공간을 형성한다. 생활공간은 이렇게 개인과 심리적 환경이 변화하고 상호관계를 맺으면서 조금씩 천천히 변화하며 개인도 성장해 나간다.

변화하는 생활공간의 과거, 현재, 미래는 연속성을 갖는다. 생활공간의 변화가 과거의 생활공간과 전혀 다른 이질적으로 변화하는 것은 아니며, 개인의 성장으로 인한 불균형이 반복되면서 생활공간은 변화한다. 이것이 바로 생활공간의 계속성이다. 예를 들어, 훌륭한 음악가의 생활공간은 음악적 관심과 소질을 갖고 있는 어린 아동의 생활공간에서부터 발전해 왔다. 음악적 능력의 향상은 바로 이전의 심리적 환경과의 지적인 불균형을 경험함으로써 심리적 환경의 변화를 요구하게 된다. 개인의 성장으로 인해서 지적인 불균형과 새로운 균형의 필요성을 반복하면서 생활공간은 질적으로 바뀌면서 지속된다.

2) 장이론의 특징

지금까지 장이론의 주요 개념인 개인, 심리적 환경, 생활공간에 대해 설명했다. 이 내용과 관련해서 장이론의 몇 가지 특징을 살펴본다.

(1) 행동의 목적성

행동의 목적성이란, 목표나 꿈, 희망, 요구, 필요가 생길 때 개인이 내적으로 긴장하고 이 내적 긴장에 의해 행동이 발생한다는 것을 의미한다. 만약 소망, 요구, 목적이 없다면 내적 긴장은 일어나지 않으며, 행동도 일어나지 않는다고 보는 것이다. 아주 간단한 예로, 쉬는 시간에 학생들은 음료수를 마시기도 하고 화장실에 가기도 하고 친구들과 이야기를 나누기도 한다. 이러한 행동 발생은 쉬는 시간이기 때문이 아니라 갈증, 방광의 팽창, 궁금증 등의 내적 긴장이 일어나 각각 욕구를 충족하는 방향으로 선택한 것이기 때문에 행동은 목적성을 갖는다.

(2) 지각과 실재의 상대성

행동은 목적에 의해 결정되듯이 장이론에서 감각적 자극은 개인의 목적에 의해 재구조화된다. 즉, 실재는 개인의 요구, 목적, 필요에 의해 재해석 또는 지각된다. 지각(perception)은 감각기관의 신경부호로 뇌에 전달된 감각적 자극을 개인의 인지구조, 가치, 기대, 정서 등으로 재해석하고 판단하는 심리적 과정이다. 사실로 존재하는 것과 지각은 다르다. 엄마와 안정적인 애착관계를 갖고 있는 아동은 낯선 환경에서 엄마의 존재 자체가 자신감 있는 행동에 영향을 준다. 그러나 불안정한 애착을 갖고 있는 아동에게 엄마의 존재는 아동의 안정된 행동에 영향을 주지 못한다. 낯선 환경에 있을 때 엄마의 존재는 각 아동에게 다르게 해석된 것이다. 안정된 애착을 갖고 있는 아동은 엄마를 언제나 자신을 지지해 주는 안정된 존재로 지각하지만, 불안정한 애착을 갖고 있는 아동은 엄마를 신뢰할 수 없는 불안한 존재로 지각한다. 이처럼 가난하고 힘든 유학생활은 자신의 꿈을 이루는 행복한 현실로 지각되기도 하지만 어떤 사람에게는 꿈을 이룰 수 없는, 자신을 황폐하게 만드는 불행한 현실로 지각될 수도 있다. 결국, 감각적 자극은 존재하는 그대로 객관적으로 지각되는 것이 아니라 개인의 내적 특성에 의해 재인식되기 때문에 상대적이다.

(3) 상황 강조

장이론에서 개인의 심리적 생활공간은 개인에게 유의미한 환경적 단서의 전체적 형태이다. 개인의 행동은 하나의 환경적 단서가 아니라 심리적 공간 안에 있는 환경적 단서의 전체적 관계, 즉 전체적 상황에 의해 결정된다. 예를 들어, 처음으로 유럽에 배낭여행을 갔을 때 길을 잃고 당황한 상황에서 한국인을 만났다면 눈물이 날 정도로 반가울 것이다. 그 순간, 환경 속에 있는 첫 방문지인 유럽, 낯선 길, 길 잃음, 의사소통의 불편함, 한국인 등이 일시에 상호 관련되면서 하나의 전체적 상황이 된다. 이때 한국인에 대한 반가움은 국내에서 또는 단체여행 중에 만난 한국인에 대한 반응과는 전혀 다를 것이다. 상황적 요소가 한국인과의 만남을 더 특별한 것으로 만든다.

⑷ 현재성

장이론의 생활공간은 지금 이 순간 개인이 지각하고 있는 내용으로 구성되어 있다. 앞서 설명했듯이 행동은 개인의 의도와 희망, 기대, 요구에 부합되는 환경적 단서를 지각하여 재구성한 심리적 환경에 의해 일어난다. 따라서 행동은 현재 지금 이 순간에 개인이 어디에 있는가, 즉 현재의 심리적 환경에 의해 결정되는 것이다. 가령 소개팅에 나간 여학생이 과거에 짝사랑하던 남자 친구에 대한 기억 때문에 그 남자와 비슷한 외모를 가진 상대방에게 호의적 행동을 했다 하더라도, 장이론에서는 단순히 남자 친구에 대한 기억이 현재의 호의적 행동에 영향을 주었다고 말하지 않는다. 오히려 과거의 경험이나 지식, 정보가 상대를 판단하기 위한 개인적 필요에 의해 지금 이 순간에 지각됨으로써 현재의 심리적 환경이 된 것이다.

마찬가지로 미래에 대한 기대가 지금 행동에 영향을 준다면, 그것은 미래가 현재의 행동에 영향을 주는 것이 아니라 미래에 대한 기대가 지금 이 순간에 의식되고 있기 때문이다. 즉, 과거의 경험, 미래의 기대나 불안을 현재 지각하고 심리적 환경으로 재구성함으로써 지금의 행동에 영향을 준다. 만약 과거의 경험이나 미래의 불안을 지금 이 순간에 지각하지 않는다면 현재의 행동에 영향을 주지 않는다. 가령 지난 학기에 학과공부를 게을리해서 낮은 학점을 받고도 또다시 새 학기 중간시험이 다가오기까지 공부를 하지 않는 사람이 있다고 하자. 그것은 그 사람이 과거의 낮은 평가나 다가올 시험을 현재 의식하지 않아서 그 요소가 심리적 환경에 포함되지 않았기 때문이다. 지금 이 순간의 행동은 현재 개인이 갖고 있는 '장' '생활공간' 영역에 달려 있다.

3) 장이론에서의 학습

장이론은 환경에 의한 수동적인 행동을 부정하고 개인의 내적 특성에 의한 목적적 행동을 강조한다. 어떤 특정한 요구, 목적, 가치, 신념, 기대 등을 갖고 있는 개인이 자신의 내적 특성에 부합하는 행동을 추구하기 위해서는 의도적이고 지적인 노력이 필요하다. 즉, 개인이 목적적 행동을 추구하기 위해서는 생활공간에서 환경적 단서의 의미를 찾고 그 자극 간의 관계를 전체적으로 통찰할 수 있어야 한다. 여름방학의 배낭여행 비용을 마련하려는 사람은 생활공간에서 이 필요를 충족하는 환경적 단서에 관심을 갖고 이 단서 간의 관계를 통찰할 것이다. 즉, 개인이 효율적으로 여행 경비를 모을 수 있는 방법을 현재 생활환경에서 찾아야 한다. 용돈 아껴 쓰기, 점심 도시락 지참, 가까운 거리 걸어 다니기, 아르바이트, 심부름 용돈, 친구 만나는 횟수 줄이기 등 자신의 생활환경에 있는 환경적 단서를 지각하고 효과적으로 실천할 수 있는 상황을 통찰하는 목적지향적인 행동을 할 것이다.

장이론에서 인지구조(cognitive structure)는 생활공간에서 필요나 목적에 부합되는 환경적 단서를 지각하고 관계를 통찰하는 능력이다. 관계는 개인에게 유의미하지 않을 때는 발견되지 않는다. 여행 경비 준비라는 개인적 필요가 있기 전에는 용돈 아껴 쓰기, 도시락, 아르바이트 등의 생활공간의 여러 요소는 개인에게 유의미하지 않을 것이다. 학습은 개인이 환경과 지속적으로 상호작용하는 동안 자신의 심리적 장에서 인지의 구조화와 재구조화의 과정을 통해 발생한다. 따라서 생활공간에 있는 환경적 자극의 존재에 대해 새로운 의미를 찾고 관계를 발견하는 것이 바로 개인의 변화, 즉 인지구조의 변화를 의미한다. 장이론에서 인지구조의 변화는 곧 학습이다. 인지구조의 변화는 새로운 의미를 발견하고 새로운 관계를 통찰한다. 장이론에서 인지구조의 변화는 다음의 세 단계를 통해 일어난다.

(1) 변별

변별(discrimination)은 '장' '생활공간' 안에 있는 물리적 또는 정신적인 모든 환경적 영역이 더욱 세분되는 과정이다. 모호하고 구조화되지 않은 생활공간의 영역을 구조화하고 세분화하는 것이다. 남자와 여자의 특성, 아버지와 아들의 입장, 여직원과 여학생의 위치를 세분화하고 구분하는 것이다. 또한 강아지와 새가 다르고, 고양이와 강아지가 다르다는 것을 알 듯이 자극 간의 차이를 발견하는 것이 변별이다.

(2) 종합

종합(generalization)은 변별된 자극을 하나의 통일된 구조로 다시 통합하는 단계이다. 각 사례의 공통의 특성을 밝혀냄으로써 하나의 범주로 묶는 일반적인 개념을 형성한다. 강아지와 고양이는 포유류, 참새와 닭은 조류, 연어와 가오리는 어류로 통합된다. 그리고 포유류, 조류, 어류, 양서류, 파충류, 곤충류는 다시 '외부에서 에너지원을 공급받는' 동물로 통합된다.

(3) 재구성

재구성(reconstruction)은 통합된 구조에 근거해 또 다른 관계를 발견하는 단계로 인지구조의 변화가 일어난다. 예를 들면, '외부에서 에너지원을 공급받는' 동물과는 달리 광합성을 통해 스스로 에너지를 공급하는 식물도 생물임을 알게 된다. 이로써 생물은 살아 움직이는 생명체만을 의미하는 것이 아니라 움직이지 않는 물체도 생명이 있는 생물임을 알 수 있다.

이런 인지구조의 재구성, 즉 인지구조의 변화는 생활공간에서 새로운 유의미한 요소를 발견한다. 꽃의 생명을 지각하지 못하던 아동이 강아지나 고양이와 마찬가지로 꽃이 살아 있는 생명체임을 알게 되는 것은 생명에 대한 인지구조의 변화로 얻은 새로운 발견이다. 이렇게 새로운 인지구조를 가진 아동은 그동안 생활공간에 있었지만 생명의 의미가 없던 꽃을 새롭게 인식하고 이전처럼 꽃을 꺾는 행동을 멈추고 애정을 표현하기도 한다. 재구성은 생활공간의 환경적 단서에 대해 새로운 의미를 발견하고 새로운 관계를 통찰하는 것이다.

제7장

정보처리이론

학습목표

1. 정보처리 과정의 주요 개념인 부호화, 저장, 인출을 구체적인 예를 들어서 설명할 수 있다.
2. 감각기억, 단기기억, 장기기억의 과정을 이해하고 정보가 기억되는 과정을 설명할 수 있다.
3. 주의의 특성과 선택적 주의를 이해함으로써 그것과 감각 등록의 제한성을 연결지어 설명할 수 있다.
4. 기억을 증진하는 다양한 학습 방법을 구체적인 사례를 들어서 설명할 수 있다.
5. 메타인지와 학습이 어떻게 관련되어 있는지를 이해하고 그것을 통해서 메타인지에 영향을 미치는 변인을 설명할 수 있다.

주요 용어

부호화, 저장, 인출, 감각기억, 주의, 작업기억, 일화기억, 절차기억, 의미기억, 시연, 의미학습, 조직, 정교화, 심상, 장소법, 쐐기단어, SQ4R, 마인드맵, 메타인지

　인지학습의 연구에서 가장 우세한 접근이라고 할 수 있는 정보처리이론(information processing theory)은 사물을 이해하고 학습하는 인지 과정이 어떻게 내적으로 일어나는가를 설명한다. 경험과 지식을 마음속에 표상하고 기억하며 그리고 필요할 때 인출하는 정신 과정을 설명하기 위해 전산과학의 개념을 적용한 것이 정보처리이론이다. 따라서 외부 자극을 능동적으로 처리하는 내적 정신 과정을 입력(부호화), 저장, 인출의 세 과정으로 설명한다. 〈표 7-1〉은 사람의 정보처리 과정과 컴퓨터의 정보처리 과정을 비교한 것이다(Hilgard, Atkinson, & Atkinson, 1979; Shaffer, 1996).

표 7-1　컴퓨터의 정보처리 과정

구분	부호화	저장	인출
기억	기억할 수 있는 형태로 부호화	부호화한 정보 유지	필요시 저장고에서 정보 재생
컴퓨터	키보드를 통해 자료 입력	파일로 저장	파일 불러오기로 모니터에서 자료 확인

1. 정보처리 과정의 기본 개념

　'큰 사거리를 지나고 오른쪽 도로변에 있는 ○○○은행을 지나면서 바로 우회전하고 두 번째 사거리에서 좌회전한 후 두 번째 횡단보도를 지나면서 두 번째 빌딩 ○○○은행, 바로 여기다!' 이와 같이 정보를 영상적 형태로 부호화하여 저장하고 필요할 때 정보를 인출하여 사용함으로써 정확한 목적지에 도달한다. 정보처리 과정은 경험이나 정보를 부호화, 저장, 인출하는 세 단계로 진행된다.

1) 부호화

부호화(encoding)는 새로운 정보를 저장할 수 있는 형태로 바꾸는 일종의 준비 과정이다. 부호화 과정은 종종 정보를 더 쉽게 저장할 수 있도록 도와준다. 감각기관을 통해 정보가 내부로 유입되면 여러 가지 형태나 기호로 부호화하여 저장한다. 예를 들어, 보상과 처벌의 단어는 무의식적으로 상장과 매에 더 쉽게 연관한다. 노란색 와이셔츠를 입고 빨간색 넥타이를 맨 사람을 보았을 때 색깔에 대한 정보를 그대로 사용하지 않으며 '병아리 같은 노란색과 자두 같은 빨간색'으로 부호화한다. 또는 순간 암기해야 할 전화번호가 322-8950이라면, 재빨리 앞의 숫자와 자신의 생년월일과 연관지어서 부호화하는데, 이는 숫자정보를 언어적 형식으로 바꾼 것이다. 영화를 관람할 때도 영상적·청각적(음악) 형태로 부호화할 수 있다. 부호화는 세상에 대한 가지고 있는 이전 지식을 활용하여 새로운 정보를 첨가하는 과정을 포함할 수 있다.

2) 저장

저장(storage)은 정보의 습득을 의미하며 부호화를 통해 정보가 기억 저장고에 들어와 유지되는 것이다. 기억 속에 집어넣은 정보, 며칠 전에 관람했던 영화의 제목이나 학교 친구의 이름, 약속 시간과 장소는 저장된 정보이다. 저장된 정보는 정보의 양과 정보가 유지되는 시간에 따라 감각기억 정보, 단기기억 정보, 장기기억 정보로 분류된다.

3) 인출

인출(retrieval)은 기억에 저장한 정보를 발견하는 것을 의미한다. 정보를 찾는 과정인 인출을 할 수 있어야 저장했던 정보를 다시 사용할 수 있다. 길거리에서 친구를 만나면 저장되어 있는 얼굴과 이름에 대한 정보를 인출해서 그 친구의 이름을 부른다. 이처럼 필요할 때 정보를 기억 저장소에서 꺼내어 사용하는 과정이 인출이다. 아침에 일어난 시간, 점심 식사 메뉴, 임진왜란의 발발 연도, 인도를 식민지화한 나라 등과 같은 질문에 반응하려면 기억 저장소에서 관련 정보를 찾아내어 인출해야 한다.

2. 정보기억 체계

정보처리 과정은 부호화, 저장, 인출의 세 단계로 이루어지며 정보는 감각기억, 단기기억, 장기기억의 단계로 저장된다. [그림 7-1]은 정보가 저장되는 체계를 설명하는 그림이다.

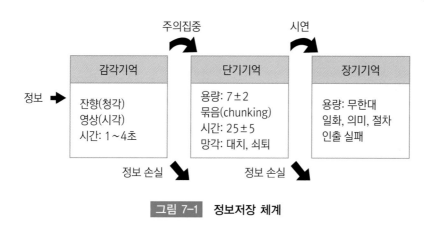

그림 7-1 정보저장 체계

1) 감각기억

정보를 저장하는 첫 단계는 시각, 청각, 후각, 미각, 촉각의 감각기관을 통해 주위 환경에서 들어오는 수많은 정보를 처리하는 일이다. 외부의 정보는 한두 개의 감각기관 또는 그 이상의 감각기관을 통해 동시에 대량으로 유입된다. 감각기관의 감각 등록기(sensory register)를 통해 유입된 정보는 1~4초 동안의 아주 짧은 시간 동안 기억에서 유지된다고 한다. 정확한 지속시간은 측정하기 어렵다. 이렇게 감각 등록기에 순간적으로 등록되어 정보가 기억되는 것이 감각기억(sensory memory)이다. 이에 비해 감각 등록기의 용량은 매우 큰 용량을 가지고 있는 것으로 보고되는데, 예를 들어 생후 6개월 된 영아도 아주 일시적이기는 하지만 자신들이 본 것의 상당량을 기억하는 것으로 보인다.

감각 등록기에 유입된 수많은 정보는 한꺼번에 모두 처리될 수 없기 때문에 '주의(attention)' 과정에 의해 극히 일부만 처리된다. 수업 시간에 학습자는 운동장의 소음, 복도에서 떠드는 소리, 음악소리 등 온갖 소리 가운데 교사의 목소리를 가려내어 듣는다. 즉, 일시에 다량의 소리 정보가 청각에 등록되지만 학습자가 주의하고 있는 일부 자극만 처리된다. 감각 등록기에 있는 정보는 선택적 주의에 의해 다음 기억 단계로 넘어간다. 결국 감각 등록기는 정보를 부호화하기 이전에 선택적 주위를 통해 잡아 두는 역할을 한다. 반면에 개인이 주의하지 못했거나 또는 의식하지 못한 많은 정보는 모두 손실된다. 따라서 감각기관을 통해 들어온 많은 정보 가운데 선택적으로 주의한 정보만 학습할 수 있다. 즉, 외부 정보에 대한 학습자의 선택적 지각에 의해 부분적으로 정보가 처리된다. '선택적 지각'은 학습자의 과거 경험, 지식, 동기, 의도, 관심에 따라 달라진다. 체중 조절에 관심을 두고 있는 사람은 TV나 신문의 다이어트 식품 광고에 주의를 기울일 것이다.

(1) 주의의 특성

주의는 어떤 대상에 관심을 집중하여 기울이는 것으로 몇 가지 특성을 가지고 있다. 첫째는 선택성으로, 여러 대상이 있을 때 주의하는 것은 선택되는 반면 다른 것은 무시된다. 예를 들어, 형태주의의 전경과 배경처럼 전경이 바로 선택적 주의가 된 것이다. 둘째는 지속성으로, 어떤 대상이나 사건에 대한 선택이 오랫동안 유지되는 것을 말한다. 예컨대, 수업시간 동안 수업 내용에 주의를 집중하는 것이다. 셋째는 분할성으로, 둘 이상의 대상이나 사건에 주의를 나누는 것을 말한다. 이는 선택성과 더불어 순간의 처리 용량이 제한되어 있기 때문인데, 강의를 들으면서 동시에 그림 자료를 살펴본다고 가정해 보자. 강의와 그림 자료에 주의집중을 하는 것이다. 교사가 학생들의 주의집중을 위해서 목소리 톤을 높이거나 아주 흥미로운 이야기를 하게 되면, 분할 처리 용량 제한으로 자연스럽게 그림자료는 보이지 않을 수도 있다.

(2) 주의집중에 영향을 주는 요인

어떤 종류의 자극은 주의를 유발하는 경향이 있고 다른 것은 그렇지 않다. 주의집중을 해야 단기기억에 저장하는 가능성이 높아지므로 주의집중에 영향을 주는 요인을 탐색해 보는 것은 중요하다.

첫째, 움직임이다. 사람들이 많이 모이는 장소에서 친구들과 만나기로 했다고 하자. 먼저 당신이 많은 사람 속에서 친구들을 찾을 때, 친구의 주의를 끌기 위해 손을 들고 큰 움직임을 할 수 있다. 이는 움직이는 것이 정지되어 있는 것보다 주의를 더 끌기 때문이다.

둘째, 크기와 강도이다. 지금 이 책에서도 중요하다고 하는 단어를 중요단어로 진한 글씨로 표시하거나 형광색이나 시끄러운 소리를 내게 한다면 주의를 좀 더 끌 수 있을 것이다. 주의집중은 큰 대상에 의해서 유도되어서 덜 중요한 정보라면 크기를 작게 할 것이다. 또한 교사들이 학생들의 주의를 끌고자 할 때, 자주 평소보다 더 크게 "조용히 해!"라고 말할 수도 있다.

셋째, 사회적 단서이다. 예를 들어, 놀이공원에서 친구들과 놀고 있는데, 사람들이 많이 모여서 흥미로운 소리를 내며 무슨 장면을 보고 있으면 거의 확실하게 우리는 그쪽으로 가서 그들이 어째서 그런 반응을 하는지 주의를 기울일 것이다. 사람들은 다른 사람들이 보고 반응하는 것을 구경하면서 그것에 더 주의를 기울이기 쉽다.

넷째, 신기함과 부조화이다. 사람들은 신기하거나 일상적이지 않은 자극과 맥락 속에서 조화롭지 못한 대상에 주의를 기울이는 경향이 있다. 태양이 모두 빨갛게 그려진 그림들 중에 태양이 노랗게 그려졌다면, 노란 태양에 주의를 기울일 것이며, '나는 오늘 아침 거북이까지 산책을 갔다' 라는 말을 들었을 경우, 거북이에 주의를 기울일 것이다. 노란 태양은 신기하고 거북이는 조화롭지 못하기 때문이다.

다섯째, 사적 중요성이다. 지금까지 설명한 요인들은 주의 자체는 끌수 있다. 그러나 주의의 지속성을 유지하기 위해서는 사람들에게 사적으로 의미가 있거나 중요해야 한다. 한 학생이 학습지를 풀고 있을 때, 옆에 스마트폰이 있다면, 학습지와 스마트폰 중 그 학생이 주의를 기울이는 자극은 대부분 어떤 자극이 그 시간에 학생의 동기와 더 밀접한 관계를 갖는지에 달려 있다.

2) 단기기억

감각 등록기는 선택적으로 지각된 정보를 기억 체계의 두 번째 요소인 단기기억(Short Term Memory: STM)으로 옮긴다. 단기기억은 입력되는 감각 정보가 기억으로 전환되기 이전 단계에서 기억을 만들어 주는 일종의 '작업장'이다. 이는 단기기억을 작업기억(Working Memory: WM)이라고 하는 이유이다. 작업기억은 Baddeley(1986)에 의해 소개된 후 단기기억의 특징을 포함한 개념으로 많은 지지를 받고 있다. 기억이 지속되는 시간에 초점을 두고 바라보면 단기기억이며, 기억이 수행하는 기능에 초점을 둔다면 작업기억이다. 단기기억은 자각 또는 그 당시 의식하고 있는 것과 거의 일치한다. 작업기억은 짧은 시간 동안 제한된 정보를 저장하는 기억 체계이다. 작업기억은 저장 시간과 수용 능력이 매우 한정되어 있기 때문에 정보를 시연(rehearsal)하지 않으면 정보가 빠르게 소멸한다. 작업기억 속의 정보는 정교한 반복과 연습을 통해 장기기억 체계로 들어간다. 작업기억은 우리가 후에 정보를 인출 가능한 장기기억으로 저장하기 위해 반드시 거쳐야 하는 필수 과정이다.

Miller(1956)에 따르면, 작업기억이 사용할 수 있는 정보의 크기는 7 ± 2(5-9) 단위의 정보이다. 여기서 정보의 단위는 의미 있는 항목을 말하며, 문자, 단어, 숫자, 일반적인 표현 등을 포함한다. 따라서 다른 정보를 사용하려면 작동기억에서 이미 사용하고 있는 정보를 밀어내고 사용할 공간을 만들어야 한다.

작업기억 공간에서 사용되고 있는 정보는 감각기억과 장기기억을 통해 들어오는데, 가끔 이것이 동시에 일어나기도 한다. 가령 오랜만에 친구를 우연히 만났을 때 친구의 얼굴은 감각기억에서 작동기억으로 전달되고 동시에 얼굴에 대한 정보는 장기기억에서 전달되어 그 친구가 누구인가를 정확하게 알 수 있다. 작업기억 공간에서 활동 중인 정보는 잠시 사용된 후 다시 장기기억 속으로 들어가는데 이것은 작동기억의 용량이 매우 제한되어 있기 때문이다. 작업기억의 공간은 부엌의 작은 작업공간인 조리대에 비유할 수 있다. 요리에 사용되는 모든 도구와 재료를 조리대 위에 올려놓고 요리하는 것은 어렵다. 요리 순서에 따라 필요한 도구나 재료를 꺼내서 사용하고 필요하지 않은 것은 다른 곳에 옮겨 놓아야 조리대에서 효율적으로 요리를 할 수 있다.

(1) 작업기억의 정보 사용

작업기억의 용량은 7개 항목 내외로 제한되어 있어서 7개 이상의 항목을 다루기가 어렵다. 예를 들어, 〈표 7-2〉와 같이 제시된 항목은 작업기억의 용량을 초과하는 기억 단위이기 때문에 쉽게 기억할 수 없다.

표 7-2   단어의 나열

시금치, 오렌지 주스, 귤, 양파, 우유, 마늘, 사과, 당근, 호박, 치즈, 된장, 수박, 당면, 달걀, 딸기잼, 식용유, 포도, 두부, 커피, 식빵, 깨, 버터, 참외, 파, 콜라

그러나 이것을 어떻게 재부호화(recoding)하느냐에 따라 기억의 단위가 달라진다. 〈표 7-2〉의 항목을 〈표 7-3〉과 같이 음식 재료의 친숙한 항목으로 모아 '묶음(chunking)'으로 분류하면 쉽게 기억할 수 있다. 정보 조각들을 어떤 식으로든 묶는 청킹이라고 불리는 과정으로, 작업기억의 한정된 공간에 붙잡아 둘 수 있는 정보의 양을 증가시킨다. 많은 수를 나열한 것보다 5개 항목으로 묶어서 재부호화하여 기억공간을 차지하는 것을 최소화할 수 있다. 이러한 방법으로 기억용량이 제한되어 있는 작동기억에서 많은 정보를 동시에 사용할 수 있다.

표 7-3   정보의 묶음

잡채	된장국	간단한 아침식사(빵)	과일	음료
당면	된장	식빵	귤	커피
시금치	파	버터	사과	우유
양파	마늘	달걀	배	오렌지
당근	두부	치즈	참외	주스
참기름	호박	딸기잼	수박	콜라
깨		양상추	포도	
식용유				

항목을 줄이는 묶음 방법은 다양하게 활용할 수 있다. 예를 들어, '082028129397'와 같은 수의 12항목은 작동기억 공간에서 사용하기에는 너무 크다. 12항목의 수를 082/02/812/9397/와 같이 나누어 우리나라 국제 지역번호/서울 지역번호/전화다이얼 위치 이동(8시작, 우/좌 ■ (96)↑ (45)→)을 영상화하면 쉽게 사용할 수 있다.

묶음과 같이 항목 수를 줄이는 방법은 일련의 정보를 첫 자만 암기하는 것이다. 가령 조선시대 27대 임금을 시대 순으로 학습할 때도 같은 방법(태, 정, 태, 세, 문, 단, 세, 예, 성, 연, 중, 인, 명, 선, 광, 인, 효, 현, 숙, 경, 영, 정, 순, 헌, 철, 고, 순)으로 항목을 줄이고 연산군과 광해군을 예외로 두고 나머지에는 '종'과 '조'를 붙여서 암기한다.

(2) 단기기억의 망각

재부호화를 통해 단기기억에서 많은 정보를 동시에 다룰 수 있지만 사용하지 않는 정보는 단기기억 속에 그대로 유지되지 못한다. 단기기억은 현재 의식 수준에서 사용하고 있는 정보가 더 이상 필요하지 않으면 또 다른 정보로 대치된다. 이것은 공간이 제한된 좁은 작업대에서 일을 할 때 작업에 따라 필요한 공구를 올려놓고 사용하고 필요하지 않은 공구는 내려놓아야 하는 것과 마찬가지다. 작업대 공간이 제한되어 있어서 필요하지 않은 공구가 작업대에서 밀려 나가듯이 단기기억의 공간에서도 현재 사용하지 않는 정보는 밀려 나간다. 이렇게 정보가 단기기억 공간에서 밀려 나가는 것이 단기기억의 망각 현상이다. 단기기억의 망각은 치환(displacement)와 쇠퇴(decay)에 의해 일어난다. 치환은 의식 수준에 있는 정보가 다른 정보로 바뀌는 것으로, 사용하고 있는 정보가 필요하지 않을 때 더 이상 주의가 주어지지 않음으로써 의식의 대상에서 탈락되고 현 시점에서 필요한 정보로 교체되는 것이다. 쇠퇴는 시간이 경과함에 따라 기억 흔적이 약해지는 것이다. 새로운 정보에 주의를 돌리면 이전 정보에 대한 기억은 시간이 지날수록 점점 더 약해진다.

3) 장기기억

단기기억의 정보는 반복 시연을 통해, 그리고 장기기억(long-term memory)에서 활성화된 작동기억 정보와 통합되어 장기기억 공간으로 들어간다. 장기기억의 정보 저장 시간과 용량은 일반적으로 무제한적이다. 현재 사용하고 있지 않은 지식, 지각 능력, 언어, 신념, 가치관, 인생 목표, 성격 등은 우리가 사고하고 행동하는 데 필요한 장기기억 정보이다. 장기기억 창고에 있는 정보는 망각되지 않으며 장기기억 창고에 정보를 가득 채울 만큼 인간은 오래 살 수 없다(Neath, 1998).

(1) 장기기억의 내용

장기기억의 정보는 시각적 영상, 언어적 단위 또는 시각적 영상과 언어적 단위의 결합 그리고 청각, 후각, 촉각, 미각 등 다양한 양식의 부호로 저장되어 있다. 이 장기기억의 정보는 일화기억(episodic memory), 절차기억(procedural memory), 의미기억(semantic memory)으로 구분된다. 장기기억은 외현기억(explicit memory)과 암묵기억(implicit memory)으로 나눌 수 있는데, 일화기억과 의미기억은 외현기억이며 절차기억은 암묵기억이다. 외현기억은 우리가 의식적으로 회상하거나 인지가 가능한 기억인 데 비해서 암묵기억은 의식하거나 기억하지는 못하지만, 절차기억처럼 우리가 현재 실제 수행을 할 때 영향을 미치는 기억이다.

① 일화기억

일화기억(episodic memory)은 경험에 대한 심상(image)을 저장한 것이다. 심상은 지각(perception)에 근거하여 정보의 외형, 즉 물리적 특성을 표상한 것이다. 따라서 일화기억은 영화 장면을 떠올리듯이 정보를 정신적 영상으로 저장한 것이다. 일화기억은 특정한 사건이나 경험에 대한 기억으로, 작년 내 생일에 무엇을 했는지, 어제 학교에서 어떤 일이 있었는지와 같이 구체적이고 특정적인 사건과 관련되어 있다. 20세 성인이 되는 생일에 받은 생일선물, 대학 동아리에서 농촌으로 봉사활동을 갔던 일, 수능 시작 시간에 늦어서 전철 안에서 마음을 졸인 일처럼 구체적이고 특정한 사건과 관련되어 있다.

일화기억에서 정보를 인출할 때는 시간과 공간에 관련한 단서를 사용한다. 여름 바닷가를 떠올리면 생각나는 친구, 조회 시간에 늘 뒷줄에 서 있던 친구에 대한 기억은 시간과 공간의 단서를 통해 정보를 인출하는 것이다. 일화기억의 내용은 몇 가지 독특한 사건을 제외하고 대부분 일상사에서 반복되면서 이전과 이후의 기억 내용이 서로 혼합되어 정확하게 인출되지 못한다. 가령 생일이 반복되면서 20세 성인이 되는 생일에 받은 생일선물에 대한 기억이 희미해지며 또한 매일 반복되는 저녁식사 메뉴를 기억하기 어렵다.

② 절차기억

절차기억(procedural memory)은 신체적 활동에 관한 것으로 '어떤 것을 하는 방법'에 관한 정보이다. 일련의 자극-반응의 결합으로 저장되어 있다. 자전거타기, 운전하기, 수용하기와 같이 운동기술과 인지기술을 학습하는 것을 뜻한다. 기술을 계속 연습함에 따라 이러한 절차기억은 더 효율적이 되어 암묵기억으로 거의 의식하지 않고 수행할 수 있다. 예를 들어, 자전거를 탈 때 자전거가 왼쪽으로 기울면(자극) 즉각적으로 무게 중심을 오른쪽으로 실어(반응) 균형을 유지한다. 자극이 반응을 일으키는 것이다. 또, 보고서를 작성할 때는 컴퓨터 파워 버튼을 눌러 컴퓨터를 작동하고 한글 프로그램을 클릭하고 파일을 열어 작업하는 데, 이때 컴퓨터의 최초 작동 여부(자극)에 따라 전기 콘센트를 확인하거나 또는 다음 단계 행동으로 넘어갈지(행동)를 결정한다. 또한 프로그램 가운데(자극) 한글 프로그램을 선택하고 작업 파일을 연다(행동).

③ 의미기억

의미기억(semantic memory)은 우리가 아는 사실과 일반적인 정보로 구성되어 있다. 개념, 원리, 규칙, 문제해결 기술, 학습전략 등의 정보는 의미기억의 내용이다. 학교에서 학습한 대부분의 지식과 정보는 의미기억 안에 체계적으로 조직되어 있다. 이렇게 조직된 정보는 다른 정보를 이해하거나 기억하는 데 효과적이다. 새로운 정보를 이해하고 기억하는 데 영향을 주는 관련 개념이 정신적 조직망(mental network)을 이루고 있는데 이것을 도식(schema, 스키마)이라고 한다. 의미기억은 기억을 위해서 지속적인 노력이나 훈련 과정이 필요한 경우가 많다. 의미기억은 수많은 도식이 조직적이고 체계적으로 구성되어 있는 복잡한 정보망을 이룬다. [그림 7-2]는 '개'와 관련한 정보망을 보여 주는 도식이다.

의미기억 안의 정보는 복잡한 구성을 가지면서도 체계적으로 조직되어 있다. 그런데 '개'의 도식은 개에 대한 개인의 경험에 따라 개념과 연결되어 있는 조직망이 다를 수 있다. 즉, 개에 대해 갖고 있는 개인의 지식과 정보에 따라 '개'와 연결되어 있는 정보망이 복잡하고 체계적일 수도 있으며 또는 아주 단순한 구조일 수도 있다. 따라서 장기기억 속에 정보가 조직적으로 정리되어 있는 도식의 구조는 개인마다 차이가 있다. 조직망이 잘 발달되어 있으면 한 정보에 도달할 수 있는 다양한 경로가 있기 때문에 그 정보를 훨씬 더 쉽게 기억할 수 있다. 반면에 정보의 조직망이

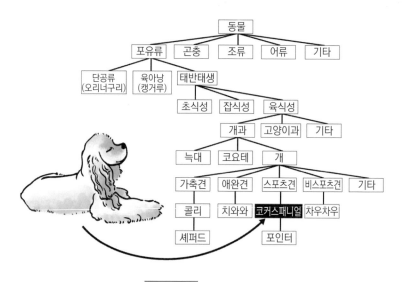

그림 7-2 개의 도식

단순해서 그 정보에 도달할 수 있는 경로가 한정되어 있으면 기억하기 어렵다. 이것은 어떤 장소에 도달하는 길이 많으면 많을수록 쉽게 도착하지만 유일하게 한 경로만 있는 경우, 그 경로를 잃게 되면 그 장소에 도착하기는 매우 어려운 것과 같다.

장기기억의 문제는 정보 손실이 아니라 정보 접근에 실패하여 정보를 인출할 수 없는 것이다. 복잡하지만 체계적으로 조직된 도식 속의 정보는 단순한 조직을 갖고 있는 도식의 정보보다 쉽게 인출된다.

⑵ 장기기억의 망각

장기기억의 망각(forgetting)은 정보가 손실되어 발생하는 것이 아니라 장기기억에 있는 정보를 인출하지 못해서 일어난다. 즉, 정보에 접근하는 것을 실패했음을 의미한다. 장기기억의 정보는 손실되지 않는다고 하지만 시간 경과에 따른 소멸과 간섭에 의해 망각될 수 있다. 가령, 무의미 철자(FGA, XBK, ZQR)를 암송한 후에 세 자리 숫자를 역으로(287, 286, 285, 284……) 읽으면 암기했던 무의미 철자를 기억하기 어렵다. 이렇게 다른 정보에 의해 밀려나거나 방해 받는 것을 간섭(interference)이라고 한다.

간섭은 정보를 방해하는 방향에 따라 순행간섭(proactive interference)과 역행간섭(retroactive interference)으로 구분된다. 순행간섭은 이전에 학습된 정보와 지식이 새로운 정보와 지식을 학습하는 것을 방해하는 것이다. 역행간섭은 새롭게 학습한 정보와 지식이 이전에 학습한 지식의 유지를 방해하는 것이다.

학습 장면에서 흥미로운 사실은 학습자에게 일련의 단어목록을 제시한 후, 곧 기억 테스트를 하면 학습자는 그 목록의 앞부분과 뒷부분을 중간 부분보다 더 잘 학습하는 경향이 있다. 이것은 서열-위치 효과로 목록의 앞부분에 있는 내용을 더 잘 기억하는 현상을 우선 효과(primacy effect)라고 하며 뒷부분의 내용을 더 잘 기억하는 현상을 최신 효과(recency memory)라고 한다. 우선 효과는 초두 효과라고도 하는데, 학습

표 7-4 감각, 단기, 장기 기억의 비교

구분	감각기억	단기기억	장기기억
정보 유입	주의 이전 상태	'주의' 필요	시연, 반복
정보 유지	불가능	'의식' 중	조직, 도식
정보 용량	대량	한계	무제한
정보 손실	소멸	다른 정보와 교체	손실 없음 (정보접근 실패)
유지 시간	2~3초	20~30초	지속적
인출		즉각, 일시적 단서, 의식 내의 항목	정보조직망을 통해 접근

자가 일반적으로 제일 먼저 제시된 내용에 대해 더 많은 주의와 노력을 기울이기 때문에 나타나고, 최신 효과는 최종 학습내용과 테스트 사이에 어떤 방해도 없었기 때문에 나타난다.

〈표 7-4〉는 감각기억, 단기기억, 장기기억을 비교하여 요약한 것이다.

(3) 기억을 증진하는 학습 방법

정보를 입력하는 부호화와 정보 인출은 매우 밀접한 관계에 있다. 정보를 어떻게 입력하느냐에 따라 정보를 인출하는 효과가 달라지기 때문에 정보 인출의 실패는 잘못된 부호화가 원인이라고 할 수 있다. 정보를 입력하는 개인의 인지전략은 정보를 효과적으로 인출하는 것에 영향을 준다. 따라서 정보를 이해하고 부호화할 때 사고 과정을 통제하는 메타인지(meta-cognition)전략이 기억을 증진하는 데 매우 중요하다. 가령 할미꽃의 영어단어 'windflower'를 학습할 때 '오랜 세월 바람을 견뎌 내는 꽃'의 의미와 '오랜 세월 어려움을 이겨 낸 할머니' 의미를 연결하는 인지전략을 사용하여 단어를 오래 기억할 수 있다. 시연, 의미 학습, 심상, 정보의 정교성, 조직 등은 정보를 재부호화하는 효과적인 인지전략이다.

① 시연

시연(rehearsal)은 어떤 지식이나 정보를 반복적으로 사용하는 것으로 정보를 유지하는 가장 기본적인 방법이다. 이것은 장기기억에 있는 정보와의 연관성을 의식하지 않고 반복해서 연습하는 기계적 학습 방법이다. 흔히 이 과정은 언어적 정보의 학습을 강조한다. 기계적 학습은 다음 단계의 학습과 기억에 도움을 주기 때문에 중요하다. 물론 도움을 주기는 하지만 이 전략만을 가지고 정보를 저장하기에는 불충분하다. 따라서 다음에 제시하는 방법이 더 효과적이라고 할 수 있다. 예를 들어, 사회수업에서 유럽 각국의 이름을 암송한 것은 유럽의 역사를 학습할 때 매우 중요한 정보가 된다. 구구단, 화학의 원소기호, 영어단어, 신체의 해부학명 등에 대한 반복적인 암송은 기계적 학습이지만 다음 단계에서 수행할 의미학습의 기초가 된다.

② 의미학습

의미학습(meaningful learning)은 장기기억 속에 저장되어 있는 정보와 새로운 정보 간의 유사성이나 관련성을 인식하는 과정이다. 예를 들어, 관찰학습의 의미와 자녀가 부모를 닮는 사실과의 관련성을 인식하거나, 더하기(2+2=4)와 뺄셈(4-2=2)의 관계를 파악하는 것이 의미학습이다. 의미학습은 때로는 새로운 정보를 자신과 관련 짓는 것이 학습에 있어서 극적인 효과를 가지기도 하는데, 이를 자기참조 효과라고 한다.

의미학습에는 다음의 세 조건이 필요하다. 첫째, 의미 있는 학습 상황을 갖고 있어야 한다. 의미 있는 학습 상황이란 학습하는 정보에서 의미를 찾고자 하는 학습자의 자세를 뜻한다. 둘째, 새로운 학습 정보와 연관할 수 있는 사전 정보를 갖고 있어야 한다. 예를 들어, '민족' 또는 '민족의식'에 대해 학습하는 경우, 수업 전에 〈칭기즈 칸〉〈이집트 왕자〉 등의 영화나 〈명성황후〉 뮤지컬 영상을 감상하고, 체 게바라에 관한 정보를 제시하면 수업 내용을 더 유의미하게 만들 수 있다. 셋째, 새로운 정보가

의미 있는 학습상   사전지식과 관련   지식의 관련성 인식

히브리인과 이집트를
탈출한 모세와
민족의식

영화,
소설, 역사적
사건, 뉴스 보도,
체 게바라,
명성황후,
아이다

'이집트 왕자'
감동

그림 7-3 의미학습 상황

이전에 학습한 정보와 관련되어 있음을 인식해야 한다. 각각의 학습내용에서 적극적으로 관련성을 찾을 때 의미 있는 학습이 이루어진다. 의미학습은 정보를 다양하게 연결함으로써 정보를 찾을 수 있는 많은 경로를 제공하여 기억을 촉진한다. 민족 간의 갈등, 민족문화, 민족의식과 관련된 영화나 소설, 역사적 사건, 에피소드, 뉴스 보도 기사, 민족주의자(체 게바라), 뮤지컬 〈아이다〉와 〈명성황후〉 등에서 '민족'의 의미를 찾는다면 '민족' '민족의식' '민족문화'를 매우 잘 이해할 수 있을 것이다.

③ 조직

조직(organization)은 정보를 공통된 특성에 따라 범주화하거나 위계적 관계를 확인하여 정보의 연관성을 발견하는 것이다. 즉, 다양한 정보를 보통 범주화나 위계적 관계로 서로 연결하여 새로운 정보 덩어리를 효과적으로 저장하고 더 완벽하게 기억할 수 있다. 정보가 위계적으로 조직되면 연결된 정보가 상호 인출단서 역할을 하기 때문에 쉽게 기억된다. 따라서 정보가 각 범주와 지식의 위계에 따라 조직화된 도식은 정보 손실이

표 7-5　정보의 조직화

광물				
무작위로 배열된 광물				

화강암, 다이아몬드, 동, 금, 석회석, 에메랄드, 납, 은, 사파이어, 슬레이트, 놋쇠,
백금, 철, 구리, 동

금속			돌	
희귀	일반 금속	합금	합금	일반 돌
백금	알루미늄	동	사파이어	석회석
금	구리	철	에메랄드	화강암
은	납	놋쇠	다이아몬드	슬레이트

적고 쉽게 인출되기 때문에 학습내용을 조직화된 형태로 제시해야 한다.

〈표 7-5〉에서 무작위로 나열한 광물 목록과 몇 가지 범주로 정보를 조직한 광물 목록을 학습할 때 정보 인출 효과는 매우 다르다. 광물 목록을 무작위로 제시하는 것보다 조직화된 목록을 제시할 때 학습자는 정보를 효과적으로 학습하고 기억할 수 있다.

④ 정교화

정교화(elaboration) 또는 공들임은 이미 알고 있는 기존의 정보나 지식과 연계하여 새로운 지식과 정보를 확장해 나가는 것이다. 즉, 자기 나름의 해석을 붙이고, 실제로 이전에 받아들였던 정보와 함께 그 해석이 옳다고 학습한다. 예를 들어, 사냥을 통해 먹이를 얻는 육식동물은 턱과 이가 발달하는데, 사자와 호랑이도 육식동물이기 때문에 강하고 단단한 이와 턱을 갖고 있다. 이와 마찬가지로 공룡 '알로사우루스'의 화석에서 발견한 강력한 턱과 날카로운 이의 생김새에 근거하여 이 공룡이 육식동물임을 추정할 수 있다. 알로사우루스가 육식공룡이라는 사실은 육식동물의 특징에 관한 사전 지식에 근거해서 추론한 정보이기 때문에 쉽게 기억할 수 있다. 학습된 모든 정보를 정교화할 필요는 없지만 정보를 단순 반

복하면 그 정보는 작업기억 속에 보관될 수는 있어도 기억하기는 어렵다. 반면에 정교화하면 부호화와 기억에 도움이 되지만 시간이 소요된다. 따라서 상황에 따라서 시간이 걸리더라도 기억과 인출을 향상하는 것이 필요하다면 정교화 방식을 사용하는 것이 적절할 것이다.

⑤ 심상

심상(imagery)은 일종의 정신적 그림으로, 감각적 경험을 시각적 영상으로 표상하는 방법이며, 정보나 지식을 사용할 때 함께 일어난다. 가령 '크리스마스'에 대해 생각할 때 크리스마스의 유래나 종교적인 의미보다 시각적 장면이 순간적으로 먼저 떠오른다. 산타, 선물, 12월, 눈, 트리, 화려한 장식, 모임, 즐거움 등의 단어는 크리스마스에 대한 시각적 이미지가 떠오르면서 쉽게 생각해 낸 단어이다. 심상은 이와 같이 어떤 사실이나 정보를 기억할 때 효과적으로 사용할 수 있다.

심상은 기억해야 할 정보를 독특하고 재미있는 시각적 영상과 이미지로 만드는 것이다. 심상화할 때는 반드시 개념과 관련한 구체적인 이미지를 사용하지 않더라도 코믹, 풍자, 개인의 경험, 독특성, 상상, 은유 방법으로 이미지를 만드는 것이 중요하다. 예를 들어, 일제강점기에 나라의 국권 회복을 위해 투쟁했던 많은 독립운동가 가운데에서도 흰 두루마기와 동그란 안경을 심상화한다면 쉽게 '김구' 선생을 떠올릴 수 있다. 또한, 두 단어 쌍을 암기해야 할 때, 가령 피아노/코끼리의 단어 쌍을 기억할 때 '연미복을 입은 코끼리가 그랜드 피아노 위에 멋있게 앉아 있는' 이미지를 영상화하면서 단어를 암기한다.

⑥ 장소법과 쐐기단어

장소법(method of loci)과 쐐기단어법(peg-word method)은 심상을 사용하여 기억을 증진하는 방법이다. 장소법은 기억해야 할 대상이 독특한 장소나 공간에 놓여 있는 장면을 심상화하고 심상화한 장소를 떠올림으로

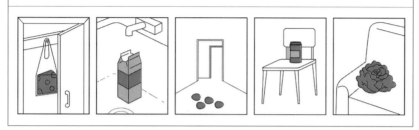

부엌 다용도 장에 걸려 있는 치즈, 수도꼭지 아래의 우유팩, 복도에 널려 있어 깨질 위험이
있는 달걀, 의자 위의 타코 소스, 소파 위의 양상추

그림 7-4 장소법(Carlson & Buskist, 1997)

써 기억해 내는 방법이다. [그림 7-4]와 같이 마켓에서 구입할 물건이 특
정한 장소에 놓여 있는 독특한 장면을 심상화한다. 시장주머니를 꺼내려
고 부엌 장을 여는데 치즈가 매달려 있고, 수도꼭지 잠근 것을 확인하려
는데 우유팩이 있고, 거실 바닥에 달걀이, 그 옆 식탁의자 위에 소스가 있
고, 거실 쇼파에 양배추가 자리를 차지하고 있는 것을 심상화한다. 목록
을 반복적으로 암기하는 것보다 독특한 장면을 심상화하는 것이 정보를
기억하는 데 훨씬 효과적이다.

쐐기단어법은 익숙한 단어에 기억해야 할 단어를 연결하여 심상을 형
성하고 익숙한 단어를 먼저 제시한 뒤 연결된 새로운 단어를 기억해 내
는 방법이다. 익숙한 단어는 새로운 단어를 찾기 쉽게 걸어 놓는 못의 역
할을 한다는 뜻에서 쐐기단어라고 한다. 쐐기단어를 사용하는 방법은, 첫
째, 기억해야 할 대상의 이름을 쉽게 떠올리게 하는 단어나 운이 같은 단
어를 사용해 재부호화한다. 예를 들어, 할머니, 두부장수, 새색시, 냇가,
다람쥐, 여학생, 일본 무사, 열무장수, 아이, 엿장수의 10개의 단어를 암기
해야 할 때 쐐기단어를 사용할 수 있다. 여기서 쐐기단어는 암기해야 할
첫 단어와 발음(운)이 같은 '하나'에서 '열'까지의 수를 쐐기단어로 한다.
둘째, 쐐기단어와 기억할 단어를 연관하여 이미지를 심상화한다. 가령 '하
나 하면 할머니가 지팡이 짚고서 라라라'와 같이 심상을 만든다. 셋째, 심

상을 떠올리며 쐐기단어와 연결한 단어를 반복 암송한다. [그림 7-5]는 쐐기단어와 기억해야 할 단어의 연결 심상을 만들고 암송하는 예이다.

- 하나 하면 할머니가 지팡이 짚고서, 라라라
- 둘 하면 두부장수 두부를 판다고, 라라라
- 셋 하면 새색시가 화장을 한다고, 라라라
- 넷 하면 냇가에서 빨래를 한다고, 라라라
- 다섯 하면 다람쥐가 알밤을 깐다고, 라라라
- 여섯 하면 여학생이 나비춤 춘다고, 라라라
- 일곱 하면 일본 무사가 칼싸움을 한다고, 라라라
- 여덟 하면 열무장수가 열무를 판다고, 라라라
- 아홉 하면 아이가 소꿉장난을 한다고, 라라라
- 열 하면 엿장수가 한 가락이요, 두 가락이요. 라라라

질문	
• 하나-(할머니)	여섯-(　　　)
• 둘-(두부장수)	일곱-(　　　)
• 셋-(　　　)	여덟-(　　　)
• 넷-(　　　)	아홉-(　　　)
• 다섯-(　　　)	열-(　　　)

그림 7-5 쐐기단어법의 심상

이렇게 운이 같은 것을 이용하여 10개의 단어를 모두 암기하면 앞의 단어(할머니, 두부장수, ……, 엿장수)를 쐐기단어로 하고 '안경, 버스, 스카프, 장갑, 의자, 현미경, 개구리, 옷, 시계, 밀가루'의 새 단어를 연결하여 쉽게 암기할 수 있다. 〈표 7-6〉은 앞의 단어를 쐐기단어로 하며 새로운 단어를 연결하여 심상화한 예이다.

표 7-6   쐐기 단어의 예

쐐기단어 1	쐐기단어 2	새로운 학습과제
하나	할머니	할머니가 안경을 쓰고서, 라라라
둘	두부장수	두부장수가 버스를 타고, 라라라
셋	새색시	새색시가 스카프를 두르고, 라라라
넷	냇가	냇가에 장갑을 빠뜨려, 라라라
다섯	다람쥐	다람쥐가 의자에 앉아서, 라라라
여섯	여학생	여학생이 현미경 보면서, 라라라
일곱	일본 무사	일본 무사가 개구리 잡고서, 라라라
여덟	열무장수	열무장수가 예쁜 옷을 입고서, 라라라
아홉	아이	아이가 시계를 차고서, 라라라
열	엿장수	엿장수가 밀가루를 묻히고, 라라라
질문하기		

- 누가 안경을 쓰고 있나요?
- 누가 버스를 타고 갔나요?
- 누가 스카프로 멋을 내고 있나요?
- 냇가에 무엇을 빠뜨렸나요?
- 의자에 누가 앉아 있나요?
- 여학생은 무엇을 하고 있나요?
- 일본 무사가 무엇을 잡고 있나요?
- 열무장수가 무엇을 하고 있나요?
- 아이가 무엇을 갖고 있나요?
- 엿장수가 어떻게 하고 있나요?

이와 같은 쐐기단어 기억전략은 외국어 단어를 학습하는 데 매우 효과적이다. 가령 할머니의 'grandmother', 소년의 'boy'를 학습할 때 '그리운 그랜드마더가 오시네' '소년은 보이 티(중국차)를 좋아한다'와 같이 운으로 시작하여 문장을 만들어 심상화한다. 이렇게 쐐기단어를 찾고 문장을 만들고 그 장면을 심상화하는 것 자체가 매우 심도 있는 학습전략이기 때문에 잘 기억할 수 있다.

⑦ SQ4R

SQ4R은 효과적인 학습을 위한 가장 기본적인 학습전략이다. 이것은 개관하기(Survey), 질문하기(Question), 읽기(Read), 숙고하기(Reflect), 암송하기(Recite), 복습하기(Review)의 순서에 따라 단계적으로 학습하는 것이다. 개관하기를 영어단어 Preview로 하여 PQ4R라고 제시하기도 한다.

개관하기는 책을 읽기 전에 그 책의 전체적인 구조, 구성과 흐름을 전체적으로 훑어보는 것이다. 이렇게 책이 다루는 전체적인 주제를 먼저 살펴보는 것은 내용을 이해하고 기억하는 데 도움을 준다. 질문하기는 학습할 내용의 각 주제에 관계된 질문을 작성해 보는 것이며, 읽기는 스스로 작성한 질문에 대한 답을 찾으면서 학습할 내용을 상세하게 읽는 것이다. 숙고하기는 책을 읽으면서 내용을 좀 더 깊이 이해하는 것으로 현재와 이전의 학습내용을 연관하여 비교하면서 학습내용을 정교하게 만드는 것이다. 암송하기는 학습문제를 책을 보지 않고 답할 수 있도록 내용을 기억하는 것으로, 내용에 대한 이해의 정도와 반복 학습이 필요한 부분을 확인해 준다. 마지막으로 복습하기는 노트, 질문 및 그에 대한 해답을 다시 검토하면서 반복 학습을 하는 것이다.

기억전략에서 가장 기본이 되는 SQ4R을 보면, 한 주제에 관한 학습을 적어도 6회 실시하여야 한다. 이것은 노력을 기울이지 않고 정보를 잘 저장하고 효과적으로 인출하는 간단한 방법은 없음을 의미한다.

⑧ 마인드맵

마인드맵(mind map)은 1970년대 초에 Buzan(2010)이 개발한 새로운 학습 방법으로 학습하고 기억하는 데 '마음의 지도' '생각의 지도'를 그리는 것이다. 마인드맵은 중심 이미지를 가운데 두고 핵심어, 이미지, 색, 기호, 상징을 이용하여 방사형의 구조를 만들어 사고력, 창의력 및 기억력을 높이는 두뇌개발 기법이다. 노트 필기는 여러 페이지에 걸쳐 단순히 문자를 기록하거나 서술하지만 마인드맵은 한 장의 종이에 많은 정보를 상상, 핵심단어, 논리적 구조로 압축한다. 마인드맵은 엄청난 양의 정보를 종이 한 장에 요약하면서 이미지, 언어, 논리적 가지 구조를 사용하여 연상이 일어나도록 한다. 따라서 마인드맵의 노트 정리 방법은 좌뇌와 우뇌를 동시에 활성화하는 전략으로 정보가 쉽게 인출되도록 하는 시각적 노트 작성법이다.

마인드맵의 요소는 중심 이미지와 주가지, 부가지, 세부가지로 구성되는데, 이 중에서 주가지와 부가지, 세부가지는 논리적 연관성을 나타내고 좌뇌를 활성화한다. 한편, 각 가지에 사용하는 상징과 이미지, 색은 우뇌를 활성화한다. 다음은 마인드맵에서 작성하는 노트 작성법이다. 마인드맵을 작성하기 위해서는 A4 또는 A3 크기의 용지, 서너 가지 색의 펜과 형광펜이 필요하다.

●1단계: 중심 이미지

학습의 중심 이미지를 종이 가운데에 그림(만화, 일러스트, 사진, 인쇄물, 상징 기호)으로 표현한다. 만약 이미지가 만들어지지 않으면 핵심단어를 쓰는데, 일반적으로 이미지는 단어보다 100배 이상의 기억 효과가 있다. 학습내용의 핵심을 이미지로 함축해서 표현할 때 집중력과 흥미가 높아진다. 중심 이미지의 크기는 연결할 가지를 충분히 그릴 수 있도록 마인드맵 용지의 크기에 맞추어 조절한다. 중심 이미지를 채색하고 주변 테두리를 그리지 않는 것이 좋은데 이는 사고의 확장을 제한하는 시각적 단서로 작용할 수 있기 때문이다.

●2단계: 주가지

주가지는 중심 이미지에서 뻗어 나와 주제에 대한 내용을 범주화한 큰 범주의 내용으로 핵심 단어(명사, 동사, 형용사, 부사 등)가 쓰인다. 중심 이미지에서 시작되는 부분은 굵고 점차 가늘어지도록 곡선의 가지 모양을 그린다. 핵심 단어와 주가지의 크기는 되도록 비슷하게 만들고 굵은 글씨체를 써서 시야에 잘 들어오도록 한다.

●3단계: 부가지

주가지에서 뻗어 나온 부가지는 주가지의 다음 범주에 있는 내용이다. 부가지에는 핵심 단어, 그림, 상징 기호 등을 다양하게 사용하여 좌뇌와 우뇌를 활성화함으로써 정보기억의 효과를 더 높인다. 부가지는 이미 주가지와 연결되어 있기 때문에 떠오르는 생각을 부가지에 자유롭게 순서 없이 작성한다. 부가지의 선 굵기는 주가지보다 작고 가늘며 단어의 크기도 부가지의 선 굵기와 비슷하게 작성한다. 주가지에서 연결되는 부가지, 세부가지는 동일한 색의 가지로 작성한다. 부가지에서 생각이 계속되 이어지면 계속해서 세부가지를 만들 수 있다. 이것은 두뇌 신경세포가 정보를 전달하기 위해 무한대로 연결되어 있는 형상과 같다. [그림 7-6]은 '줄넘기'를 마인드맵으로 정리한 예이다.

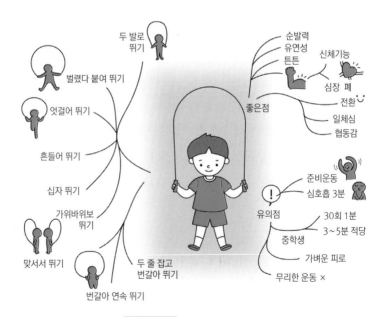

그림 7-6 줄넘기 마인드맵

노력하지 않고 저절로 쉽게 기억되는 방법은 결코 없다. 앞에서 열거한 방법의 공통점은 어떤 기억전략이든 간에 사용하는 과정에서 정보를 의미 있고 깊게 그리고 집중적으로 처리하고 있다는 것이다. 뇌 과학자들은 일반적으로 뇌가 스스로 의미를 부여한 것, 독특한 것, 정서와 관련한 것을 잘 기억한다고 말한다.

학습이론의 내용 구성에 대한 마인드맵을 작성하고 주제별, 장별로 마인드맵을 작성하면 학습 효과는 높아질 것이다.

3. 메타인지

메타는 한 단계 고차원이라는 뜻을 가진 접두어로 메타인지는 자신의 인지활동을 한 단계 높은 차원에서 검토할 수 있는 능력을 의미한다. 자신의 인지활동에 대한 인지, 즉 내가 무엇을 모르고 무엇을 아는가를 아는 인지(cognition about cognition)를 메타인지라고 한다. 메타인지에는 학습자 자신의 학습과 인지 과정에 대한 지식, 그리고 이를 증진시키기 위해 학습과 인지 과정을 조절하는 것이 포함된다. 메타 인지가 발달할수록 학교에서의 학습과 학업성취에 있어서 좋은 결과를 보일 가능성이 높다. 즉, 메타인지는 자신의 사고 능력을 바라보는 또 하나의 눈이라고 할 수 있다. 예를 들어, 자신의 진로계획을 구체적으로 말하는 친구를 본 다음, 자신에 대해 거리를 두고 객관적으로 보면서 진로계획을 세우지 못하는 자신의 문제가 무엇인지를 알게 되었다면, 이때 메타인지를 사용하고 있는 것이다. 따라서 메타인지는 무엇인가를 배우거나 실행할 때 자신이 아는 것이 무엇이고 모르는 것이 무엇인지를 정확히 파악할 수 있는 능력이라고 할 수 있다.

1) 메타인지와 학습

학습과 같은 다양한 인지활동에 관한 의도적이고 의식적인 통제라고 할 수 있는 메타인지가 어떤 기능을 하는지 두 가지로 관련지어 생각해 볼 수 있다.

첫째, 주요한 아이디어를 찾는 것, 앞에서 설명한 다양한 기억증진 방법을 이용해 보는 것, 심상을 만들어 보는 것, 배운 내용을 조직화하는 것과 같이 학습자가 과제에 직면하여 과제 해결을 위해서 어떤 전략, 어떤 자원, 정보가 필요한지를 이해하도록 한다.

둘째, 실제로 학습자로 하여금 과제의 성공적인 해결 확인을 위해 자신이 선택한 전략, 자원, 정보를 언제 어떻게 적절히 이용할지를 알려 준다. 예를 들어, 과제 이해 정도를 점검하는 것, 활동을 계획하는 것, 시간과 에너지를 할당하는 방식을 결정하는 것, 또는 해결책이 적절하지 않다고 결정된 경우 수정하는 것 등이 여기에 속한다.

이러한 메타인지기능은 서서히 발달한다. 아주 어린 아이는 과제 속에 어떠한 인지 과정과 활동이 연관되어 있는지 알지 못할 것이다. 보통 메타인지는 5~7세경에 발달하기 시작하여 학습자가 학교에 다니는 동안은 지속된다고 한다. 그러나 성인이 자신의 과제를 해결하거나 인지활동을 할 때 메타인지를 항상 이용하는 것이 아니며, 어떤 성인은 과제해결 과정에서 어떤 메타인지도 사용하지 않을 수도 있다. 즉, 메타인지기능은 서서히 발달하며 성인이 아동보다 높은 메타인지를 가질 확률이 높기는 하지만 지속적으로 개발하지 않는다면 사장되어 버릴 수도 있다. 따라서 교사는 학습자가 메타인지기능을 개발할 수 있도록 다양한 전략을 사용해야 한다.

2) 메타인지에 영향을 미치는 변인

2012년 EBS에서 방영한 〈학교란 무엇인가? 0.1%의 비밀〉이라는 프로그램을 예로 들어 보면, 전국석차 0.1% 안에 속하는 800명의 학생과 그렇지 않은 700명의 학생을 비교하여 이들 간에 어떤 차이가 있는지를 알아보았을 때, 그 800명에 속하는 학생은 우리의 보통 예상과는 다르게 IQ가 크게 높지 않았고, 부모의 경제력이나 학력에서도 거의 차이가 없었다. 그렇다면 무엇이 이 엄청난 차이를 만들어 냈을까? 이러한 차이를 만들어 내는 것은 메타인지일 수 있다. 메타인지가 학업성취도에 미치는 영향은 IQ가 평가성취도에 미치는 영향보다 훨씬 더 크다. 그렇다면 메타인지에 영향을 미치는 변인에는 어떤 것이 있을까? 교사는 이러한 변인을 확인함으로써 학습자가 메타인지적 활동에 참여하여 그러한 능력을 개발하고 향상할 수 있도록 도와주어야 한다.

첫째, 학습자 변인으로 학습자의 발달 수준은 메타인지에 영향을 미친다. 앞서 설명했듯이 연령이 더 높은 학생이 자신의 기억 능력과 문제해결력, 점검활동과 더불어 한계까지도 더 잘 이해한다. 초등학교 저학년과 고학년 학생을 대상으로 학습자료를 제시하였을 때, 그 정보를 정확히 회상하고 자신들이 과제를 얼마나 잘 이해하고 있는지에 대해 고학년 학생이 더 잘 알고 있었다. 물론 동일한 나이의 학생들도 기억 능력에서 개인차를 보였다.

둘째, 과제변인으로 과제 유형이 메타인지에 영향을 미친다. 기억과제에서 초등학교 저학년 학생은 익숙하거나 이름 붙여진 항목을 더 잘 회상하지만, 이에 비해 초등학교 고학년 학생은 연관성 없는 항목을 기억하는 것보다 범주화된 항목을 더 잘 기억해 낸다(Shuell, 1986). 이는 과제가 어떤 과제인가에 따라서 메타인지 수행활동이 다르게 작용한다는 것을 의미한다.

셋째, 전략변인으로 학습자가 사용하는 전략에 따라서 메타인지가 달라진다. 보통 어린 학생은 내적 전략(예: 어떤 것을 하는 것을 생각하거나 심상으로 떠올리기)보다는 외적 전략(예: 노트 필기)을 더 많이 사용한다. 물론 연습이나 정교화, 조직화와 같은 학습자의 기억증진전략의 사용은 성장해 감에 따라 향상된다.

　메타인지에 영향을 주는 변인인 학습자 변인, 과제변인, 전략변인은 서로 상호작용하면서 영향을 미친다. 따라서 교사가 메타인지를 향상하고자 할 경우 학습자가 학습해야 할 교재의 유형과 분량(과제변인), 이용할 수 있는 잠재적인 다양한 전략(전략변인), 다양한 전략을 사용하는 학습자의 기능 정도(학습자 변인) 등을 모두 고려해야 한다.

제8장

지능

학습목표

1. 지능을 바라보는 다양한 정의를 구체적으로 설명할 수 있다.
2. 지능의 측정이 의미하는 바는 어떤 것이며, 어떻게 검사 점수를 활용할지 설명할 수 있다.
3. 지능의 구조는 어떤 것을 말하며, 지능삼원론과 다중지능이론을 비교·설명할 수 있다.
4. 다중지능에는 어떤 것이 있는지를 알고 이를 통해서 교육에 주는 시사점을 설명할 수 있다.
5. 지능발달에 있어서 유전과 환경에 미치는 영향을 알고 이것이 교사와 교육에 주는 함의와 시사점을 설명할 수 있다.

주요 용어

지능 개념, 비네 지능검사, 웩슬러 지능검사, 지능삼원론, 다중지능, 언어 지능, 공간 지능, 대인관계 지능, 신체-운동 지능, 논리-수학 지능, 음악 지능, 개인 내 지능, 자연 탐구 지능, 지능에 대한 논쟁

지능의 정의에 관한 논쟁은 오랫동안 지속되어 왔지만, 아직도 정확한 정의가 내려지지 않은 채 이어지고 있다. 이는 학자에 따라서 지능을 보는 관점이 다양하며, 지능의 구인을 보는 관점도 다르기 때문이다.

학업성적과 지능의 상관 정도가 우리의 생각보다 높지 않음에도 학습과 관련해서 지능을 다루는 이유는 지능을 개인차 요인으로 볼 수 있기 때문이다. 실제로 학생들을 가르칠 때, 같은 수업 방식으로 같은 내용을 동일하게 가르치는 데도 학생마다 각자 자신의 능력에 따라 다르게 이해하며, 받아들이는 폭에도 차이가 있다.

뿐만 아니라 학생마다 관심을 갖는 수업 내용도 저마다 다르며, 문제를 해결하는 방식 또한 다양하다. 개인차 연구에서는 결국 각 개인에게 내재된 다양성 중에서 가장 보편적인 기준을 찾으려 한다. "무엇이 이와 같은 차이점을 가져오는 것일까?" "어떻게 하면 이처럼 다양한 학생을 효과적으로 지도할 수 있을까?" 이 장에서는 이와 같은 질문에 초점을 맞춰 지능에 대해 살펴보고자 한다.

1. 지능의 의미

교사는 어떻게 하면 개인차가 있는 학생들의 수준에 맞추어 효율적인 수업을 할 수 있을지 고민한다. 학생 한 사람 한 사람을 어떻게 파악해야 할지, 앞으로 학생들이 보여 줄 능력에 대해 어떻게 이해해야 할지, 다양한 능력을 지닌 학생을 어떻게 지도해야 할지 시원한 해답을 얻기란 쉽지 않다. 교실 안에서 학생들의 개인차가 생기는 건 자연스러운 현상으로 교사의 책임이라고만 할 수는 없지만, 학생들의 능력을 고려해서 이들이 자신의 능력을 최대한 발휘할 수 있는 교육의 장을 만드는 것은 교사의 몫이라고 할 수 있다. 학습자의 개인차를 가져오는 가장 중요한 요인으로 간주되는 지능 개념과 지능 측정 및 지능검사 발달, 지능의 구조 등을 살펴봄으로써 지능의 본질을 이해하고자 한다.

1) 지능의 개념

우리는 지능이 무엇인지에 대해 나름대로 잘 안다고 생각하며 지능에 대해 이야기하곤 한다. 대체로 지능이란 '추상적인 사고력, 한 개인이 획득한 총 지식, 새로운 상황과 환경에 성공적으로 적응하는 능력, 자신의 경험을 통해 학습하기'라고 정의할 수 있다(박경, 최순영, 2009; 신명희 외, 2019). 하지만 지능의 개념에 대한 학자들의 견해는 매우 다양하며, 아직 정확한 정의는 없는 실정이다. 이는 학자마다 지능의 본질에 대한 견해가 다르며, 각자 지능의 구조와 기능을 달리 설명하기 때문이다. 이는 한편으로는 지능을 더욱 명확하게 정의하려는 학자들의 노력을 반영하는 것이기도 하다. 따라서 다양한 지능 개념에 대한 견해를 크게 다섯 가지 유형으로 나누어 살펴보면 다음과 같다.

첫째, 지능을 학습 능력으로 보는 견해이다. 이때, 지능은 학업성취 수준을 통해 추정할 수 있으며 지능 수준이 교육받을 수준을 결정한다고 보는 것이다. 둘째, 지능은 새로운 환경에 적응하는 능력으로 새로운 문제나 상황에 직면했을 때 효과적으로 대처하는 정신 능력으로 보는 견해이다. 따라서 지능이 높은 사람은 환경의 변화에 성공적으로 적응하여 행동과 사고를 재구성하고 효율적으로 문제를 해결할 수 있다. 반면에 지능이 낮은 사람은 변화하는 환경에 대처하는 능력이 떨어진다. 셋째, 지능은 논리적 사고로 추론하는 고등 정신기능으로 보는 견해이다. 이 경우 지능의 속성은 상징이나 원리, 개념, 관계성, 아이디어와 같은 추상적을 다루는 능력이다. 이것은 전조작 단계의 행동적 지능과 구체적 조작 단계의 현실적 과제를 해결할 수 있는 실행적 지능을 배제하고 청소년기의 추상적 사고의 지능에 초점을 두고 있다. 넷째, 일반적으로 지능은 '목적적으로 행동하고 합리적으로 사고하며 환경을 효과적으로 다루는 종합적인 능력'으로 설명할 수 있다. 다섯째, 지능을 지능지수(IQ)로 설명하는 입장이다.

하지만 최근에는 지능 개념을 새로운 특징으로 정의하면서 새로운 지능 연구의 동향이 나타나고 있다. 이전에는 지능의 개념을 양적으로 측정하는 심리측정학적인 정의를 내리는 것이 주를 이루었으나, 최근 연구에서는 정보처리적 · 생물적 · 상황주의적 경향이 우세하다(하대현, 1998). 또한 심포지엄에 참석한 전문가들은 앞으로의 지능 연구에서는 사회적 맥락을 더욱 광범위하게 반영해야 하며, 신경-생리적인 과정을 밝히는 일에도 관심을 가져야 한다고 주장한다. 또한 교실 이외의 장소에서 나타나는 지능을 발견하는 것이 중요하다며 실생활에서의 지능을 강조하였다(신명희 외, 2019).

2) 지능의 측정

지능을 측정하는 도구는 지능을 어떻게 정의하느냐에 따라 측정하는 내용에서 다소 차이가 있다. 지능 측정 도구는 분류의 기준이나 목적에 따라 다양하게 나눌 수 있다. 현재 사용되고 있는 지능검사는 일반지능검사와 특수지능검사, 언어검사와 비언어검사, 동작검사와 필답검사, 개인검사와 집단검사의 네 가지로 분류할 수 있다. 다음은 다양한 지능검사에 대한 설명이다.

(1) 비네-시몬 지능검사

프랑스의 Binet는 1905년에 그의 동료인 Simon과 함께 학교 교육의 혜택을 받을 수 있는 아동 집단에서 학습부진아를 선별하기 위해 비네-시몬 지능검사를 개발하였다. 1908년에는 이 검사를 만 3~13세의 일반 아동을 검사할 수 있도록 개정하였으며, 거듭되는 연구를 통해 각 연령대에 해당되는 난이도에 문제가 있음을 발견하였다. 그들은 지능이 아동기부터 청년기에 이르기까지 발달해 간다는 가설을 설정하고, 각 연령집단의 평균 능력에 기초한 점수를 표준화하여 정신연령(Mental Age: MA)이라는 개념을 제시하였다. 각 연령대에 해당되는 문제란 그 연령층에서 65~75%의 정답 통과율을 나타내는 문제로, 그 문제를 답하면 아동은 그 정신연령 단계에 있다고 판정하였다. 이 검사는 각 연령대별로 5~7문항을 배정하였고, 총 54문항으로 이루어져 있다. 1911년 Binet는 별세 직전에 2차 개정을 하여 15세부터 성인까지의 문제를 재정비하였다.

(2) 스탠퍼드-비네 지능검사

비네 검사는 각국 심리학자들의 이목을 끌어 다양한 언어로 번안되고 개작되었다. 미국에서도 역시 수많은 개정판이 개발되었는데, 그중 가장 유명한 것이 스탠퍼드-비네 지능검사이다. 1916년 미국 스탠퍼드 대학의 Terman은 Binet의 지능검사 척도에 새로운 항목을 추가하고, 캘리포니아 주에 있는 아동에게 맞도록 표준화하였다. 그리고 그는 Binet의 정신연령 개념을 지능지수(Intelligence Quotient: IQ) 개념으로 발전시켰다.

지능지수란 정신연령(Mental Age: MA)을 생활연령(Chronological Age: CA)으로 나누어 100을 곱한 것으로, 예를 들어 정신연령이 10세이고 생활연령이 8세인 아동의 지능지수는 125(10/8×100=125)가 된다. 이와 같은 정신연령 개념은 각 아동의 정신연령이 생활연령과 같으면 지능지수는 항상 일정하게 100이 되어 생활연령과의 관계를 잘 나타내 준다는 장점이 있다. 그러나 이러한 산출법은 정신연령이 15세 이후에는 거의 증가되지 않고, 생활연령은 계속 증가하기 때문에 15세 이후의 지능지수는 점점 더 낮아진다는 문제점을 지닌다. 이러한 문제점을 보완하여 현재는 편차지능지수 개념을 사용하고 있다. 편차지능지수(Deviation IQ)는 같은 나이의 아동과 비교하여 평균에서 얼마나 벗어나 있는지를 계산하는 것으로, 예를 들어 지능지수 100은 평균이며, 이보다 높거나 낮은 지수는 같은 연령의 다른 집단과 비교해서 평균에서 얼마만큼 위 또는 아래에 위치하는지를 알려 주어 수행이 높은가 낮은가를 판단할 수 있다.

(3) 웩슬러 지능검사

뉴욕의 벨뷰 병원에서 근무하던 Wechsler는 성인에게 좀 더 적합한 지능검사가 필요하다고 생각하여 1939년에 웩슬러-벨뷰 지능검사를 개발하였다. 웩슬러 지능검사는 기존의 스탠퍼드-비네 검사가 언어 항목에 치중하였음을 발견하고 비언어적 지능을 측정하기 위해 개발한 새로운 수행검사이다. 1949년에는 7~16세의 아동을 대상으로 하는 아동용(Wechsler Intelligence Scale for Children: WISC) 검사를 고안하였는데, 그 형식은 웩슬러-벨뷰 지능검사와 같은 것이다. 1955년에는 웩슬러 성인용 지능검사(Wechsler Adult Intelligence Scale: WAIS)의 개정판을 제작하였으며, 1967년에는 4~7세의 취학 전 아동을 대상으로 하는 유아용(Wechsler Preschool and Primary Scale of Intelligence: WPPSI) 검사를 개발하였다.

WISC는 6개의 언어성 검사(일반이해, 일반지식, 산수, 유사성, 어휘력, 수암기력)와 6개의 동작성 검사(그림완성, 그림배열, 나무토막조립, 물건퍼즐, 부호기입, 미로찾기)로 구성되어 있으며, WAIS는 6개의 언어성 검사(일반지식, 일반이해, 수리력, 수암기력, 유사성, 어휘력)와 5개의 동작성 검사(그림완성, 그림배열, 물건퍼즐, 나무토막조립, 숫자-부호)로 구성되어 있다. 그리고 WPPSI는 6개의 언어성 검사(일반지식, 일반이해, 산수, 유사성, 어휘력, 문장)와 5개의 동작성 검사(나무토막조립, 그림완성, 동물의 집, 미로찾기, 기하적 도형)로 구성되어 있다.

우리나라에도 Wechsler의 지능 척도를 번안하고 재표준화하여 만든 한국판 웩슬러 성인지능검사(K-WAIS)와 웩슬러 아동지능검사(K-WISC)가 있다. 임상 장면에서 가장 많이 쓰이는 지능 측정 도구인 Wechsler 지능검사는 개정이 되어서, 언어성 검사와 동작성 검사로 나누어졌던 것이 15개 소검사로서 15개 상황에서의 대처 능력을 측정하고 있다. 15개 소

■ 언어검사 문항

• 새의 날개는 몇 개인가?

• 은행에 돈을 보관하는 이점은 무엇인가?

• 두 개의 단추가 15센트라면 12개의 단추 값은 얼마인가?

• 톱과 망치는 어떤 점에서 유사한가?

• 다음에 들어와야 할 수는?

 5 7 6 9 8 _____

• 1센티는 짧고 1킬로미터는 _____

■ 동작 검사 문항

• 이 그림에서 무엇이 빠져 있는가?

• 이야기가 되도록 순서에 맞게 그림을 배열하라.

• 자전거가 되도록 그림 조각을 맞추라.

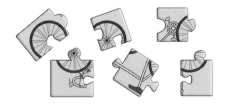

• 다음 그림 중 나머지 셋과 다른 것은?

그림 8-1   아동용 지능검사(K-WISC) 문항의 예(서봉연, 이창우, 1974)

검사(K-WAIS-IV)는 4개 지표, 즉 언어이해, 지각추론, 작업기억, 처리속
도로 묶을 수 있다. 언어이해에는 공통성, 어휘, 상식, 이해의 4개 소검사
로, 지각추론은 토막 짜기, 행렬추론, 퍼즐, 무게 비교, 빠진 곳 찾기 5개
소검사로 구성되어 있다. 작업기억은 숫자, 산수, 숫자화, 3개 소검사로,
처리속도는 동형 찾기, 기호 쓰기, 지우기의 3개 소검사로 구성되어 있
다. 아동용(K-WISC-IV)인 경우는 언어이해가 5개라서 공통성, 어휘, 이
해에 상식과 단어추리는 보충소검사로 포함되고, 지각추론은 토막 짜기,
행렬추리, 공통 그림 찾기, 빠진 곳 찾기(보충소검사)로 4개 소검사로 성인
용은 약간의 차이가 있다. 작업기억은 숫자, 순차연결, 산수(보충소검사)
로 3개이며, 처리속도는 동형 찾기, 기호 쓰기, 선택(보충소검사)로 3개이
다. 〈표 8-1〉에 지표별 내용이 제시되어 있다.

표 8-1　웩슬러 지능검사 지표와 지표 설명

지표종류	지표 내용	지표 내용 요약
언어이해(VCI) Verbal Comprehension Index	언어적인 개념 형성 및 추론 능력, 환경을 통해 획득되는 지식	언어적 추리, 이해, 언어적 표현
지각추론(PRI) Perceptual Reasoning Index	시각 자극 추론과 공간적 처리, 시각-운동 통합	유동적 추론의 중요성 반영
작업기억(WMI) Working Memory Index	정보를 일시적으로 기억하면서 동시에 정보를 조작하거나 처리하고 결과를 산출해 내는 능력	작업기억, 주의력
처리속도(PSI) Processing Speed Index	단순한 시각적 정보를 빠르고 정확하게 차례대로 검색하고, 구별하는 능력	처리속도, 정교함

⑷ 집단지능검사

집단지능검사는 실시와 채점에 필요한 시간과 비용의 측면에서 볼 때 개인지능검사에 비해 효율적이라는 장점을 가진다. 이러한 집단지능검사는 제1차 세계대전 때 미국에서 징집된 신병을 적절하게 배치하기 위해 개발된 육군 알파검사와 베타검사(Army α Test & Army β Test: 영어로 쓰인 검사를 해내지 못하는 문맹자나 외국 출신의 신병을 대상으로 한 비언어성 검사)가 효시라 할 수 있다. 이들 검사는 여러 번 개정되었을 뿐 아니라 다른 집단지능검사의 모델로도 많이 이용되었다. 우리나라에서 최초로 개발된 지능검사 역시 집단지능검사로서, 1954년 정범모에 의해 제작된 간편지능검사가 있다.

3) 지능의 구조

스탠퍼드-비네 지능 척도와 웩슬러 지능 척도를 포함한 대부분의 지능 척도는 일련의 하위 검사를 통해 인지 능력을 추론하는 것으로 개인의 지적 능력을 완전하게 측정하지는 못한다. 일반적으로 높은 지능점수는 학업성취를 비롯해서 추리력, 기억력, 어휘력, 공간지각 능력, 언어이해력에서 능력이 우수하다는 것을 의미한다. 지능을 연구하는 학자들은 지능의 하위 점수가 서로 상관을 이루고 있어 한 항목에서 높거나 낮은 점수는 다른 하위 검사에서도 같은 경향을 보인다고 설명한다. 그러나 이러한 상관관계가 언제나 일관성 있게 나타나는 것은 아니며 실제로 한 하위 검사에서 높은 점수를 받은 사람이 다른 하위 지능검사에서는 낮은 점수를 받을 수 있다. 하위 지능점수 간에 이러한 불일치는 하나의 단일한 능력이 모든 과제성취 능력에 영향을 주는 것이 아님을 말해 준다. 성공적으로 수행할 수 있는 상황이나 과제는 개개인에 따라 다르다고 본다. 즉, 지능은 단일한 일반적인 능력과 특정한 과제를 다룰 수 있는 특수한 능력이 함께 존재하는 종합적인 과제 수행 능력이라고 볼 수 있다.

그러나 지능의 구성에 대한 견해는 아직도 다양하다. Piaget는 환경과 상호작용하며 역동적으로 변화하는 인지발달 단계가 곧 개인의 지능이라고 설명한다. 유아는 감각-운동의 도식(schema)으로 외부 환경을 다루는 감각-운동적 지능을 갖고 있고, 전조작적 도식을 갖고 있는 어린 아동은 전조작적 지능을 갖고 있다. 개인이 갖고 있는 도식의 형태가 바로 개인의 지능이다. Piaget는 지능이 추리 능력과 같은 지적인 사고 능력만을 의미하는 것이 아님을 지적하고 감각-운동적 도식도 아동이 외부 환경을 다루는 하나의 지능으로 각 발달 단계에 따라 각기 다른 인지적 잠재 능력이 있다고 설명한다.

지능구조에 대한 견해는 아직까지 다양하지만 1980년대 이후에 제시된 Sternberg의 지능삼원론(triarchic theory of intelligence)과 Gardner의 다중지능이론(multiple intelligence theory)은 새로운 관점에서 지능구조를 설명한다.

(1) Sternberg의 지능삼원론

Sternberg(1985, 1990)는 전통적인 지능의 개념에 실제적 지능의 개념을 포괄하는 삼원지능이론으로 지능에 대한 새로운 접근을 제시하였다. Sternberg는 일상생활에서 지능이 어떻게 기능하는가에 초점을 두고 정신적인 자기관리(mental self-management) 능력이 곧 지능이라고 본다. 지능삼원론에서 지능은 지능을 구성하는 세 가지의 하위 요소, 즉 구성요소적 지능, 경험적 지능, 맥락적 지능으로 구성된 종합적인 개념이다. 세 가지 하위 요소의 내용은 다음과 같다.

첫째, 구성요소적 지능(componential sub-theory intelligence)은 지적인 행동의 인지 과정으로 메타요소(meta components), 수행요소(performance components), 지식습득요소(knowledge acquisition components)로 다시 나누어진다. 메타요소는 과제 수행에서 정보처리를 통제하고 감시하며 평가할 수 있게 하는 고차원적인 집행 과정이다. 무엇을 할 것인가를 결정

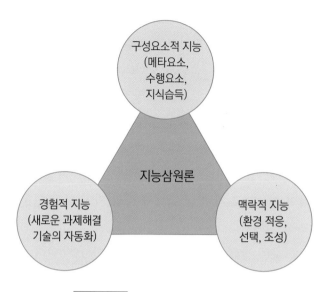

그림 8-2   Sternberg의 지능삼원론

하고, 그것을 행하는 동안 관찰하며, 끝난 뒤에 평가하는 문제해결전략 능력이다. 수행요소는 메타요소가 세운 계획을 실행하는 것과 관련한 과정으로 과제입력, 관계추리, 가능한 해결전략 등을 비교한다. 즉, 문제해결전략을 수행하는 능력인 것이다. 지식습득요소는 새로운 정보를 습득할 수 있도록 자극을 선별적 부호화, 조합, 비교하는 과정으로 관련 정보와 무관한 정보를 가려내는 것, 새로운 정보를 기존의 정보에 관련하는 것 등이 포함된다.

둘째, 경험적 지능(experiential sub-theory intelligence)은 지능을 경험과 관련 짓는 요소로, 새로운 상황이나 과제를 자신의 환경에 연관하여 성공적으로 다루는 능력이다. 즉, 과제에 대해 사람들이 가지는 경험 수준에 따라 다르게 응용될 수 있다. 가령 새로운 과제나 상황을 처리할 때는 통찰력과 창의적 사고가 필요하며, 익숙한 과제나 상황을 처리할 때는 효율적이거나 인지적인 노력을 많이 들이지 않고도 정보를 처리할 수 있는 자동화 능력이 필요하다.

셋째, 맥락적 지능(contextual sub-theory intelligence)은 환경에 대해 순응·선택·조정하는 환경대처 능력이다. 즉, 현실 상황에의 적응력과 관련한 요소로 특정 환경에 자신을 맞추는 '적응', 자신에게 맞는 환경을 적절하게 고르는 '선택', 환경을 자신에게 맞도록 변형하는 '조성' 등이 여기에 속한다. 지능이 높은 사람은 자신의 장점과 환경의 균형을 유지하기 위해 적응·선택·조성의 과정을 효과적으로 사용하는 사람이라 할 수 있다.

(2) Gardner의 다중지능이론

Gardner(1983)는 지적 능력을 언어, 공간, 대인관계, 신체-운동, 논리-수학, 음악, 개인 내 지능의 7개로 구분한다. 최근에는 자연 탐구 지능을 첨가하여 8개의 지능으로 분류하고 각각 독립적이며 서로 다른 능력이라고 설명한다. 사람들은 8개의 모든 영역에서 높은 지능을 갖고 있는 것이 아니며, 적어도 어느 한 영역에서 높은 지능을 갖는다. 따라서 수학에서 높은 성취를 한 학생은 낮은 성취를 한 학생보다 지능이 높은 것이 아니라 논리-수학 지능이 높다고 말할 수 있다. 높은 지능지수는 모든 영역에서 우수하다는 일반적인 지능 개념에 이의를 제기하고, 지능을 한 문화권이나 여러 문화권에서 가치가 있는 것으로 인정되는 문제를 해결하고 산물을 창조해 내는 능력으로 정의한다. 그는 인간의 지능은 서로 독립적이며 다른 여러 유형의 능력으로 구성되지만, 이들은 서로 상호작용을 하고 있다고 본다. 다중지능이론은 개인이 가진 독특한 지능을 발휘하도록 도와줄 수 있다고 주장한다. 다음은 각각의 지능의 특성을 설명하고 그것을 교사가 수업 시간에 어떻게 적용할 수 있는지에 대해서 간략히 정리하였다.

① 언어 지능

언어 지능이 높은 사람은 언어적 이해와 구사 능력으로 단어의 소리, 리듬, 의미에 대한 감수성이 높다. 어휘력이 풍부하며 토론을 잘하고 표현력과 설득력이 뛰어나다. 주로 재담가, 정치가, 대중 연설가, 저널리스트, 극작가, 시인 등이 언어 지능이 높으며 언어를 효과적으로 사용한다. 교사가 언어 지능과 관련해서 수업에 적용할 때, 교수활동은 강의, 토론, 낱말게임, 함께 읽기, 이야기하는 것을 활용할 수 있으며, 교수전략에는 읽고, 쓰고, 말하는 것을 이용할 수 있다.

② 공간 지능

공간 지능은 3차원의 형태와 상을 이해하는 능력이다. 색, 선, 모양, 공간 그리고 이들 간의 요소적 관계에 대해 민감하다. 퍼즐게임, 조각, 항해 등의 활동은 공간 지능을 사용해야 한다. 공간 지능은 우뇌의 중요한 기능이며 특정 부위의 뇌 손상을 입은 사람은 사물의 위치나 상대적 위치를 확인할 수 없다. 대부분의 사람은 시각적 단서를 이용해서 공간의 위치를 파악하기 때문에 공간 지능이 독립적인 인지 요인으로 구분하기가 쉽지 않다. 시각장애인의 경우 볼 수 없지만 사물을 신체 감각으로 확인하면서 사물의 공간 위치를 파악한다. 이와 같이 공간 지능은 독립적으로 수행되는 지적 기능이라고 설명한다. 주로 여행 가이드, 건축가, 조형 디자이너 등이 공간 지능이 높으며, 또한 시각적 · 공간적 상황을 정확하게 인식하고 그것을 전달할 수 있다.

③ 대인관계 지능

대인관계 지능은 타인을 이해하고 그들의 행동을 해석하며 상호작용하는 능력이다. 이 지능은 다른 사람의 기분, 성격, 동기, 의도 등을 이해하고 구분할 수 있다. 얼굴 표정, 음성, 몸짓 등에 대한 감수성이 높고 대인관계에서 나타나는 다양한 신호, 단서, 암시를 변별할 수 있다. 주로 성공한 정치가, 지도자, 세일즈맨 등이 대인관계 지능이 뛰어나다. 교사는 협동학습이나 공동체가 모두 참여할 수 있는 활동을 통해서 수업을 진행하며, 협력하거나 상호작용하는 전략을 사용하고 그에 필요한 교재나 교구를 활용할 수 있다. 또는 역할극이나 연극 기획하기 등을 교재로 이용할 수 있다.

④ 신체-운동 지능

신체-운동 지능은 Gardner의 지능 가운데 가장 논란이 되고 있는 지능으로 신체의 움직임, 균형, 민첩성, 태도를 조절하는 능력이다. 대부분의 평범한 사람이 동작, 균형, 민첩성의 운동기능을 갖고 있지만 Michael Jordan, Usain Bolt, Michael Phelps와 같은 몇몇 운동선수와 같이 훈련을 받기 이전부터 비범한 신체적 조건을 갖춘 경우도 있다. 이러한 사람의 신체적 반응과 움직임은 거의 그들의 본능적 감각에 의존한다. 테니스, 골프, 수영 등을 배울 때 자신의 근육을 통제하는 능력이 다른 사람보다 부족할 수 있다. 신체-운동 지능은 영화배우나 무용가, 마임, 운동선수들이 생각이나 감정을 표현하는 데 신체를 잘 이용할 수 있도록 해 준다. 또한 조각가, 미술가, 외과 의사처럼 손의 기능을 섬세하고 정교하게 사용하는 사람들에게서 높게 나타난다. 교사는 체험학습, 드라마, 춤, 스포츠, 다양한 촉각 활동 등으로 수업을 진행할 수 있으며, 제작하고, 실연해 보고, 표현하는 전략을 활용할 수 있다.

⑤ 논리-수학 지능

논리-수학 지능은 논리적 문제를 해결하는 지적인 능력으로 주로 표준화된 지능검사에서 다루는 능력이다. 논리적 문제나 방정식을 해결하는 정신 과정, 추론, 체계적으로 과학 문제를 해결하는 능력으로, 언어적 유창성을 수반하지 않을 수도 있다. 이 지능은 전통적으로 가치 있게 평가되어 온 전형적인 지능의 개념이다. 그러나 다중지능이론에서는 지적 기능의 중요한 부분일 뿐 양성하여야 할 유일한 지적 기능은 아니라고 본다. 논리-수학 지능은 수학자, 통계학자, 세무사처럼 수를 효과적으로 사용하거나 컴퓨터 프로그래머, 논리학자, 과학자처럼 논리적으로 사고

하는 사람들에게서 높게 나타난다. 교사는 문제 풀기, 실험하기, 퍼즐, 수 게임, 비판적 사고 등을 이용해서 수업을 할 수 있으며, 측정하고 비판적으로 생각하며 개념화하는 교수전략을 활용할 수 있다.

⑥ 음악 지능

음악 지능은 연주, 작곡, 성악, 지휘, 음악 감상, 음악적 양식을 이해하거나 그와 관련된 능력이다. 음정, 리듬, 음색 등을 만들고 평가할 수 있다. 소리, 진동, 리듬과 같은 음에 민감할 뿐 아니라 말소리를 포함한 언어적·비언어적 소리에도 예민한 반응을 보인다. 교사가 음악 지능과 관련해서 수업에 적용할 때, 교수활동은 노래, 연주, 랩 음악 등을 활용할 수 있으며, 교수전략에는 랩을 만들고, 노래하고, 다른 사람의 음악을 들도록 하는 방식을 사용할 수 있다.

⑦ 개인 내 지능

개인 내 지능은 '자기(self)'를 인식하고 이해하는 능력이다. 이 지능은 자신의 내면을 이해하는 능력으로 자신의 존재, 내면의 감성, 자신의 행동을 깊이 탐색할 수 있다. 개인 내 지능이 높은 사람은 자기존중감, 자기계발, 문제해결 능력이 뛰어나다. 반대로 이 능력이 낮은 사람은 자폐아처럼 환경으로부터 자신을 격리함으로써 자아의 존재를 인식하지 못한다. 이 지능은 분노, 즐거움과 같은 감정의 표현이나 시, 그림 같은 어떤 유형의 형태로 전달되지 않기 때문에 외부에서 쉽게 인식하기 어렵다. 개인 내 지능은 자신을 올바르게 이해함으로써 적응적인 행동을 하도록 하는 능력이다. 교사는 개별화 수업, 자율학습, 학습 과정 선택해 보기 활동을 활용하여 수업을 제시할 수 있으며, 개인생활과 관련 짓고 의미 찾기, 선택해 보기 등의 전략을 통해서 개인 내 지능에 초점을 맞춘 수업을 운영할 수 있다.

⑧ 자연 탐구 지능

자연 탐구 지능은 자연현상을 이해하는 능력이다. 이 지능은 지형, 토질, 나무의 종류, 잎의 크기와 모양, 날씨 등에 대한 정보를 잘 판단하고 이들의 관계를 이해하게 해 준다. 다양한 야생식물의 식용 가능 여부를 쉽게 판단하고 동물의 행동을 관찰하여 습성을 이용하는 능력은 자연 탐구 지능의 역할이다. 이러한 능력을 갖고 있는 사람은 일기의 변화를 예측할 수 있고 생태에 관한 많은 정보를 쉽게 습득하여 친환경적인 삶을 산다. 교사가 자연 탐구 지능과 관련해서 수업에 적용할 때, 교수활동은 식물 채집, 식물 이름을 알아보기, 애완동물 돌보기, 자연체험 활동하기 등을 활용할 수 있으며, 동물이나 식물 등 자연을 직접 느끼고 체험하는 전략을 자연스럽게 이용될 수 있다.

표 8-2 Gardner의 다중지능

지능의 유형	지능의 특성	관련 행동
언어 지능	언어를 효과적으로 다루는 능력	시, 소설, 희곡 등
공간 지능	시각적 대상을 정확하게 지각하고 영상적으로 심상화하는 능력	그림, 조각, 설계 등
대인관계 지능	다른 사람의 내면(기분, 동기, 요구 등)을 잘 이해하고 타인의 행동과 사고에 영향을 주는 요인을 잘 다루는 능력	상담, 영업, 심리치료 등
신체운동 지능	신체를 기술적으로 사용하는 능력	운동, 무용, 공예 등
논리-수학 지능	수학이나 과학을 논리적으로 사고하는 능력	과학, 수학 등
음악 지능	음악을 이해, 감상, 작곡하는 능력	연주, 작곡, 성악 등
개인 내 지능	자신의 정서, 요구, 동기를 인식하는 능력	자신에 대한 정확한 지식, 통찰 등
자연 탐구 지능	자연현상에 대한 유형을 규정하고 분류하는 능력	동식물 채집, 관찰 등

〈표 8-2〉은 Gardner의 다중지능 여덟 가지를 요약한 것이다.

이와 같은 내용을 담고 있는 Gardner의 이론은 이론적 타당성보다 현실적 유용성이 훨씬 더 큰 이론이다. 즉, 지능 개념을 크게 확장하여 그동안 무시해 온 인간의 잠재력에 관심을 돌리게 했으며, 또 학교 교육에서 개개인의 강점이 되는 지능을 공평하게 개발할 수 있는 다양한 교육방법 및 사정방식을 제공하였다(하대현, 1998).

2. 지능과 학습

1) 유전과 환경

지능발달에 환경과 유전이 미치는 영향에 대해서는 오랫동안 논란이 계속되어 왔다. 유전의 중요성은 일란성 쌍생아의 지능 상관(.86)이 이란성 쌍생아의 상관관계(.50)보다 높은 상관을 보이고 있다는 사실에 근거해 주장되었다. 반면에 일란성 쌍생아를 서로 다른 환경에서 양육하였을 때 쌍둥이의 지능 상관 정도(.72)가 같은 환경에서 양육하였을 때(.86)보다 훨씬 낮은 상관을 보인다는 연구 결과에 근거해 지능발달에 미치는 환경의 중요성이 강조된다. 마찬가지로 형제인 경우에도 같은 환경에서 성장한 경우에 비교적 높은 정적 상관(.47)을 보이지만 다른 환경에서 성장한 형제의 지능 상관은 상대적으로 낮았다(.24). 그러나 유전과 환경이 지능발달에 얼마만큼 영향을 주고 있는가에 대해서는 정확하게 말하기 어렵다. 유전적 요인에 따른 지능발달의 격차는 환경적 요인에 의해 그 격차가 줄어들거나 극복될 수 있고, 또 이와 반대로 더 격차가 벌어질 수 있다는 것은 분명하다. 가정이나 학교, 문화 등의 환경적 요인은 지능발달에 많은 영향을 준다. 도시지역 아동과 타 지역 아동의 비교 연구에서 도시지역 아동의 지능이 타 지역 아동보다 평균 6.5점 높았다. 교육시설, 교육 내용과 질, 교육제도와 같은 교육환경의 차이가 지능발달의 차이를 가져온다. 교육의 기회, 가정 경제적 수준, 사회문화 수준은 지적 발달을 촉진하는 중요한 환경 요인이다. 호기심과 탐구심에 대한 격려, 성취에 대한 적절한 압력, 지적 자극을 추구하는 분위기, 풍부한 문화적 경험, 학습에 관한 관심을 유도하는 좋은 환경은 지능발달에 영향을 줄 것이다.

그러나 지능이 환경적 요인에 의해서만 결정되는 것은 아니며 유전과 환경의 상호작용에 의해 발달한다. 개인 간에 나타나는 지적 능력의 차이는 유전적인 차이로 설명되나 개인의 지적 능력의 발달 정도는 환경에 의해 더 심해지거나 줄어들 수 있다. 높은 지능의 아동은 좋은 환경에 의해 더욱 지적인 발달을 할 수 있고 열악한 환경에 있는 낮은 지능의 아동의 경우 지적 발달이 지체될 수 있다. 즉, 유전적 요인에 따른 지적 능력의 차이가 환경의 차이에 의해 더욱 심화될 수 있다. 만약 다른 환경에 있는 두 아동이 같은 수준의 지적 능력을 갖고 있다면 좋은 환경의 아동이 열악한 환경의 아동보다 높은 지적 발달을 할 가능성이 높다. 또한 열악한 환경의 아동이 좋은 환경의 낮은 지능 아동보다 유전적으로 뛰어난 지적 능력을 갖고 있더라도 낮은 지능의 아동이 좋은 환경을 경험함으로써 지능 격차가 줄어들 수 있다.

2) 지능에 대한 논쟁

지능발달을 중심으로 유전론과 환경론이 팽팽히 맞서 오랫동안 논쟁을 거듭해 왔으나, 오늘날에 와서는 어느 한쪽에 의해 결정되기보다는 이 양자가 상호작용을 통하여 지능발달이 결정된다는 입장으로 굳어져 가고 있다. 단지 어떤 방식으로 상호작용을 하는지에 대해서는 학자들의 의견에 차이가 있어서, 결국 유전은 지능의 범위를 정하고 환경은 그러한 범위 안에서 발달 수준을 결정한다고 볼 수 있다(신명희 외, 2019). 1960년대 말 미국에서는 백인아동이 흑인아동에 비해 지능검사 점수가 평균 15점

정도 더 높다는 Jensen의 연구와 관련해 이를 둘러싼 격렬한 논쟁이 제기되었다. Jensen은 흑백 인종 간의 지능검사 점수의 차이에 대해 유전적 차이가설을 제안하였다. 이와는 달리 이러한 지능검사 점수차에 대한 반론의 대부분은 아동이 경험하는 생활환경의 차이 때문에 지능검사 점수의 차이가 나타난다는 것이었다. 즉, 흑인아동이 경험하는 가난한 환경으로 인한 사회문화적 자극의 결핍이 아동의 지적 발달을 방해하였기 때문에 백인아동보다 지능이 낮다는 것이다(여광웅 외, 2004). Kagan과 Freeman(1963)도 가정의 양육방법, 분위기, 학교 경험의 유무와 같은 환경에서의 차이가 지능에 영향을 준다고 하였다(Shaffer, 1996에서 재인용). 특히 언어이해력과 추리력의 경우, 학교 교육의 경험이 지능과 직접적으로 관련되어 있다고 하였다. 이러한 연구 결과는 유전적 요인과 환경적 요인이 개별적으로 작용하는 게 아니라 상호작용을 할 때 지능이 발달함을 입증해 준다.

  그렇다면 지능발달에 영향을 미치는 환경적 요인에는 어떠한 것이 있을까? 많은 학자는 지능의 개인차를 가져오는 중요한 환경적 요인으로 가정환경을 들고 있다. 가족의 문화적 관심, 부모의 교육 수준, 부모의 교육 관심도와 격려 정도, 가정의 도서 구비 정도, 부모의 언어 등은 지능발달에 중요한 영향을 미치는 요인이라 할 수 있다(곽기상, 2001; 신명희 외, 2019). Bradley와 Caldwell(1984)도 취학 전 아동의 가정환경이 아동의 지적 발달에 중요한 영향을 준다고 하였고, 높은 지능지수는 초기 양육자의 정서·언어적 민감성, 양육자와 아동의 애착, 아동에 대한 구속과 처벌의 회피, 물리적 환경과 활동계획의 조직, 적절한 놀잇감 제공, 다양성을 경험할 기회 등과 관련이 있다고 보고하였다. 이 밖에 아동이 속해 있는 문화, 사회, 국가, 종교, 언어, 성과 같은 요인도 아동의 지능발달에 영향을 미친다. 아동은 이와 같은 환경적 요인에 따라 교육되며, 환경적 요인과 아동의 행동은 서로 영향을 주고받으며 발달한다. 이렇게 장기간에 걸쳐 형성된 개인의 특성 및 성격과 그들의 배경은 교사, 또래 친구, 다양한 학교의 상황 속에서 개인차를 야기한다. 결국 각 개인의 지능발달은 개인이 지닌 특성과 환경적 요소의 상호작용을 통해 발달하는 것이다. 이것을 토대로 보았을 때, 부모 혹은 교사가 자녀나 학생의 지능이 향상될 수 있다는 점을 인식하는 것은 중요하다.

우리는 흔히 학업성취를 결정하는 유일한 요인이 지능지수라고 생각하고 있다. 그러나 실제로 같은 지능을 기준으로 볼 때 지능에서 기대할 수 있는 학업성취 이상의 결과를 내는 학생과 기대 이하의 결과를 내는 학생 간의 차이는 성격 차이에서 비롯되었다는 사실이 밝혀지고 있다. Gawronski와 Mathis(1965)에 따르면, 지능검사 결과 보통 수준 이상의 학업성취를 이룬 학생은 학습 태도가 좋으며, 학교에서 이루어지는 학습이나 활동에도 일반적으로 관심이 높다. 또한 학업에서 인내를 보이고, 책임감과 도덕성이 강하며, 계획성 있는 행동을 보인다. 따라서 교사는 학생의 학업성취도를 높이기 위해 학생의 지능개발과 함께 인성지도를 해야 한다. 물론 높은 지능검사 점수를 지닌 사람이 더 높은 학력을 가지고 그에 따라 좀 더 높은 직군에 해당하는 직업을 갖는 경향이 있긴 하지만, 교육기간이 일정할 때 지능검사 점수와 학교 이후 생활에서 사회경제적인 성공 간에는 높은 상관을 보이지는 않았다는 연구(Sternberg & Wagner, 1993)는 학업성취와 지능의 관련성은 제한적이라는 것을 말해 주고 있다.

또한 교사는 지능검사 결과를 해석하는 데 있어서도 주의를 기울여야 한다. 첫째, 지능은 단지 개인의 다양한 지적 기능 중 한 가지 지표에 불과할 뿐 학생 능력 전체를 의미하는 것은 아니다. 즉, 지능검사는 개인을 이해하기 위한 하나의 보조수단에 불과하다. 따라서 정서 및 사회적 성숙도, 적응과 같은 다양한 정보를 함께 고려해야 한다. 둘째, 지능검사 하위 요인의 분산을 특히 유의하여 해석해야 한다. 지능검사의 중요한 목적은 총체적 능력 내에서 학생이 지니고 있는 장단점을 파악하여 장점을 개발하고 단점을 보완하는 것이라 할 수 있다. 따라서 교사는 해당 지능의 하위 요인의 점수 분포를 살펴보고 학생들을 지도해야 한다. 셋째, IQ는 하나의 점수치가 아니라 점수대, 즉 백분율을 고려하여 해석해야 한다. 보통 지능검사의 점수에는 변동 영역이 있을 수 있기 때문에 지능검사를 해석할 때에는 이러한 변동 영역을 고려하여 해석하고 과잉해석을 피해야 한다. 이처럼 지능검사 결과에 대해서는 합리성과 융통성을 가지고 해석해야 한다.

제4부

구성주의 학습이론

"

    구성주의는 개인이 경험을 통해 지식을 만들고 구성한다는 전제하에 지식의 본질과 습득을 설명한다. 구성주의 학습이론에서 인지적 구성주의와 사회적 구성주의를 대표하는 이론이 Piaget 인지발달이론과 Vygotsky의 사회문화이론이다. Piaget는 개인과 환경과의 상호작용을 통해 인지구조를 체계적으로 조직화하면서 지식을 만들어 가는 능동적 개인 학습자를 강조하며 Vygotsky는 개인과 사회적 상호의존성을 강조한다.

    Piaget의 인지적 구성주의 관점은 개인과 환경과의 상호작용 과정에서 개인이 겪는 인지적 혼란과 갈등을 조정하는 개인의 정신 과정에 중심을 두고 있다. Vygotsky의 사회적 구성주의는 개인의 인지적 갈등과 혼란을 초래하는 사회적 상호작용을 통해 지식을 구성하는 것에 초점을 두고 있다. 즉, 인지적 구성주의자인 Piaget는 환경과 상호작용하는 개인의 인지구조를 강조하는 반면에 Vygotsky는 인지적 갈등을 초래하여 개인의 사고를 자극하고 발전시키는 사회적 환경을 강조한다.

"

제9장

Piaget의 인지발달이론

학습목표

1. Piaget의 인지적 구성주의에 관해 설명할 수 있다.
2. Piaget의 정신적 구조인 스키마에 관해 구체적으로 예를 들어 설명할 수 있다.
3. 정신적 발달 과정에서 정신적인 순응기능을 각 사례를 들어서 비교 · 설명할 수 있다.
4. 각 사례를 통해 정신적 조작이 무엇인지 구체적으로 설명할 수 있다.
5. 각 인지발달 단계를 특징적으로 설명할 수 있는 개념들을 기술하고 설명할 수 있다.
6. 구체적 조작 단계와 형식적 조작 단계의 연역적 사고와 귀납적 사고에서의 차이점을 설명할 수 있다.

주요 용어

발생적 인식론, 인지적 구성주의, 정신적 구조, 스키마, 순응, 동화 조절, 평형화 , 조직화, 조작, 보존, 중심성, 감각-운동기, 전조작, 구체적 조작, 형식적 조작, 선험성, 추상, 연역적 사고, 귀납적 사고, 조합적 사고, 명제적 사고, 반성적 사고

　지식을 어떻게 습득하는가에 대한 Jean Piaget(1896~1980)의 인식론은 생물학적 이론에 기초하고 있다. Piaget는 유기체가 특정한 구조와 기능을 사용하여 환경과 상호작용하며 진화하는 적응 과정에 기초해서 인간의 지적 성장, 즉 지식의 습득 과정을 설명한다. 인간의 지적 발달은 다른 생명체와 달리 지적으로 성장할 수 있는 인간의 유전적 가능성, 즉 생물적 적응 기제가 환경과 적극적으로 상호작용함으로써 이루어진다는 것이다.

　Piaget(1972)에 따르면 인간의 정신활동은 일종의 유기체가 환경과 상호작용하는 생물적 적응 과정이다. 지적으로 환경과 상호작용할 수 있는 '유전적 가능성'은 인간만이 갖고 있으며 다른 유기체와 차별되는 생물적 적응 기제이다. 인간의 유일한 유전적 가능성을 통해 적극적으로 환경과 상호작용한 결과로 출생 시의 불완전한 존재에서 뛰어난 정신 능력을 갖는 인간으로 성장한다. 이런 의미에서 Piaget의 인식론은 발생적 인식론(genetic epistemology)이라고 한다. 즉, 인간이 지식을 습득하고 사고력이 향상하는 것은 환경에 대해 지적으로 상호작용할 수 있는 인간의 '유전적 가능성'에서 비롯한다고 본다.

　그러나 '유전적 가능성'이 모든 사람의 지적 성장을 보장하는 것은 아니다. 왜냐하면 지적 성장은 개인과 환경과의 상호작용을 통해 이루어지지만, 개인의 적극적인 개입이 있을 때 가능하기 때문이다. 지식은 개인이 능동적으로 구성해 가는 것이기 때문에 같은 지적 자극에 대해서도 개인에 따라 다른 경험을 구성한다. Piaget는 지적 성장을 유전적 가능성(개인)과 환경의 단순한 상호작용의 결과라고 보지 않는다. 또한 지적 성장이 전적으로 인간의 '선천성'이나 또는 전적으로 '환경'의 결과라고 설명하지 않는다. 지적 발달에 환경적 요인은 매우 중요하지만, Piaget의 인지발달에서 환경은 개인이 지식을 구성하는 과정에서 개인의 인지구조에 갈등적 요소로서 작용함으로써 인지적 평형 상태를 유지하려는 정신적 활동을 동기화하는 것이라고 본다. 지식은 개인이 환경과 상호작용하면서 지식을 내적으로 구성하며 창조된다고 본다. 피아제의 인지적 구성주의 관점은 지식습득에 있어서 개인이 겪는 인지적 혼란과 갈등을 조정하는 정신 과정에 초점을 두고 있다.

1. 기본 개념

1) 스키마

인간의 신체 구조는 인간으로서의 신체적 발달을 할 수 있는 유전적 가능성, 즉 유전적인 생물적 구조이다. 신체 구조가 물리적 환경과 상호작용하여 신체의 복잡한 기능이 활성화되면 신체가 성장하고 발달한다. 마찬가지로 인간은 지적 발달을 할 수 있는 유전적인 생물적 구조를 갖추고 있는데 이것이 바로 정신구조(cognitive structure), 즉 스키마(schema)이다 (Piaget, 1969).

출생 시 신생아의 스키마는 흡입하기, 쥐기, 일으키기 등 환경에 대해 즉각적으로 반응하는 반사 반응으로 구성되어 있다. 신생아는 흡입 스키마 (sucking schema)을 통해 반사적으로 젖을 먹고 가짜 젖꼭지, 손가락 등 흡입의 반사적 스키마와 관계없는 대상도 흡입한다(동화). 그리고 이 흡입 스키마를 통해 배부르고 즐거운 경험뿐 아니라 때로는 불쾌한 경험을 하면서 거부하는 스키마로 분화(조절)한다. 또한 신생아의 고개를 돌리는 스키마, 사물을 보는 스키마, 물건을 잡는 스키마가 각각 환경과 상호작용하며 협응함으로써 소리 나는 장난감을 향해 고개를 돌리고 손을 뻗어 잡는 스키마로 조직된다. 이와 같이 초기의 스키마는 반사적이고 단순한 운동기능이지만 아동이 성장하면서 좀 더 복잡하고 체계적인 구조로 조직된다.

따라서 스키마는 단순한 감각적인 행동 양식부터 논리적 사고기능의 고등 정신기능을 모두 포함한다. 스키마는 환경을 다루는 체계적인 행동과 사고 양식으로 환경과 적극적으로 상호작용하면서 발달해 간다. 출생 시 신생아의 반사적 스키마는 환경과 상호작용하는 과정에서 컴퓨터를 만들고 신약을 개발하고 인간을 복제하는 고차원의 정신구조로 발달해 간다.

2) 순응

환경에 적응하는 과정을 순응(adaptation)이라고 한다. 스키마가 환경과 상호작용할 때 인간 고유의 순응 기제가 작용한다. 환경에 대한 인지적 순응기능은 인지구조와 마찬가지로 유전적인 생물적 기제이다. Piaget는 환경과 상호작용하는 정신적 순응기능에 동화와 조절의 두 기능이 있다고 보았다. 그리고 이 순응기능인 동화와 조절의 균형을 유지하는 평형화의 과정을 통해 스키마가 발달해 간다고 본다(Maier, 1978).

(1) 동화

[그림 9-1]처럼 신생아는 생득적인 흡입 스키마를 사용해 반사적으로 젖을 빠는데, 이후에 흡입 스키마를 통해 젖 이외의 다른 대상, 가령 가짜 젖꼭지, 장난감, 손가락, 옷자락, 책 등을 빨게 된다. 이와 같이 어떤 일련의 인지구조(스키마)가 형성되면 그 인지구조에 따라 대상을 해석하고 이해하는 정신적 순응기능이 동화(assimilation)이다.

그림 9-1　흡입 도식을 통한 동화

물건을 바닥에 부딪쳐서 소리를 내는 두드리기 행동은 아동이 환경을 탐색할 때 많이 사용하는 스키마이다. 두드리는 스키마를 갖고 있는 아동에게 새로운 자극인 나무 블록을 손에 쥐어 주면 기존의 두드리기 행동 스키마에 통합하여 나무 블록을 바닥에 두드리는데 이것이 동화이다. 또한 아동이 아기 호랑이를 '고양이'라고 부르는 것은 울음소리, 모양, 색, 크기 등 고양이 특성에 대한 기존의 스키마에 호랑이(새로운 자극)를 동화한 것이다. 이렇게 동화는 새로운 지각적·운동적·개념적인 문제를 기존의 인지구조로 통합하는 정신 과정이다.

(2) 조절

조절(accommodation)은 새로운 경험에 맞게 스키마를 수정하거나 새로운 스키마를 만드는 것이다. 어린 아동은 흡입 스키마를 통해 젖 이외에 다른 대상을 동화하면서 불균형적 경험을 하게 된다. 가령 아기가 장난감을 흡입 스키마로 계속 동화하여 빨겠지만 어느 순간에 그 대상(장난감)과 흡입 스키마 간의 부조화를 경험하면서 대상에 맞게 조절해서 장난감을 흔들어 소리를 낸다.

[그림 9-2]에서 아동이 새로운 자극인 곰 인형 딸랑이를 흡입 스키마로 동화하면 곰 인형 딸랑이는 소리가 나지 않게 된다. 곰 인형 딸랑이를 빠는 스키마에 불균형을 유발하고 이것은 대상(새로운 자극)에 맞게 스키마

그림 9-2 대상에 따른 도식의 조절

를 조절하도록 한다. 아기 호랑이를 고양이에 동화한 아동은 고양이와 동물원에서 아기 호랑이의 특성을 경험함으로써 조절을 하게 된다. 공을 덥석 끌어안는 행동으로 풍선을 잡으려고(동화) 하지만 풍선이 자꾸 튕겨서 잡을 수 없자 아동이 조심스럽게 손가락에 힘을 주어 살짝 들어 올리는 조절을 시도한다. 아동이 새로운 대상을 기존의 스키마에 동화할 수 없을 때 그 대상에 맞는 새로운 스키마를 만들거나 또는 기존의 스키마를 수정한다. 결과적으로 조절을 통해 인지구조가 변화한다.

두드리기 도식: 환경을 탐색
할 때 아동이 즐겨 사용하는
도식임

동화: 새로운 대상을 두드리
는 도식으로 통합함

조절: 새로운 대상이 기존의
도식에 맞지 않음

그림 9-3　동화와 조절

(3) 평형화

평형화(equilibration)는 동화와 조절의 균형을 유지하는 자기조절 과정이다. 평형화는 극단적으로 동화만 일어나거나 조절만 반복하지 않도록 균형을 유지한다. 신체의 생물적 불균형이 동질정체에 의해 균형 상태로 되돌아가듯이, 동화와 조절의 불균형은 균형을 유지하려는 평형화의 과정에 의해 자기조절된다. 즉, 평형화는 환경에서 끊임없이 송환 정보를 받으면서 자기규제적(self-regulatory)이고 내적으로 재조직하는 과정이다.

동화와 조절의 두 기능 간의 평형이 깨지면 환경에 적극적으로 적응하여 동화나 조절이 일어나도록 자극한다. 소를 '큰 개'라고 말하는(동화) 아동은 다른 사람의 소에 대한 반응이나 소의 독특한 특성(울음소리, 동작)에 대한 송환 정보를 통해 계속 동화할 수 없는 긴장된 상태를 경험한다. 이제 아동은 소를 '큰 개'와 다른 대상인 '소'로 인식(조절)함으로써 순응의 두 기능이 균형을 이루게 된다. 움직이는 것은 살아 있다고 믿는 아동은 아침에 나타나고 저녁에는 사라지는 태양이 살아 있다고 생각한다(동화). 그러나 아동은 공중을 나는 종이비행기, 움직이는 바람개비와 같이 움직이나 분명히 살아 있지 않은 많은 대상을 경험한다. 이러한 경험은 움직이는 것은 살아 있다고 생각하는 아동의 현재 스키마와 일치하지 않는 상황이다. Piaget(1969)는 이것을 불균형(disequilibrium) 상태라고 한다. 현재의 지식 또는 스키마와 새로운 경험과의 불일치는 현재의 스키마를 수정하도록 자극한다. 즉, 움직이는 것은 살아 있다고 생각하는 아동의 스키마는 변화하도록 동기화된다. Piaget는 사람들이 일생동안 환경에 순응하기 위해 상호보완적인 동화와 조절을 계속 사용한다고 생각했다. 처음에는 현재의 인지구조로 새로운 경험을 이해하고 문제를 해결하지만 더 이상 기존의 인지구조가 새로운 경험과 문제에 적절하지 못하면 기존의 스키마를 수정하도록 자극받고 결국 새로운 경험에 맞도록 조절한다. 기존의 지식과 새로운 사실과의 불균형 상태는 동화와 조절의 균형 상태로 동기화한다. 이렇게 동화와 조절의 균형을 유지하는 자기규제적인 힘이 평형화이다.

다음의 [그림 9-4]는 아동이 새로운 개념을 경험할 때 겪는 지적 불균형을 동화와 조절을 통해 자기조절하는 과정을 보여 준다. 강아지(포메라이온)를 처음 보는 아동은 개에 대한 스키마가 없어서 지적 불균형인 긴장 상태를 경험한다. 개의 동작, 꼬리 움직임, 짖음, 생김 등 특성에 대한 경험을 통해 개에 대한 정신적 스키마를 조직한다(조절). 새롭게 만나는 치와와, 몰티즈, 프렌치불도그, 셰퍼드, 레트리버와 같이 서로 다른 모습과 특성을 개 스키마를 통해 모두 '개'임을 이해한다(동화). 두 번째 그림

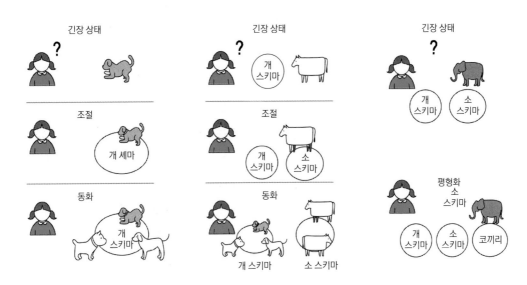

그림 9-4 지적 불균형(불균형), 조절과 동화, 평형화

에서는 개의 모습과 비슷한 소를 개 스키마로 수용할 수 없는 긴장 상태를 경험하고 조절하여 소 스키마를 조직한다. 그리고 각기 다른 모습의 소들을 소 스키마를 통해 이해한다(동화). 세 번째 그림은 동물원에서 덩치가 매우 큰 코끼리를 만났는데 개나 소로 이해하기에는 모습이나 동작, 울음소리가 너무 달라서 당황스러운 상황이다. 아동은 코끼리가 개, 소와는 또 다른 특징을 갖고 있음을 알게 되고 코끼리 스키마를 조직하고 코끼리의 특징에 대한 지식을 구성한다.

3) 조직화

두 개의 정신기능인 동화와 조절이 일어날 때 조직화(organization)가 함께 일어난다. 개인은 동화와 조절이라는 순응 기제를 사용하여 환경에 적응하면서 동시에 경험 과정을 체계적으로 조직해 나감으로써 스키마를 발달시킨다. 가령 손으로 물건을 움켜잡는 스키마가 바닥에 떨어진 볼펜을 잡기에 적절하지 못하면 아동은 잡기 스키마를 조절할 것이고, 조절된 여러 가지 잡기 스키마는 또 하나의 통합된 구조인 잡는 스키마로 조직된다. 이러한 조직 과정은 아동이 잡는 스키마를 통해 환경(대상)과 상호작용하면서 동화와 조절을 반복할 때 동시에 일어나는 과정이다. 정신적 순응 과정에서 조직화란 경험을 체계적으로 분류하고 통합하는 과정이다.

조직화도 정신적 순응 기제와 마찬가지로 생득적이며 순응과 함께 자연스럽게 일어난다. 신생아가 각기 다른 감각적 경로를 통해 경험하는 자극, 가령 엄마의 목소리, 얼굴, 젖 냄새, 피부 접촉은 엄마라는 통합된 구조로 조직된다. 젖, 우유, 과자, 사탕, 초콜릿, 빵, 스프, 요구르트의 다양한 음식물을 먹으며 동화와 조절을 하는 과정에서 초기의 흡입 스키마의 단순한 반사 반응이 하나의 통합된 섭취 스키마로 조직된다.

즉, 동화와 조절의 순응이 일어날 때 경험을 체계적으로 분류하고 통합하는 조직화가 함께 진행된다.

2. 인지발달 단계

환경에 순응하는 정신적 적응 기제인 동화와 조절, 조직화는 모든 사람이 가지고 있는 기능이지만 정신적 순응과 조직화가 반복되면서 정신구조가 발달한다. 따라서 아동과 성인의 지적 능력의 차이는 환경에 대한 정신적 순응이 아니라 정신구조(스키마)에 있다. Piaget는 인지구조를 나이에 따라 [그림 9-5]와 같이 감각-운동 단계, 전조작 단계, 구체적 조작 단계, 형식적 조작 단계의 4단계로 구분한다.

Piaget의 인지발달 단계는 정신적 조작 능력에 의해 구분된다. 조작(operation)은 대상을 내적으로 다루는 정신적 가역성(reversibility)이다. 정신적 가역성은 역(inversion)의 조작과 상보성(reciprocity)의 조작이 가능한 정신 능력이다. 역의 조작은 대상을 정신적으로 역전하는 정신적

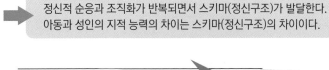

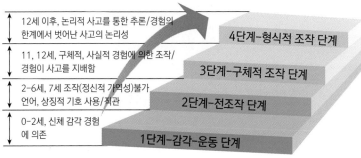

12세 이후, 논리적 사고를 통한 추론/경험의 한계에서 벗어난 사고의 논리성	4단계-형식적 조작 단계
11, 12세, 구체적, 사실적 경험에 의한 조작/경험이 사고를 지배함	3단계-구체적 조작 단계
2-6세, 7세 조작(정신적 가역성)불가 언어, 상징적 기호 사용/직관	2단계-전조작 단계
0-2세, 신체 감각 경험에 의존	1단계-감각-운동 단계

그림 9-5 Piaget의 인지발달 단계

능력이며 상보성의 조작은 요인 간의 상호관계를 다루는 정신 능력이다. 상보성의 조작을 위해서는 정신적인 분산 능력이 요구되는데 분산(decentralization)은 동시에 두 가지 이상의 요소를 다루는 능력이다.

1) 감각-운동 단계

감각-운동 단계(sensory-motor stage)는 출생 이후 2세까지의 인지발달 수준이다. 언어가 나타나기 전의 아동은 사고기능을 수행할 수 없으며 단지 신체 감각적 운동기능만 가능하다. 출생 초기의 흡입(sucking) 반사 반응은 신생아가 환경에 순응하는 가장 중요한 스키마이다. 물체에 대한 시선 응시, 소리에 대한 반응, 젖 냄새에 대한 반응은 유아가 시각, 청각, 촉각, 후각, 미각의 기본적인 감각 스키마를 통해 환경에 순응하는 것이다. 고개 돌리기, 팔 뻗기, 잡기와 같은 초기 운동 스키마는 초보적인 기능이지만 유아가 환경에 순응하는 중요한 행동 스키마이다. 보기, 잡기, 치기, 때리기 등의 행동 스키마는 단순하지만, 유아는 이 스키마를 사용하여 주위 세계를 적극적으로 탐색한다. 유아가 신체적 감각-운동기능을 사용

그림 9-6   감각-운동 도식을 사용한 대상의 탐색

하여 환경에 적응하는 시기를 감각-운동 단계라고 한다. 이 시기에는 언어 사용이 불가능하고 언어가 내면화된 사고기능도 없기 때문에 정신적 '조작'이 전혀 수행되지 않는다. BBC 방송의 〈뇌 이야기(Brain Story)〉의 다큐 프로그램에서 오염에 대한 판단 능력을 실험한 예를 살펴보자. 겉보기에 징그러워 보이는 음식을 보여 주고 12개월 된 어린 아동과 4세 아동의 반응을 관찰했다. 12개월 된 어린 아동은 제시된 음식을 보자 일단 접근해서 만지고 입으로 가져갔다. 반면에 4세 아동은 음식이 징그럽고 더러워 보인다며 먹을 수 없다고 거부했다. 먹을 수 있는 것과 먹지 말아야 할 것을 구분할 때 큰 아동은 보기에 불쾌하거나 부적절하면 먹을 수 없다고 판단한다. 그러나 유아는 일단 입에 넣은 뒤 감각적인 맛을 경험한 뒤 판단한다. 마찬가지로 크레용을 보여 주며 먹을 수 있는가를 질문하면 4세 아동은 그림을 그리는 것이기 때문에 먹을 수 없다고 말하지만, 더 어린 아동은 일단 손에 쥐고 입어 넣어 불쾌한 맛을 경험한 뒤에 비로소 거부한다. 이처럼 감각-운동 단계의 유아가 사물을 이해하고 판단하는 데 사용하는 도구는 감각-운동기능이다.

그러나 이 시기에 나타나는 대상 항상성(object permanence)과 인과 개념(causality concept)은 지적 발달을 준비하는 중요한 정신기능이다. 대상 항상성은 사물이 아동의 시야에서 사라져도 그 대상이 여전히 존재하고 있음을 인식하는 정신기능이다. 인과 개념은 어떤 사건이 어떤 결과를 초래하는지에 대해 아동이 반복적으로 관찰함으로써 원인(cause)과 결과 (effect)의 관계를 깨닫는 것이다. 즉, 인과 개념은 목적을 위한 수단을 이 해하는 것이다. 7~8개월 된 아동은 공이 수건에 가려져 시야에서 사라지 면 수건을 옆으로 치우고 공을 찾는다. 이것은 지각에 의존하지 않고 대 상의 존재를 인식하는 대상 항상성과 공을 찾기 위해 그것을 방해하고 있 는 수건을 치우는 목적을 위한 수단을 이해하는 인과 개념의 특성을 보여 주는 행동이다. 그러나 7~8개월 이전의 유아는 감각-지각적 기능에 의 존하기 때문에 지각할 수 없는 대상을 정신적으로 표상할 수 없다. 어린 아동은 손을 뻗어 잡는 스키마로 동화하여 공을 잡을 수 있지만 공이 굴 러가는 방향을 따라 시선을 옮기다가 의자 뒤로 들어간 공을 볼 수 없게 되면 더 이상 공에 관심을 보이지 않는다. 대상 항상성이 없는 아동은 손 에서 사라진 공에 당황하지만 사라진 공을 찾으려는 시도는 하지 않는다.

정신적 표상은 18개월 이후 아동에게 더욱 뚜렷하게 나타난다. 오빠가 무엇인가를 요구하면서 소리 지르고 발을 구르는 장면을 바라보고 있던 어린 여동생이 다음 날 침대에서 발을 구르며 소리를 지르는 행동을 몇 차례 반복했다. 이러한 흉내는 아동이 타인의 행동을 정신적으로 표상할 수 있을 때 가능하다(Piaget, 1962). 이것을 지연 모방(deferred imitation)이 라고 하는데, 이는 모델 부재 시 모델의 행동을 재생하는 능력을 말한다. 지연 모방은 현재 직접 관찰하지 않아도 과거에 관찰한 장면을 머릿 속에 떠올리는 심상이라는 정신기능이 가능할 때 일어난다. 감각-운동의 초 기 단계에 아동이 단순한 행동적 스키마에 의존했지만 후반에는 상징적 스키마가 나타나면서 인지발달에 영향을 준다.

2) 전조작 단계

전조작 단계(pre-operational stage)는 2~7세 아동의 인지발달 수준이 다. 대상 항상성과 인과 개념을 획득한 전조작 단계의 아동은 감각-운동 단계보다 행동적 스키마에 비교적 덜 의존한다. 그러나 아직 언어발달이 미숙하고 내면화된 사고 능력을 수행할 수 없기 때문에 전조작 단계라고 한다. 이 시기의 아동은 대상, 상황, 경험을 표상하기 위해 단어나 심상과 같은 정신적 상징(mental symbol)을 사용할 수 있다. 감각-운동 단계보다 대상을 언어의 상징적 수단을 통해 내적으로 표상할 수 있지만, 아직 언어를 내면화하는 사고 능력은 발달하지 않았다. 정신적 사고 능력이 부족한 아동은 직접적이고 신체적인 경험을 통해 외부 세계를 탐색하면서 지식과 정보를 획득한다. 아직까지 이 단계의 아동은 운동기능적 스키마를 통해 환경에 순응한다. 아동은 운동 스키마를 통해 시소 놀이의 무게 중심과 평형 상태를 경험하며 놀이를 즐긴다.

전조작 단계는 전개념기(preconceptual period: 2~4세)와 직관기(intuitive period: 4~7세)로 구분된다. 전개념적 사고(preconceptual thought)는 언어의 발달로 사고 능력이 생기지만 자기중심성이 지배하는 사고 특성을 의미한다. 자기중심성, 물활론, 보존 개념의 결여 등은 전개념적 사고의 특징이다.

직관적 사고(intuitive thought)는 정확한 결론에 도달하지만, 결론에 이르는 사고 과정을 논리적으로 설명하지 못하는 사고 수준을 의미한다. 가령 크기가 다른 두 개의 컵에 200cc 콜라를 부었을 때 아동은 두 컵의 콜라 양이 같다고 말할 수 있다. 그런데 '왜' 같다고 판단했는지를 논리적으로 설명하지 못하고 '같으니까 같죠' 식의 대답만 반복한다. 직관적 사고 수준에 있는 아동은 모양이 다른 용기에 담긴 물의 양이 같다고 대답(보존)하거나 노란색 나무 구슬 10개와 파란색 나무 구슬 3개가 있을 때 노란색 나무 구슬이 파란색 나무 구슬보다 많다(유목화)고 옳게 대답하나 그 이유는 정확하게 설명하지 못한다. 즉, 아동은 아직 기초적인 논리 원칙을 의식하기보다는 예감과 직감(직관)에 의존한다.

(1) 상징적 사고의 가능

한편, 이 시기에 아동의 어휘력은 급속하게 증가하여 언어를 통해 대상이나 사물을 내적으로 표상할 수 있는 능력이 발달함으로써 상징적 스키마의 사용이 가능해진다. 대상을 언어나 심상을 통해 표상하는 것은 사고가 일어나고 있음을 의미한다. 이러한 상징적 사고는 이전 단계와 차별되는 특징이며 이로써 정신적 활동이 더욱 촉진된다. 여기서 표상(representation)이란 사물이나 사건을 사물, 사건 이외의 다른 수단으로 나타내는 것을 의미한다.

지연 모방, 상징 놀이, 그림, 정신적 상, 언어는 사물이나 사건을 표상하는 정신활동이다. 이전에 관찰한 사건이나 대상을 모방하는 지연 모방(deferred imitation)은 아동이 이전에 관찰한 사건을 정신적으로 표상(기억)할 수 있을 때 가능하다. 가령 화장하는 엄마의 행동을 심상화하면서 아동은 립스틱을 입술에 바르고 아이섀도로 눈 화장을 한다. 상징 놀이(symbolic play)는 아동이 어떤 제약도 받지 않고 사물이나 사건을 독특하고 다양한 상징으로 표상하는 꾸밈 놀이(pretend play)이다. 아동은 다른 사람(엄마, 아빠, 선생님, 만화 주인공)이 되기도 하고 곰 인형을 아기로, 컵을 전화기로 꾸미는 등 다양하고 독특한 방법으로 대상을 표상한다. 아동은 언어를 원활하게 사용할 수 있을 때까지 상징 놀이를 통해 아이디어, 사고, 관심 등을 마음껏 표현한다. 또한 이 시기의 아동은 혼자 놀면서 백일몽을 즐기기도 하지만 사회적 행동이 발달하면서 또래의 아동과 어울려 지냄으로써 새로운 스키마와 언어의 발달이 가속화된다.

(2) 자기중심성

자기중심성은 하나의 지각적 단서에 의존해서 대상을 제한적으로 다루는 것이다. 따라서 하나의 지각 단서를 중심으로 모든 사물을 지각하기 때문에 자신과 타인의 지각 현상이 모두 똑같다고 생각한다. [그림 9-7]의 (A)와 같이 경사진 언덕에 초점을 맞추고 사물을 바라보는 아동은 집

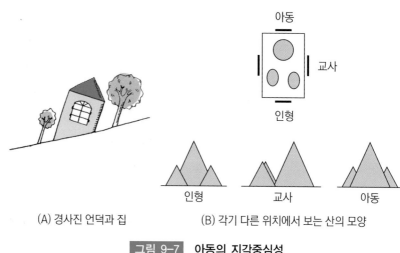

(A) 경사진 언덕과 집 　　　　(B) 각기 다른 위치에서 보는 산의 모양

그림 9-7　아동의 지각중심성

도 마찬가지로 기울어져 있다고 생각한다. 큰 산과 두 개의 작은 산이 있는 (B)의 그림에서 아동, 인형, 선생님이 서로 다른 위치에 있지만, 아동은 자신이 보고 있는 산의 모양을 다른 위치에서도 같게 본다고 생각한다. 자기중심적 사고를 하는 아동은 일단 사물의 한 측면에 초점을 맞추면 다른 측면에 주의하지 못하기 때문에 모든 사람이 아동 자신과 같은 방법으로 생각하고 행동한다고 믿는다.

(3) 물활론

생명이 없는 대상에 대해 생명력 있는 특성(의도, 동기)으로 이해하는 물활론(animism)은 전개념적 사고의 특징이다. 물활론적 사고를 하는 아동은 움직이는 모든 것에 생명을 부여하고 아동과 같은 감정과 의도가 있다고 생각한다. 떠오르는 태양은 살아 있고 비는 슬픔의 눈물이라고 믿으며 탁자에 부딪혀 아프면 탁자가 아동을 때렸다고 생각한다. 견우와 직녀 이야기와 비, 하늘나라 선녀와 눈 꽃송이, 어린 남매와 해와 달의 이야기처럼 동화나 동요의 의인화된 이야기는 아동의 이러한 사고 특성을 반영한다.

⑷ 전인과성

전인과적(pre-causal) 사고는 아동이 한 사건과 다른 사건을 연결하여 생각하는 이행적 사고를 할 때 두 사건이 동시에 발생하면 한 사건이 다른 사건을 일으킨 원인이라고 판단하는 것이다. 예를 들어, 아동이 큰 소리를 지를 때 엄마가 그릇을 떨어뜨려 깨졌다면 그 이유가 자신에게 있다고 생각한다. 이렇게 시공간적으로 동시에 일어난 두 사건에 대해 한 사건과 다른 사건 사이를 인과관계로 생각하는 것이다. 이와 같이 무관한 두 사건을 인과관계로 잘못 추론하는 것을 전환적 사고(transductive inference)라고 한다. Piaget가 자녀를 관찰하고 있었는데, 어느 날 오후에 낮잠을 늘 자던 Lucienne가 잠을 자지 않더니 "난 낮잠을 자지 않았어. 그래서 오후가 아냐."라고 말했다. 이 경우, 어린 아동은 낮잠이 때(오후)를 결정한다는 잘못된 인과관계를 형성하고 있다. 아동의 이러한 지적 결함은 바로 자기중심성(ego centrism) 때문이다. 자기중심성은 자신의 시각으로 세상을 보고 다른 사람의 시각을 인식하지 못하는 경향이다.

언어발달과 더불어 아동의 사회성은 더욱 발달하고 6~7세가 되면 아동은 사회압력에 의해 자신을 다른 사람에게 맞추는 조절을 하면서 자기중심적 사고에서 조금씩 벗어나기 시작한다. 또래 집단과의 사회적 상호작용은 자기중심성에서 벗어나는 데 중요한 역할을 한다. 따라서 사회접촉이 적은 2~3세 아동이 사회적 행동이 발달한 6~7세 아동보다 자기중심성이 더 강하다.

⑸ 보존 개념의 부족

보존(conservation) 개념은 형태는 변화하더라도 양, 질량, 길이, 수, 무게, 부피는 불변함을 인식하는 정신 능력이다. 보존 개념은 정신적으로 역전하는 가역성과 분산 능력이 있을 때 형성된다. 정신적 가역성은 역의 조작과 상보성의 조작이 함께 일어난다. 분산 능력은 동시에 두 가지 이상의 요소를 다룰 수 있는 사고 능력을 의미한다. 그런데 이 시기 아동은 한 가지 시각 단서에 의존해서 사물을 제한적으로 다루는 중심성 때문에 보존 개념이 부족하여 형태가 변화하면 수, 양, 질량 등 물질의 속성도 변한다고 생각한다. 이것은 형태에 집중한 아동이 동시에 다른 특성에 주의할 수 없기 때문이다.

전조작 단계 아동은 [그림 9-8]은 같은 모양과 크기의 A컵과 B컵에 담긴 오렌지 주스의 양이 같다고 말한다. 그런데 아동들이 보는 앞에서 B컵의 음료를 폭이 좁고 가느다란 C컵으로 옮겨 담은 후, 질문을 하면 A와 C컵의 음료 양이 다르다고 말한다. 음료가 담긴 두 컵에 담긴 모양이 다르기 때문이다. C컵의 음료가 A컵과 같다고 말했던 B컵으로부터 바로 전에 옮겨져 왔던 것을 머릿속에서 역전시키지 못하고, 컵의 폭과 높이의 두 요소를 동시에 생각할 수 없기 때문이다.

이 시기 아동은 수, 질량, 질량, 길이, 무게, 면적, 부피에 대한 보존 개념도 발달하지 않은 상태이다. 지각 대상의 형태에 변화가 일어나면 아동은 시각적 단서에 주의하고 대상의 속성도 바뀌었다고 생각한다. [그림 9-9]의 (1)에서 위아래에 있는 6개의 도토리를 같은 간격으로 늘어놓아 같은 모양(A)으로 보일 때에 아동은 각각 '여섯(6)'이라고 말하며 도토리 수가 같다고 말한다. 그러나 위아래 각각 6개인 도토리의 간격을 다르게 배열했을 때(B) 아동은 마찬가지로 각각 '여섯(6)'으로 숫자를 세지만

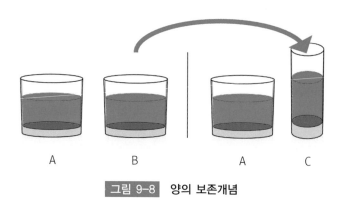

그림 9-8   양의 보존개념

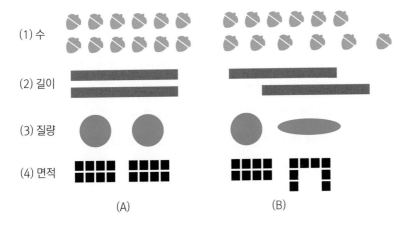

(1) 수

(2) 길이

(3) 질량

(4) 면적

(A)　　　　　　　　　(B)

그림 9-9　수, 길이, 질량, 면적 보존 개념

보이는 형태가 달라서 위아래의 도토리 수가 다르다고 말한다. 이는 이들이 변형된 현재의 상태를 정신적으로 변형되기 전의 과거 상태로 표상하는 역의 조작과 지각적 요인(길이)과 인지적 요인(수)의 관계를 이해하는 상보성의 조작 능력이 없기 때문이다. 사물을 정신적으로 다루는 능력이 부족한 아동은 지각 단서, 즉 형태에 의존하여 사물을 이해한다.

3) 구체적 조작 단계

구체적 조작 단계(concrete operational stage)에 있는 7~11세 아동은 인지적 조작을 습득하고 실제 대상과 경험에 대해 더욱 논리적으로 사고할 수 있다. 조작(operation)은 정신적 가역성으로 역의 조작과 상보성의 조작이 함께 일어난다. 따라서 같은 물의 양이 컵 모양에 따라 변할 수 없는 것과 바퀴벌레를 빼낸 주스가 여전히 오염되어 있다는 것을 논리적으로 설명할 수 있다.

그러나 이 시기의 정신적 조작 능력은 구체적 지각이나 기억과 같은 경험에 국한되기 때문에 이 시기를 '구체적'이라고 표현한다. 이 시기의 아동은 현실 세계로부터 구체적인 정보와 자료를 사용하여 문제를 해결한다. 구체적 조작의 정신 능력은 구체적 정보자료에 대해 사고할 수 있어서 이 시기의 사고를 일차적 사고(first thought)라고 한다. 아직 사실적 경험에 의존하는 아동의 정신적 조작은 구체적 대상과 사건에 대해 제한적으로 논리적 사고를 할 수 있다. 이념적인 대상에 대해 논리적으로 사고할 수 없기 때문에 추상적인 사상을 이해하고 추리하지 못하며 파이(∅), 무리수, 음의 수와 같은 수학적 개념, 또는 민주주의, 공산주의, 인권과 같은 추상적 개념을 이해하기 어렵다.

이렇게 제한적 정신 능력을 갖는 아동은 사실이 아닌 가정적인 전제(가설)로부터 합리적인 사실을 추론하지 못한다. 실제로 A가 B보다 키가 크고(A>B), B는 C보다 큰(B>C) 경우에 A가 가장 크다는 것은 쉽게 알 수 있다. 그런데 이러한 사실과 다르게 새로운 가정을 전제하는 경우, 가령 C가 A보다 키가 크고(C>A), B가 C보다 크다(B>C)는 실제와 다른 가설을 세우고 키가 가장 큰 사람을 찾는 것은 어렵다. 실제로 A가 가장 키가 크다는 것을 보고 확인했기 때문에 새로운 가설에서 C가 가장 키가 크다는 결론을 내리기가 어렵기 때문이다.

(1) 가역성의 획득

가역성은 하나의 지각 단서에 의존하는 중심성에서 벗어나 사물의 속성을 논리적으로 조작하는 능력으로 역전과 상보성의 조작이 가능하다. 역전은 현재, 과거, 미래의 상태변화를 정신적으로 전환하는 능력이며 상보성은 두 가지 이상의 요인의 상호보완적 관계를 이해하는 능력이다. 구체적 조작 단계 아동들은 앞서 [그림 9-8]에서 C컵의 주스가 B컵으로부터 옮겨져 온 것임을 정신적으로 바로 전의 상태로 되돌아감으로써 형태가 다른 A컵과 C컵의 주스 양이 같다는 사실을 알 수 있다. 또한 컵의 폭과 높이의 상호보완적 관계를 이해함으로써 모양이 다른 두 용기의 액체 양이 같다는 사실도 정확하게 추론할 수 있다. 이러한 가역성은 원인에서 결과를 유추하거나 결과에서 원인을 논리적으로 유추하게 한다.

⑵ 보존 개념의 습득

정신적 조작 능력이 가능한 구체적 조작 단계의 아동은 '지각'보다 논리적 사고를 통해 보존 개념을 형성한다. 가령 보존 문제에서 7개의 바둑알이 8개의 바둑알보다 더 길게 늘어져 있어 많아 보이는 지각과 사고(8이 7보다 큰 수)가 불일치할 때 아동은 지각 자극보다 논리적 사고에 의존하여 옳게 반응한다. 보존 개념은 형태가 변화하더라도 대상의 본래 속성이 변하지 않음을 인식하는 것이다. BBC의 〈뇌 이야기〉에서 소개된 오염에 대한 아동의 인식 능력을 실험한 예를 들어 보면, 4세 아동과 7세 아동에게 바퀴벌레(조형물)가 빠진 사과 음료수를 보여 주자 더러워서 먹을 수 없다고 거부했다. 잠시 후 실험자가 바퀴벌레를 빼내고 다시 두 아동에게 마실 것을 권유하자 7세 아동은 단호하게 거부했지만 4세 아동은 실험자의 권유대로 주스를 마셨다. 7세 아동은 음료수의 과거와 현재를 인식할 수 있어서 현재 바퀴벌레가 없어도 이미 음료수가 오염되었음을 안다. 이와 달리 4세 아동은 벌레가 없는 현재 상태에만 주의할 뿐 정신적으로 이전의 상태를 연관하여 생각하지 못한다.

키가 175cm와 160cm로 서로 다른 두 친구의 몸무게가 50kg이라면 구체적 조작 단계 아동은 키와 몸무게의 관계를 통해 두 친구가 서로 다른 체형을 갖고 있음을 이해한다. 100kg의 솜과 100kg의 철근의 무게와 부피를 생각할 때, 같은 무게의 솜과 철근의 부피는 엄청난 차이가 있음을 알 수 있다.

보존 능력은 사물에 대한 체계적인 이해와 문제해결 능력을 촉진한다. 보존 능력은 순차적으로 획득되는데 수에 관한 보존 개념이 5~6세경에 가장 먼저 발달하고 물질의 크기(질량), 액체 부피, 영역 보존은 7~8세에, 무게는 9~10세에, 그리고 고체의 부피에 대한 보존 개념은 아동기의 마지막 시기인 11~12세에 발달한다(Piaget, 1969).

(3) 유목화, 계열화, 이행적 추론

아동은 대상을 부분과 전체의 관계로 지각하며 공통성과 차이점 및 관계성을 이해할 수 있다. 따라서 유목화, 계열화, 포함관계, 이행적 추론이 가능하다.

유목화(classification)는 대상을 모양, 크기, 색과 같은 공통적인 속성에 근거하여 분류하는 것이다. 계열화(serialization)는 일정한 기준(크기, 무게)에 따라 순서대로 배열하여 서열화하는 것이다. 포함관계(inclusion relationship)는 전체와 부분의 관계를 이해하는 능력으로 여러 차원에서 분류하는 복합 유목(multiple classification)이 가능하다. 예를 들어, 4개의 회색 나무 구슬과 7개의 검은색 나무 구슬이 있을 때 검은색 나무 구슬이 회색 나무 구슬보다 더 많다고 추론한다. 이것은 구슬을 색과 재료의 두 가지 차원으로 분류하여 상위 유목(재질)과 하위 유목(색) 간의 포함관계를 추론한 것이다. 이행적 추론(transitive inference)은 두 대상 간의 관계를 다른 대상의 관계로부터 추론하는 사고다. 예를 들어, 쥐(A)는 토끼(B)보다 작고(A<B), 토끼(B)는 호랑이(C)보다 작다(B<C)는 관계로부터 쥐(A)와 호랑이(C)의 관계(A<C)를 추론할 수 있다.

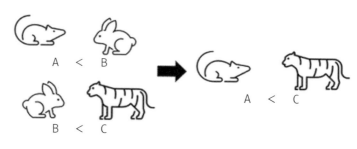

그림 9-10 이행적 추론

(4) 연역적 추리의 가능성

연역적 추리는 일반적이고 보편적인 사실에서 특수한 사실을 이끌어 내는 방법이다. 연역적 추리인 삼단논법(syllogism)은 대전제와 소전제에서 결론을 끌어낸다. 즉, 삼단논법은 2개 이상 진술된 전제(사실)의 논리적 관계에서 올바른 결론을 추론하는 것이다. 추론이란 전제(일반적 사실)에서 필연적으로 도출될 수밖에 없는 새로운 판단(결론)을 이끌어 내는 과정이다. 이때, 전제는 구체적 경험 또는 법칙에 대한 보편적 명제가 될 수 있다. 이솝우화의 〈병든 사자와 여우 이야기〉에서 병든 사자를 방문한 동물이 사자에게 잡아먹혔음을 알아챈 여우만 생존했다. 상황을 보지도 않은 여우가 어떻게 사자가 병문안을 온 동물을 잡아먹었다고 추론했을까? 여우는 사자 굴로 들어간 동물의 발자국은 있는데 나온 발자국이 없음을 확인하고 확실한 결과를 추론한 것이다. 구체적 단계의 아동은 구체적인 사실로 진술된 두 전제로부터 논리적으로 결론을 추론할 수 있다. [그림 9-11]과 같이 구체적 조작 단계에 있는 아동의 연역적 추리는 현실적인 경험이나 구체적인 대상으로 제한된다.

　수학적 논리는 명제에서 결론을 끌어내는 연역적 사고이다. 어느 농장에 소, 돼지, 닭, 오리가 있는데 소 1마리, 돼지 3마리, 오리 5마리에 닭의 수는 정확하지 않다. 다리를 세어 보니 모두 30개였다. 그렇다면 닭은 정확하게 몇 마리인가? 닭이 2마리임을 알기 위해서는 먼저 제시된 명제(전제)에서 추론해야 한다.

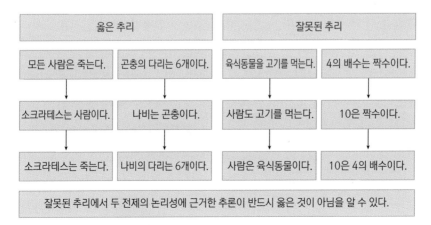

옳은 추리		잘못된 추리	
모든 사람은 죽는다.	곤충의 다리는 6개이다.	육식동물을 고기를 먹는다.	4의 배수는 짝수이다.
↓	↓	↓	↓
소크라테스는 사람이다.	나비는 곤충이다.	사람도 고기를 먹는다.	10은 짝수이다.
↓	↓	↓	↓
소크라테스는 죽는다.	나비의 다리는 6개이다.	사람은 육식동물이다.	10은 4의 배수이다.
잘못된 추리에서 두 전제의 논리성에 근거한 추론이 반드시 옳은 것이 아님을 알 수 있다.			

그림 9-11　구체적 사실에 대한 연역적 추리

4) 형식적 조작 단계

형식적 조작 단계(formal operational stage)에 있는 12세 이후의 청소년기는 논리적 사고가 지배적인 시기이다. 논리적 사고(추론)는 언어의 논리 속에 포함되어 있는 형식적 법칙(formal law)을 추론하는 것이다. 이 단계는 상징적 기호인 언어를 통해 논리적으로 추론할 수 있기 때문에 '형식적(formal)'이라고 표현한다. 논리적 추리에는 연역적 추론과 귀납적 추론이 있는데 귀납적 추론은 특수한 사실에서 일반적이고 보편적인 결론을 이끌어 내는 추론 과정이다. [그림 9-12]는 연역적 추론과 귀납적 추론을 비교한 것이다.

구체적 조작 단계와 형식적 조작 단계는 모두 논리적 추론이 가능하지만 분명한 차이는 추론할 수 있는 내용에 있다. 즉, 앞서 보았듯이 구체적 조작은 현실적이고 구체적 내용이나 대상에 대해 논리적으로 추론할 수 있지만, 현실과 무관한 가설이나 명제와 같은 복잡한 언어적 논리성을 다

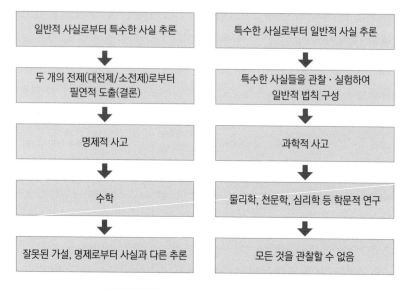

그림 9-12 연역적 추론과 귀납적 추론

루지 못한다. 반면에 형식적 조작은 구체적 경험이나 사실의 한계에서 벗어나 추상적이며 개념적인 문제를 논리적으로 다룰 수 있다. 형식적 조작 단계에 있는 청소년의 사고에서 가장 두드러진 특징은 바로 이러한 '선험성'으로 구체적인 사실이나 경험의 한계에서 벗어나 가설을 세우고 논리적으로 추론할 수 있다.

Piaget에 따르면, 형식적 조작 능력은 11~12세에 최초로 출현하여 15~16세에 이르러서 완전한 형식적 조작이 가능하다. 형식적 조작 단계의 정신 능력은 연역적 추리(deductive reasoning), 귀납적 추리(inductive reasoning), 반성적 추리(reflective reasoning)의 세 가지 특성을 갖는다.

(1) 추상적 개념

형식적 조작 단계의 청소년은 사랑, 공정성, 가치, 행복, 의미, 이상, 권리, 자유, 존중, 존엄, 정의, 진실, 성실, 신뢰, 신용 등의 추상적 사상들에 대해 사고한다. '추상'의 사전적 정의는 다양한 대상이나 현상 안에 내재해 있는 공통적 요소, 특성, 특질, 형태 등을 통칭한다. 추상적 사고를 할 수 있다는 것은 직접 관찰하거나 경험할 수 없는 한계에 제한받지 않고 다양한 현상 안에 존재하는 공통적 특성이나 요소들을 추론할 수 있음을 의미한다. 가령, 가족애, 연인 간의 감정, 어려운 이웃에 대한 연민, 헌신, 배려, 동료 의식, 봉사활동 등에 타인에 대한 '관심'과 '사랑'이 내포되어 있음을 알게 된다. 또한 청소년은 개인의 표면적인 행동 특성에 영향을 주는 성격, 성향, 정서 등 내적 특성을 추론하며 이해하고 적절하게 대처할 수 있다. 이 시기에 청소년의 관심은 실제적 사실로부터 추상적이고 창의적인 새로운 사상으로 옮겨진다. 자신의 정체성, 존재감, 가치, 신념, 삶의 목적이 무엇인지를 고민하고 사회의 공정성, 정의, 이념에 대한 논리적 추론하고 주장을 펼친다. 청년기의 사고와 관심의 영역은 관찰 가능한 사건이나 현상으로부터 추상적이고 미래의 다양한 가능성으로 옮겨진다. 종교적·철학적·정치적 신념을 형성하며 다양한 대인관계를 통

해 공감, 수용, 신뢰, 상호 존중이 중요하다는 것도 알게 된다. 개인의 성
격, 신념, 특성, 가치 추구, 목적 그리고 과거 경험에 근거하여 미래의 가
능성을 추론하며 현재의 모습에서 과거의 모습을 추론할 수 있다. 청소년
은 구체적 조작 단계에서 관심의 대상이 아니었던 새로운 추상적 사상에
대해 고민하며 논리적으로 추론하려고 노력한다.

가족, 친구, 선생님과의 관계에서 그 대상의 범위가 이성, 선후배 등 새
로운 관계로 확대되면서 청소년의 사고는 더욱 확장되어 간다. 가령 이성
간의 사랑을 통해 더 다양한 인간관계에서 사랑의 의미를 발견하고 가깝
고 먼 이웃, 사회적 약자나 소외 계층에 대해 관심을 갖는다. 생명 존중은
인간을 넘어 동물, 식물, 자연으로 확대되고 생태계로 이어져 기후 위기
극복, 환경 보존, 멸종위기 동물포획 반대에 앞장서기도 한다.

(2) 연역적 추리

형식적 조작 단계의 청소년은 가설을 설정하고 새로운 정보를 추론하
여 문제를 논리적으로 해결할 수 있다. 문제해결에 필요한 가설을 세우고
가설로부터 정보를 추출하여 문제해결에 필요한 가설과 정보들을 논리
적으로 조합하여 결론에 도달한다. 문제해결에 중요한 사실이나 개념들
을 모두 다루며 추론하는 정신적 조작 능력을 조합적 사고(combinational
thinking)라고 하며 이것은 형식적 조작 단계의 사고 특성이다.

형식적 조작 단계의 연역적 추리는 일반적이고 보편적인 사실에서 특
수한 사실을 추론하는 것으로 가설 · 명제 · 전제로부터 시작한다. 구체
적 조작 단계에서 연역적 추론의 전제는 지각이나 기억과 같은 사실적이
고 구체적 경험의 내용에 제한된다. 그러나 형식적 조작 단계의 연역적
추론은 경험과 관계없는 상징적 수준(symbolic level)의 가설로부터 결론
을 도출한다. 예를 들어, '전제조건이 A⊂B이고, B⊂C이며 C⊂A'인 집합
의 포함관계에서 A=B=C임을 증명하는 문제에서 전제조건은 경험과 무
관한 상징적(기호적) 가설이다. 이 문제를 해결하기 위해서는 제시된 전

제조건인 가설에 기초해 문제해결에 중요한 새로운 사실을 논리적으로 추론해야 한다. [그림 9-13]과 같이 가설로부터 도출한 사실과 내용을 모두 고려하며 논리적으로 추론하는 조합적 사고와 명제적 사고를 통해 결론을 추리하는 과정이 가설 연역적 추론이다. 명제적 사고(propositional thinking)는 진술하고 있는 명제들 간의 논리적 관계를 추론하기 때문에 명제 간(interpropositional) 사고라고도 한다. 반면에 구체적 조작 단계에서는 한 가지 명제에 대해 세부적 경험 사실을 통해 진술 내용의 진위를 밝힐 수 있는데, 이것을 '명제 내'(intrapropositional) 사고라고 한다. 명제 간 사고는 두 가지 이상의 명제, 즉 진술 간의 논리적 관계를 추론하는 형식적 추리 과정이며, 명제 내 사고는 단일한 명제 안에서 단계적인 실증을 통해 진위를 추론하는 구체적인 추리 과정이다.

이때, 언어는 가설 연역적 추론에서 중심적인 역할을 한다. 가설 연역적 추론은 전제에서 결론을 추론하기 위해 [그림 9-13]과 같이 필요한 정보 ①과 ②를 도출하는 능력은 언어의 정신적 표상에 의존한다. 언어를 통한 정신적 표상은 구체적 조작 단계의 정신적 표상과 달리 구체적인 경험이나 감각적인 지각이 필요하지 않다. 보편적 사실(전제: $A \subset B$, $B \subset C$)에서 특수한 사실($A \subset C$)을 밝혀내는 것은 오로지 언어를 통한 논리적 추리력이다. 마찬가지로 두 삼각형이 합동이라는 사실을 증명하기 위해 가위로 오려 겹쳐 보는 것이 아니라 합동의 조건(세 변의 길이, 두 변과 사이 각의 크기, 한 변과 양 각의 크기)을 논리적으로 추론해야 한다. 논리적 추리력은 구체적인 경험에 의존하지 않는다. 탐정소설의 셜록홈즈나 만화영화의 명탐정 코난이 범죄 상황에서 범인을 증명하는 근거를 논리적으로 추론하는 과정이 바로 이러한 논리적 추리 방식이다.

가설적 전제에서 결론을 추리하는 연역적 사고는 기하학에 잘 나타나 있다. 가령, '직각삼각형에서 직각을 이루고 있는 두 변의 길이가 각각 a, b이고, 빗변의 길이를 c일 때, $a^2+b^2=c^2$이다.'라는 Pythagoras의 정리로부터 중요한 새로운 정보들을 도출하여 문제를 해결하는 수학-논리적 사

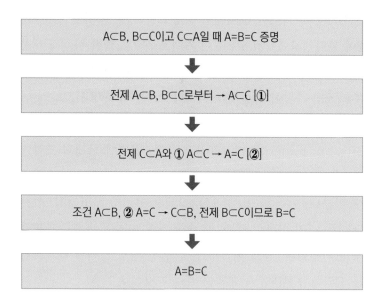

A⊂B, B⊂C이고 C⊂A일 때 A=B=C 증명

⬇

전제 A⊂B, B⊂C로부터 → A⊂C [①]

⬇

전제 C⊂A와 ① A⊂C → A=C [②]

⬇

조건 A⊂B, ② A=C → C⊂B, 전제 B⊂C이므로 B=C

⬇

A=B=C

그림 9-13 **수학의 가설 연역적 추론**

고(mathematical-logical thought)는 가설 연역적 추론(hypothetic-deductive reasoning)이다.

⑶ 귀납적 추리

귀납적 추리는 특수한 사실에서 일반적인 사실을 추론하는 사고 과정이다. 과학자가 가설을 세우고 체계적인 실험과 관찰을 통해 결과를 기록하고, 그 결과에서 과학의 법칙을 끌어내는 것이 귀납적 추론이다. 귀납적 사고는 과학적 사고이다. 물리학, 화학, 생물학, 지질학, 천문학, 심리학, 유전학 등 학문 분야의 연구 방법은 바로 이러한 귀납적 추론을 통해 법칙을 발견한다. 형식적 조작 단계의 과학적 사고의 중요한 특징은 동시에 여러 변인을 생각할 수 있는 조합적 사고(combinational reasoning)이다. 이 조합적 사고는 변인을 체계적으로 조합하면서 변인의 각 조합의 결과를 분석한다. 조합적 사고를 보여 주는 대표적인 예가 무색 액체의 혼합 실험이다. A, B, C, D의 4개 용기에 무색 액체가 들어 있는데, 노란색을 만들기 위해 각 용기의 액체를 혼합하는 문제이다. 여기서 조합적 사고는 노란색을 만들 수 있는 조합의 가능성을 체계적으로 생각한다. 따라서 [그림 9-14]와 같이 액체 혼합이 가능한 모든 조합을 고려하여 2개씩, 3개씩, 그리고 전부 혼합하는 11개의 조합을 모두 찾아낸다. 반면에 구체적 조작의 아동도 액체를 혼합하는 조합을 시도하나 비체계적인 방법으로 시행하기 때문에 우연하게 노란색을 만들더라도 모든 혼합의 조합을 시행하지는 못한다.

귀납적 사고는 가설을 설정하고 변인을 조작·관찰·측정하여 결과를 추론한다. 바람이 빠진 공을 난로 옆에 두면 공이 팽팽해지고, 찌그러진 탁구공에 따뜻한 물을 부으면 다시 원래의 상태가 된다. 또한 고속도로를 달린 자동차의 바퀴는 출발 전보다 팽창하였다. 그런데 공을 온도가 낮은

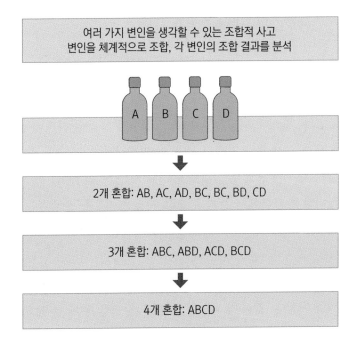

그림 9-14 **액체 혼합의 조합적 사고**

곳에 두면 다시 쭈그러들고 오랫동안 정차해 두면 자동차 바퀴가 원래 상태로 되돌아간다. 온도가 높아질수록 물체 내부에 있는 기체의 분자운동이 활발해져 기체의 부피가 팽창하고 용기가 받는 압력이 커지므로 공이나 타이어가 팽창하는 것이다. 반면에 온도가 낮아지면 분자운동이 느려지고 물체 내부의 압력이 낮아져서 공이 줄어든다. 이러한 관찰에 기초해 온도 변화와 기체 부피 변화의 관계를 밝힌 것이 Charles의 법칙이다. Charles은 온도의 상승이 기체의 부피를 증가시킨다는 가설을 설정하고 온도 변인과 부피 변인을 조작하고 추정했다. 부피 변화를 측정할 수 있는 실험 장치에 수소, 산소, 질소, 이산화탄소 등의 기체를 각각 넣고 온도의 변화를 시도하면서 부피의 변화를 측정한다. 이러한 체계적인 관찰을 통해 온도가 상승하면 기체의 분자운동이 활발해지고 압력이 커지므로 기체의 부피가 상승한다는 Charles의 법칙이 만들어졌다. 중·등교육 과정에 있는 Boyle의 법칙, Newton의 법칙, Ohm의 법칙 등은 이러한 귀납적 사고 과정을 통해 밝혀진 자연법칙이다.

(4) 반성적 추리

과학적 사고와 연역적 사고는 모두 반성적 추리(reflective reasoning)를 포함하고 있다. 반성적 사고는 구체적인 경험과 관찰의 한계에서 벗어나 제시된 유용한 정보에 근거해서 내적으로 추리하는 것이다. 즉, 연역적 추론을 통해 제시된 전제에서 새로운 정보(A⊂B, B⊂C에서 → A⊂C)를 끌어내거나 귀납적 추론에서 관찰을 통해 새로운 정보를 도출하는 것은 모두 반성적 사고이다. 반성적 추리는 사고 자체를 사고하기 때문에 '이차적 사고(secondary thought)'라고 하며 이것은 새로운 지식을 만든다.

Piaget에 따르면 대상 간의 관계를 유추하는 사고 과정은 반성적 사고를 통해 이루어진다. 강아지, 새, 털, 깃털은 경험을 통해 잘 알고 있는 일반적인 대상이지만 이것을 강아지와 털, 새와 깃털의 관계로 설명하는 사고 과정이다. 박쥐는 어두운 밤 숲 속을 날아다닐 때 초음파를 발사해 사물에 부딪혀 되돌아오는 반사 음파를 감지하여 장애물을 피해 다닌다. 이러한 원리를 전함과 잠수함의 관계에 유추하여 전함이 바닷속 잠수함을 탐지하는 수중음파탐지기를 발명하였다.

제10장

Vygotsky의 사회문화이론

학습목표

1. Vygotsky의 사회적 구성주의에 관해 설명할 수 있다.
2. 근접발달 영역의 개념에 대해 구체적 예시를 통해 설명할 수 있다.
3. 스캐폴딩에 관한 구체적 사례를 제시할 수 있다.
4. 내적 언어의 기능에 관해 사례를 들어 설명할 수 있다.
5. 구성주의 학습 방법의 공통적 특성을 기술할 수 있다.

주요 용어

사회문화이론, 사회적 구성주의, 근접발달 영역, 실재적 발달 영역, 잠재적 발달 영역, 스캐폴딩, 내적 언어, 혼잣말, 사적 언어, 공적 언어, 구성주의 학습 모형

 Lev Vygotsky(1896~1934)의 사회문화이론(socio-cultural theory)은 사회적 구성주의에 근거하고 있다. 사회적 구성주의에서 아동은 친구, 부모, 교사, 전문가 등의 사회적 환경과 상호작용하며 문제해결 과정에서 그들의 지속적인 참여와 도움으로 스스로 새로운 지식을 구성해 간다.

 Vygotsky의 사회문화이론에서 아동의 지적 발달은 사회·문화적 경험의 결과이며 부모, 형제, 또래, 교사 등 중요한 타인과의 능동적인 상호 교류 과정에서 이루어진다. 따라서 아동의 인지발달은 사회적·문화적·역사적 관점에서 이해되어야 하며 아동의 사고와 행동 양식의 차이는 사회·문화·역사적 차이라고 볼 수 있다. 사회문화이론은 사회적 환경과의 상호작용과 언어와 문화가 아동의 발달에 미치는 영향에 초점을 두고 있다.

 한국 문화에서 생활하는 아동과 몽골 유목문화의 아동은 각각 자신이 속한 문화에서 중요한 타인과 상호작용하며 각기 다른 언어, 사고와 행동 양식, 문화의 가치, 신념, 관습, 문제해결 방식 등을 배울 것이다. 그러므로 서로 다른 역사와 사회·문화적 환경을 가진 한국 아동과 몽골 유목민 아동은 동물에 관한 생각, 태도가 매우 다를 것이다. 가령, 한국 문화에서 개는 반려견으로 같은 공간에서 함께 지내면서 보호하고 관리해 주며 교감하는 대상이지만, 몽골 아동에게는 가축을 몰며 야생 동물의 습격으로부터 지키는 존재이다. 이렇듯 아동은 각기 다른 사회문화적 환경을 경험하면서 세상에 대한 지식, 관점, 태도 가치, 신념을 만들어 간다.

 사회문화이론에서 지식은 개인이 사회문화적 환경과 상호작용하면서 습득한 것이다. 아동은 사회문화적 맥락 속에서 부모, 가족, 또래, 선생님 등 중요한 타인과 상호작용하면서 가르침을 받고 안내된 경험을 통해 사고가 발달한다. 좀 더 유능한 타인과의 상호작용 과정에서 언어적 가르침이나 언어적 안내는 아동의 지적 성장에 중요한 역할을 한다. Catherine(1996)은 공동체 내에서의 대화가 더 나은 사고를 유발하기 때문에 학습자는 자기 생각을 공동체 구성원들에게 적극적으로 알리고 말할 책임이 있다고 했다(Fosnot, 1996).

Vygotsky의 사회문화이론에서 핵심적인 이론은 근접발달 영역, 비계설정, 내적 언어이다.

1. 근접발달 영역

Piaget와 Vygotsky는 아동이 지식을 습득하고 새로운 사실을 발견하는 과정에서 아동의 능동적인 참여자로서 해야 할 역할을 강조하며 환경과 상호작용하는 과정에서 아동은 지적 갈등을 해결하며 지적 발달을 이룬다고 본다. 그러나 Piaget와 Vygotsky는 아동이 지적 갈등을 해결하는 과정에 대해 다른 견해를 보인다. Piaget는 아동이 환경과 상호작용하며 겪는 내적인 지적 불균형을 해결하려는 평형화의 정신기능을 통해 스스로 능동적으로 해결한다고 설명한다. 반면에 Vygotsky는 아동의 주변에 있는 능숙한 부모, 교사, 전문가에게 가르침, 격려, 협조를 받아 지적 불균형을 더 잘 해결하고 새로운 지식을 구성할 수 있다는 것에 초점을 둔다. 따라서 아동의 지적 발달에 있어서 아동보다 유능한 성인, 또래, 선생님에게 안내받는 협동학습은 매우 중요하다. 이 협동학습을 통해 아동은 다른 사람과 의사소통을 하면서 가르침과 안내를 받으며 이를 내면화하여 자신이 아는 지식의 범위를 확장해 나간다. 강아지를 '반려견'의 이미지로 인식하고 있는 아동은 몽골의 유목민 가정에서 성장한 친구를 만나 이야기를 나누면서 강아지에 대한 새로운 인식을 접하며 지적 갈등을 경험하지만 이로 인해 새로운 관점을 가질 수 있다.

능숙한 협력자로의 언어적 가르침이나 또래 간의 협동학습이 아동의 지적 발달을 촉진하고 있음을 Vygotsky는 근접발달 영역(zone of proximal development)의 개념으로 설명하고 있다. 근접발달 영역은 독립적으로 문제를 해결하는 실제발달 수준(actual development level)과 교

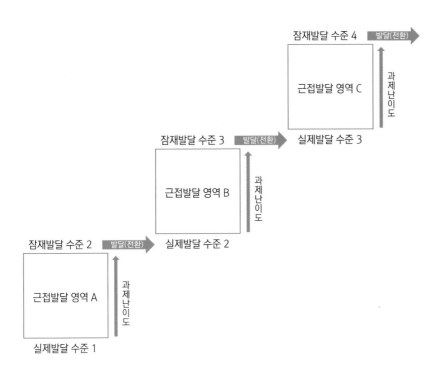

그림 10-1　근접발달 영역

사의 도움이나 더 능력 있는 동료와의 협동을 통해 학습자가 도달할 수 있는 잠재발달 수준(potential development level) 간의 거리이다(송선희, 2006).

　이 개념에 따르면 Vygotsky의 학습활동은 근접발달 영역의 잠재발달 수준을 실제발달 수준으로 전환되도록 돕는 것으로 학습에 필요한 정신적 구조가 필요한 것은 아니다(강인애, 2002). 이것은 아동의 인지구조에 따라 동화와 조절의 정신기능과 이 두 기능의 균형을 유지하려는 자기 규제적인 평형화의 정신기능을 통해 지식을 구성하는 Piaget의 견해와는 대조적이다. Piaget의 인지발달이론에서 아동은 인지구조 수준에 따라 외부 경험을 동화함으로써 자신만의 세상으로 만들며 외부 세계와의 심각한 불균형을 통해 새로운 경험에 대해 조절한다. 따라서 외부 환경과의 상호작용에서 아동의 실제적인 발달 수준, 즉 현재의 인지구조 수준에서 경험을 이해하고 해석하지만 새로운 경험을 자신의 인지구조로 이해할 수 없는 상황이 되면 인지구조를 변화시킨다. 아동이 사회적 환경과의 상호작용을 통해 지적인 발달을 이루지만 이 과정에서 아동의 인지발달 수준은 매우 중요한 역할을 한다.

Vygotsky는 아동의 현재 발달 수준보다 다음 수준으로의 발달을 촉진하는 것에 초점을 두고 있다. [그림 10-1]은 발달을 촉진하는 학습활동을 통해 근접발달 영역의 실제발달 수준이 잠재발달 수준으로 전환되는 과정을 보여 주고 있다. 실제발달 수준 1에 머무는 아동이 근접발달 영역 A의 각 과제 수행에서 부모나 선생님의 단계적인 도움을 통해 문제해결을 하고 지식을 확장해 가면서 근접발달 영역 A의 잠재발달 수준 2는 실제발달 수준 2로 전환된다.

Vygotsky는 전문성을 가진 어른이나 동료와의 협동학습이 아동에게 혼자 도달할 수 있는 발달 수준보다 더 높은 수준의 발달을 촉진한다고 설명한다. 가령 엄마와 아동이 공 던지며 잡는 놀이를 할 때 엄마가 던지는 공을 아동이 놓치기만 할 수 있다. 아동이 공을 잘 잡을 수 있을 때까지 공을 던지며 주고받는 것을 반복하기만 한다면 아동이 금방 흥미를 잃을 것이다. 엄마는 아동에게 뻗은 두 팔에 공이 닿는 순간 품 안으로 끌어안듯 잡는 방법을 알려 주고 '조금 더 힘 있게' '그래 바로 지금' '잘했어'라고 격려와 칭찬을 하며 다시 해 보도록 하면, 드디어 아동은 엄마가 던지는 공을 잘 받을 수 있다. [그림 10-2]에서 아동은 엄마와의 상호작용을 통해 공을 더 잘 받게 되었고 이 과정에서 습득한 공을 잡는 전략을 굴러오는 공이나 높게 날아오는 공 등을 잡는 단계로 발전시킬 수 있다.

근접발달 영역에서 성인, 교사, 전문가, 또래와의 상호작용은 학습자의 지적 성장을 촉진하는 중요한 요인이다. [그림 10-1]에서처럼 학습자가 도움 없이 혼자 도달할 수 있는 실제발달 수준은 협동학습의 과정을 통해 도움을 받음으로써 학습자의 근접발달 영역의 잠재발달 수준에 도달할

그림 10-2   엄마와 아동의 상호작용

수 있다. [그림 10-3]은 의사소통을 통한 또래와의 상호작용이 어떻게 개
인의 지식을 확장하는지를 보여 주는 간단한 사례이다. 그림에서 두 학습
자는 경험을 나누면서 무지개가 어떻게 만들어지는지에 대한 각자의 이
해를 어떻게 촉진하는지를 보여 준다(Kim, 2001).

그림 10-3   의사소통의 상호작용을 통한 지식 구성

2. 스캐폴딩

스캐폴딩(비계, scaffolding)은 아동의 지적 성장을 도와주고 발달을 촉진하기 위해 사회적 상호작용을 하는 방법이다. 본래 스캐폴딩은 건설 현장에서 작업자들이 발을 딛고 안전하게 작업할 수 있도록 만든 발판을 지칭하는 것으로, 건축물의 높이에 따라 이동되는 일시적인 지지대로 건물이 완성되면 제거된다. 학습활동에서의 스캐폴딩은 학습자가 문제를 스스로 잘 해결할 수 있도록 도움을 제공함으로써 학습자의 학습활동을 촉진하는 지지대, 발판의 역할을 하는 것을 의미한다. 스캐폴딩은 학습자보다 능숙한 사람들이 학습자의 학습활동을 지원하는 것으로 학습자가 문제해결 능력을 갖추게 되면 중단된다. 즉, 스캐폴딩은 학습자의 근접발달 영역 내 잠재발달 수준이 실재발달 수준으로 전환될 때까지 제공되는 일시적인 도움으로 학습자 수준에 따라 차별적으로 제공된다. 스캐폴딩은 능숙한 성인, 교사뿐 아니라 또래가 문제에 대한 설명이나 힌트 또는 질문을 하는 형태로 제시될 수 있다. 더 유능한 사람이 시범을 보여 주는 모델링, 그림이나 사진, 도표 제시의 간단한 스캐폴딩도 행동 수행이나 사고를 촉진할 수 있다. 학습을 촉진하는 스캐폴딩의 형태는 매우 다양하지만 중요한 것은 제공의 적절성이다. 너무 빨리 그리고 많은 학습지원이나 도움이 제공되면 학습자가 스캐폴딩을 의존하여 문제해결에 대한 자기 책임이 약해질 수 있다. 그뿐만 아니라, 스캐폴딩의 유형과 제공 방법은 교과목, 학습자, 학습환경에 따라 다르며 스캐폴딩을 통해 발전하는 학습자의 각 수행 수준에 따라 제공되어야 한다. 일반적으로 교과 학습활동에서 스캐폴딩을 제공할 때 교사나 능숙한 성인이 학습활동에 참여하는 정도와 도움을 제공하는 수준은 학습자의 수준에 따라 결정된다. 학습자의 수행 수준에 따라 더 많은 도움이 필요하기도 하고 약간의 참여와 도움이 제공되고 철회될 수도 있다. 가령, 공 잡기에서 어떤 아동은 몸의 자세, 팔의 동작, 다리 위치 등에 대한 세부적인 안내가 필요하지만 또 다른 아동은 팔 동작에 대한 정보만으로 충분할 수도 있다. 즉, 도움을 제공하는 사람은 학습자와 사회적 상호작용을 하면서 도움의 양과 질을 변화시켜야 한다. 아동에게 적절하게 제공되는 스캐폴딩은 근접발달 영역의 잠재발달 수준을 실제발달 수준으로 전환하도록 함으로써 발달을 촉진하는 중요한 역할을 한다.

1) 스캐폴딩의 특징

스캐폴딩은 학습자에게 제공되는 도움이며, 지적 발달의 도구로 학습자가 스스로 문제를 해결하며 다음 단계의 근접발달 영역으로 성장하도록 한다. 황순희(2021)는 스캐폴딩의 특징에 대해 유관성, 점진적 소거, 책임 전이로 요약하고 있다.

첫째, 유관성(contingency)은 스캐폴딩에서 제공되는 도움과 지원이 학습자의 과제 수행 과정과 변화에 따라 달라짐을 의미한다. 가령 교사가 제공하는 스캐폴딩은 개인 학습자의 학습활동 수준과 연관되어 있어야 하며 수행 수준에 따라 스캐폴딩 상황이 달라진다. 학습자에게 필요한 도움이나 지원은 과제 수행 수준과 속도에 따라 제공되는 학습자 맞춤형이어야 한다.

둘째, 점진적 소거(fading)는 '용암법'의 개념으로 행동주의 학습전략에서 소개했는데, 그 의미는 제공되고 있는 도움을 점진적으로 줄여 나가면서 최종적으로 도움 제공을 중단하는 것을 의미한다. 도움 제공을 중단하는 것은 학습자에게 더는 도움이 필요하지 않고 학습자 스스로 문제를 수행할 수 있는 능력을 갖추었기 때문이다. 학습자의 수행 능력이 향상되어 자기주도적으로 문제를 해결할 수 있는 범위와 역량이 증가함에 따라 도움의 양과 질도 변화해야 한다. 도움의 시작과 종료 그리고 어떤 도움이 적절한가는 앞서 설명했듯이 학습자의 학습활동과 관련한 여러 가지 특성에 따라 다르다.

셋째, 책임 전이(transfer of responsibility)는 제공되었던 도움이 중단되면 문제해결에 대한 책임은 오로지 학습자에게 있음을 의미한다. 학습활동에서 도움이나 지원을 제공하는 스캐폴딩은 학습자의 잠재 능력이 실재 능력으로 전환되는 것을 촉진하여 학습자가 스스로 문제를 해결할 수 있는 역량을 갖도록 돕는 것이다. 스캐폴딩에서 유능한 성인이나 교사가 조력자의 역할을 하면서 학습자의 수행에 일정 부분 책임을 담당하고 있지만, 최종적으로 과제 수행에 대한 책임은 학습자에게 있다.

2) 스캐폴딩의 구성요소

스캐폴딩을 구성하는 요소는 학자마다 다양한 관점을 제시하고 있다. Wood, Bruner와 Ross는 스캐폴딩의 구성요소로 참여 유도하기, 자유 정도 축소하기, 방향 유지하기, 좌절 조절하기, 중요한 특성 표시하기, 시범 보이기를 들었으며 Tharp와 Gallimore은 시범 보이기, 피드백 주기, 질문하기, 지속적인 관리, 안내하기, 인지적 구조화, 과제 구조화라고 하였다. 한편, Roehler과 Cantron은 설명 제공하기, 참여 유도하기, 이해 확정 및 명료화하기, 학생이 단서에 기여하기, 바람직한 행동 모델링 하기를 제시했다(한혜주, 2013). 이 외에도 교육목적, 교육 방향에 맞춰진 수업 설계 단계와 관련한 거시적인 스캐폴딩과 교사와 학생 간의 언어적 상호작용에서 나타나는 미시적인 스캐폴딩에 따라 다양한 요소를 제시하고 있다. 스캐폴딩은 수업의 방향, 과제의 난이도와 도움의 방향에 따라 포괄적으로 제시하기도 하고 암시, 질문, 설명, 힌트와 같이 구체적으로 제시되기도 하는데, 교육목적, 수업 목표와 방향, 과제 특성, 학습자의 발달 수준, 정서적 특성 등이 고려되어야 한다.

Berk와 Winsler(1995)가 제시한 발달을 촉진하는 스캐폴딩의 구성요소는 공동문제해결, 상호주관성, 따뜻함과 반응, 근접발달 영역에 머물기, 자기조절 증진하기의 다섯 가지이다(Berk & Winsler, 1995).

첫째, 공동문제해결은 학습활동에 참여하고 있는 구성원들이 함께 문제를 해결하기 위해 적극적으로 참여하는 것을 의미한다. 문제를 함께 해결하기 위해 학습활동에 참여하여 도움을 제공하는 성인, 교사, 또래와 지원을 받는 학습자가 공동으로 문제해결에 집중하고 몰입해야 한다. 스캐폴딩에서 학습자와 도움을 제공하는 사람은 문제해결을 위한 공동의 목표를 갖고 학습자가 문제를 스스로 해결할 수 있는 가장 적절한 지원을 해야 한다.

둘째, 상호주관성은 서로 다른 관점을 이해하고 학습활동에 참여하고 있는 구성원들이 문제해결에 대한 공동의 목표를 이루기 위해 상호작용하면서 공통된 의견을 찾아가는 것이다. 교사와 학습자, 또는 학습자와 또래 학습자 간 스캐폴딩에서 각 참여자는 상대방의 이해 수준과 관점에 맞추어 이야기를 나누며 협의하며 문제를 해결해 간다. 가령 교사는 학습자의 이해 수준에 맞춰 자신이 알고 있는 지식을 제공하면 학습자는 교사가 제공한 지식을 이해하고 활용할 것이다. 그리고 다시 교사는 자신이 제공한 정보를 학습자가 얼마나 잘 이해하고 문제에 접근하고 있는지를 살펴보면서 시점마다 적절한 스캐폴딩을 제공할 것이다. 즉, 상호주관성은 도움 제공자와 도움받는 학습자가 상호작용하면서 학습자 개인의 관점과 지식으로부터 공통된 의견을 얻기 위해 협의하고 타협하는 과정에서 관점을 확대하고 새로운 사고와 대안을 모색하는 것이다.

셋째, 따뜻함과 반응이다. 스캐폴딩 설정의 중요한 요소 가운데 하나는 사회적 상호작용의 정서적 분위기이다. 가령, 도움을 제공하는 교사의 격려와 지지는 학습자가 문제에 도전하고 적극적으로 참여하는 태도에 많은 영향을 준다. 스캐폴딩 설정 동안 학습자를 칭찬하고 수행에 대해 격려하고 기다려 주면서 적절한 시점에 필요한 도움을 제공해야 한다. 교사는 학습자가 문제를 해결하는 전 과정에 참여하면서 학습자의 요구와 필요를 세심하게 관찰하면서 지원을 해야 한다. 스캐폴딩 설정에서 교사와 학습자 간의 따뜻하고 상호협동적인 상호작용은 학습자의 학습동기 강화에 매우 중요하다.

넷째, 근접발달 영역에 머물게 하기이다. 스캐폴딩은 학습자가 계속해서 근접발달 영역에 머물 수 있도록 하는 것이다. 스캐폴딩을 통해 학습자는 자신의 실제발달 수준과 잠재발달 수준의 간극인 근접발달 영역에 있으면서 지적 갈등을 겪고 문제를 해결하려는 동기를 유발한다. 가령, 교사가 제공하는 도움은 학습자가 근접발달 영역에 있는 과제 수행에 적극적으로 참여하도록 동기화할 수 있어야 한다. 스캐폴딩의 목적은 학습자가 근접발달 영역의 과제를 잘 수행하여 다음 수준의 근접발달 영역으로 성장하도록 돕는 것이라고 할 수 있다. 역으로 스캐폴딩은 학습자가 근접발달 영역 내에 머물러 있을 때 필요한 것이다.

학습자가 근접발달 영역에 머물러 있도록 하는 두 가지 방법은, 우선 학습자가 도전할 만한 과제와 학습 상황을 제시하는 것이다. 학습자가 과제 수행하는 과정을 면밀하게 살펴보면서 부주의하다면 과제에 대해 좀 더 집중할 수 있도록 학습자의 관심 영역과 연결할 수도 있다. 또 이와 대조적으로 학습자가 과제 수행에 어려움을 겪으면 좀 더 세부적으로 단계적인 도움과 지원을 제공해야 한다. 다른 방법은 지원하는 도움의 양과 질을 학습자의 수준과 필요에 따라 적절하게 조절하는 것이다. 학습자가 문제를 수행하는 과정에서 도움과 지원이 요구되는 가장 적절한 순간을 포착하여 제공하며 학습자의 수준이 향상됨에 따라 도움도 감소해 나가야 한다. 교사와 학습자가 유기적으로 상호작용하는 과정에서 제공되는 학습자 맞춤 지원은 학습자가 근접발달 영역에 머물며 과제에 도전할 수 있도록 한다.

다섯째, 자기조절 증진하기이다. 스캐폴딩은 학습자의 잠재적 능력을 실재적 능력으로 전환하기 위한 것이다. 교사는 스캐폴딩 상황에서 학습자가 더 높은 수준의 지적 능력을 갖추게 됨에 따라 도움을 조정하며 감소시킨다. 학습활동에서 교사의 도움과 지원을 축소하며 결국에 완전히 중단하는 것은 학습자가 스스로 학습하며 문제를 해결할 수 있는 능력이 향상됨을 의미한다. 특히 언어적 스캐폴딩에서 교사의 거리두기 전략은 학습자의 문제해결 능력을 증진하는 방법이 된다.

Sigel은 거리두기 전략을 세 단계로 제시하고 있다.

첫째, 낮은 단계의 거리두기이다. 교사가 구체적인 사물이나 내용에 대해 언급하거나 질문을 하는 것이다. 가령, '이 곤충의 이름은 뭐지? 날개는 어디에 있지? 이 꽃은 혼자서 움직일 수 있을까?'와 같은 질문처럼 명료하게 진술하는 것이다. 학습내용에 대해 간단하고 명료한 안내를 통해 학습활동을 돕는다.

둘째, 보통 단계의 거리두기이다. 학습내용의 관련성을 언급함으로써 좀 더 상세하게 설명하는 것이다. '독수리와 비둘기의 발톱 모양이 어떻게 다르지? 그렇다면 물건을 힘껏 움켜잡을 수 있는 것은 어떤 발톱 모양일까? 독수리와 비둘기가 좋아하는 음식은 어떤 것들일까?'와 같이 대상들의 특성을 비교하고 관련성을 찾고 분류한다.

셋째, 높은 단계의 거리두기이다. 학습내용의 범위를 넘어서 생각을 확대하여 새로운 가설을 세우고 좀 더 정교하게 추론할 수 있도록 안내하는 것이다. 가령, '만약에 나비나 벌이 없다면 꽃에 무슨 일이 일어날까? 벌들이 사라지지 않게 하려면 우리가 할 수 있는 일은 무엇일까?' 등과 같이 단편적인 지식이나 정보의 범위를 넘어 가설을 세우고 추론하도록 한다.

이러한 세 단계의 거리두기는 학습자의 점진적 수준 변화에 따라 달라지겠지만 학습자의 능력이 발달함에 따라 과제 수행에 대한 자율성과 책임감을 증진시킨다.

3) 스캐폴딩의 유형

스캐폴딩은 과제의 특성과 유형, 학습자의 특성, 학습 상황에 따라 학습자의 학습활동에 도움을 제공하기 때문에 매우 다양하다. Schmidt와 Moust는 지식의 범주를 설명적 · 인과 관계적 지식, 절차적 · 전략적 지식, 선언적 · 서술적 지식, 개인적 · 주관적 · 규범적 지식으로 분류하고 이에 따라 문제 유형을 '현상을 이해하고 설명하는 문제' '어떠한 상황에 맞게 행동하는 방법과 전략을 탐구하는 문제' '사실 문제' '개인의 도덕적 딜레마 문제'로 구분했다(조연순, 2006). Schmidt와 Moust의 문제 유형에 따라 학습자의 학습활동을 지원한다면 각 문제 유형별로 스캐폴딩의 유형을 구분할 수 있다. 황순희(2021)는 스캐폴딩을 제공하는 목적, 주체, 방법, 형태 그리고 스캐폴딩의 내용 등의 기준에 따라 유형을 세분화할 수 있다고 했다. 간략하게 스캐폴딩의 내용 기준에 따라 구분하자면, 과제를 수행하는 데 직접적인 도움이 되는 특정한 정보를 제공하는 스캐폴딩과 지식을 확장하여 제시된 문제 상황에 대처하고 해결하는 과정에 필요한 정보를 제공하는 전략적 스캐폴딩으로 구분할 수 있다.

스캐폴딩은 교사, 전문가, 또는 능숙한 또래로부터 다양한 형태로 지원되는 도움 제공자와 도움 받는 학습자와의 상호작용 형태로 제공되며 그림, 사진, 영상, 컴퓨터, 앱, 책 등 다양한 도구를 통해 제공된다. 즉, 스캐폴딩의 형태가 매우 다양한 만큼 각 학자의 관점에 따라 유형을 구분하는 기준도 다양하다.

일반적으로 스캐폴딩은 언어적 수단, 신체적 수단 그리고 매체나 도구 등을 통해 매우 다양하게 제공된다. 특히 비대면 학습활동이 진행되는 요즘 상황에서는 스마트 기기, 멘티미터, 퀴즈앤, 패드릿과 같은 앱, 교과목과 관련한 소프트웨어 등의 IT 기술을 활용한 스캐폴딩이 자주 사용된다. 앞서 제시한 공을 받는 신체운동 학습활동에서는 신체 동작을 말로 설명하면서 시범을 보여 주는 언어와 신체적 스캐폴딩이 함께 사용되었다. 마찬가지로 설명, 질문, 힌트와 피드백 제공 그리고 시범 제시 등의 각 스캐폴딩이 독자적으로 또는 함께 제공되면서 학습자의 학습활동을 다양하게 지원할 수 있다.

다음은 분수의 개념을 이제 막 배우기 시작한 아동들에게 협동학습을 실시하면서 교사 또는 또래 간에 제공한 스캐폴딩을 통해 1과 1/4을 알게 되는 과정을 보여 주는 사례이다.

분수의 개념을 학습하는 산수 시간에 선생님이 제시한 문제를 4명의 아동이 함께 해결하도록 그룹을 구성하고 다음과 같은 과제를 주었다. 과제는 선생님이 준 초코파이 5개를 4명이 모두 똑같이 나눠 먹는 것이었다.

아동 1: 우리는 네 명인데 파이가 5개면 어떻게 똑같이 나누지?
아동 2: ……그래, 우리 숫자랑 안 맞아.

아동들은 사람 수와 파이의 수가 같지 않다는 것에 초점을 두고 불편함을 보였다. 그리고 여러 이야기를 나누더니, 한 아동이 다음과 같이 제안했다.

아동 3: 가만히 있어 봐, 먼저 우리가 4명이니까 하나씩 가지면?
아동 1: 그래도 하나가 남았잖아. 이건 어떻게 해?
아동 4: ……음, 하나가 남았으니까.
아동 3: 그럼 이것도 나누면 되지.
아동 2: 어떻게?
아동 2: 알았어, 이것을 똑같이 4개로 잘라서 나누면?
아동 3: 그래, 하나씩 더 가져가면 되네.

아동들은 선생님에게 파이를 정확하게 4등분으로 나누는 것을 도와달라고 했고 각자 한 조각씩 가져갔다.

선생님: 여러분은 파이를 어떻게 나눠 가져갔어요? 몇 개씩 가고 있나요?
아동들: 큰 파이 1개와 4개로 나눈 파이 1조각이요.
선생님: 큰 파이 하나와 4개로 나눈 작은 조각 파이 1개를 가져갔네요. 그럼 그것을 숫자로 표시해 볼까요.
          ……
아동 1: 그러니까, 큰 파이 1개와 조각 파이 1개.
아동 2: 큰 조각 1개씩 가졌고. ……작은 파이는 4조각에서 1개씩 가졌으니까. ……네 개 중 하나?
아동 4: 알았다! 1과 1/4.
아동들: 맞아, 그래.

3. 내적 언어

언어는 Vygotsky의 사회문화이론에서 사회적 협력을 끌어내는 중요한 수단이면서 아동의 지적 발달을 촉진하는 도구이다. 다양한 방법의 스캐폴딩이 가능하지만, 일반적으로 아동이나 학습자에게 유능한 성인, 부모, 교사가 제공하는 수단은 언어적 도움이나 지원이다. Vygotsky는 언어의 기능을 두 가지로 설명했는데, 첫째는 사회적 관계에서의 의사소통 수단으로 자기 생각을 타인에게 전달하거나 사회적 가치나 지식을 전달하는 공적인 언어(public speech)이며, 둘째는 혼잣말로 어떤 행동을 수행할 때 자신만이 들을 수 있는 작은 소리로 중얼거리는 사적 언어(private speech)이다. 혼잣말인 사적 언어는 자기 자신과의 대화 수단으로 행동을 자기조절하는 자신을 향한 언어인데, 이 사적 언어가 '안으로 숨어들어' 내적 언어(inner speech)가 되고 다음에 언어적 사고(verbal thinking)가 된다(Bodrova & Leong, 1996). 내적 언어는 Vygotsky의 사회문화이론에서 아동의 지적 발달을 설명하는 주요 개념으로 사용된다. 자기를 향한 내적 언어는 아동이 무엇인가를 수행하면서 중얼거리는 혼잣말로 행동 수행에서 자기통제의 수단이 된다.

흔히 어린 아동들은 무엇인가를 수행하는 동안 입술을 움직이며 다른 사람이 알아들을 수 없는 소리로 중얼거리며 혼잣말을 한다. Vygotsky는 아동의 이런 혼잣말이 자신과 대화하는 내적 언어(inner speech)이며 이 내적 언어가 아동의 문제해결 수행을 촉진한다고 본다. 가령, 블록 놀이에서 아동이 난처해하는 부분에서 엄마가 언어적 단서나 힌트로 도움을 제공하면 아동은 자신에게 지시하듯 "음…… 아, 이것하고…… 이것을 이렇게…… 맞추면"이라고 중얼거리면서 블록을 맞추려고 노력한다. Vygotsky의 사회문화이론에서는 아동이 다른 사람과 의사소통하는 사회적 언어뿐 아니라, 혼자 말하는 비사회적인 자기중심적인 언어도 매우 중요하다. Vygotsky는 아동의 내적 언어가 행동을 바르게 수행하고 문제를 좀 더 잘 해결할 수 있도록 도움으로써 지적 발달을 촉진할 수 있다고 강조한다. Piaget의 인지발달이론에서 아동의 비사회적인 혼잣말은 자기중심적 언어로 전조작 단계의 미성숙한 지적인 사고 특성을 나타낸다. 따라서 자기 자신에게 향한 혼잣말은 아동이 사회성이 발달하고 자기중심성에서 벗어난 지적 발달을 이룬 뒤에 사라지는데 자기중심적 언어가 아동의 행동 수행에 어떻게 영향을 주는지에 대해서는 설명하지 않는다. 즉, 아동의 혼잣말인 자기중심적 언어는 단지 자기중심적 사고로 해석될 뿐이다.

반면에 Vygotsky의 이론에서 아동의 자기중심적인 사적 언어는 자기지시적 말로 아동이 더 잘 수행할 수 있도록 행동을 규제하고 조정하는 수단으로 내적 언어가 된다. Luria(1979)는 아동에게 '일반적인 지시'를 했을 때와 '혼잣말'을 연습시켰을 때 아동의 행동 수행에 차이가 있음을 보여 주었다(Bodrova, 2001). [그림 10-4]에서 나선형 도형을 따라 선을 긋는 활동을 할 때 '선 밖으로 나가지 않게 그려 보세요.'라고 지시하면 아동들은 나선형의 굵은 선을 따라 그리는 것을 힘들어한다(A). 그러나 선생님이 '점선을 따라 천천히…… 그래, 잘하고 있어. 좀 더 천천히…… 점선을 따라…….'라고 혼잣말하며 나선형 도형을 따라 선을 그리는 것을 보여 주고 아동에게 혼잣말을 연습시키면 아동은 자기조절을 하며 잘 수행

(A) 아동이 혼자 그린 선   (B) 아동이 혼잣말을 통해 주기 조절하며 그린 선

그림 10-4 혼잣말과 행동 수행

한다(B). 세 명의 어린 아동이 달리기 경주를 하기 위해 출발선 앞에 서 있고 선생님이 '출발' 신호에 따라 동시에 출발하라고 지시하면 서로 엇박자가 생겨서 함께 출발하기 어렵다. "다 함께 하나, 둘까지 세면서 셋에 함께 출발하는 거야."라고 안내를 하고 숫자를 세는 시범을 보이면 아동들은 동시에 출발할 수 있다. 이러한 혼잣말이 아동의 행동 수행에만 도움이 되는 것은 아니다. 성인도 익숙하지 않은 낯선 일을 할 때 혼잣말을 하면서 좀 더 주의 깊게 수행하려고 노력한다. 익숙하지 않은 새로운 레시피로 샐러드를 만들 때 "당근부터 씻고…… 얇게 썰어서, 응, 이제 됐으니, 자, 그럼 소스를 만들어 볼까. 올리브 오일은 큰 수저로 3개, 하나, 둘, 셋, …… 그 다음에…… 홀 머스타드, 레몬식초, 그리고 또 뭐가 필요하더라…… 음, 단맛이 필요하니까. 소금은 조금…… 됐어, 이제 잘 섞으면…… 됐어."라고 혼잣말을 하면서 신중하게 만든다.

더 예민한 문제에 대해 민원을 제기할 때 담당 공무원과 긴장하지 않고 원활하게 소통하기 위해서 민원인은 전화 통화에 앞서 무슨 말부터 시작해야 할지, 그리고 이어서 해야 할 말은 무엇인지 생각하며 혼자 중얼거리며 연습할 수 있다. '업무 담당자를 확인하고…… 이름을 밝히고. 네, 다름 아니라, ~에 대한 의견서를 제출했는데 아직 회신이 오지 않아서 …… 〈내용 듣고〉 ……'와 같이 대화 순서나 내용을 미리 연습하기도 한다. 성인도 아동과 마찬가지로 다양한 상황에서 내적 언어를 통해 자기 행동을 규제하고 조정한다.

아동의 혼잣말은 단순히 낮은 지적 발달 수준의 자기중심성을 드러내는 것이 아니라 행동을 더 잘 수행하도록 함으로써 지적 발달을 촉진한다. 자기중심적인 사적 언어는 아동이 성장함에 따라 전체 문장에서 간단한 단어로 줄어들거나 입술로 중얼거리는 형태로 변화하지만, 사라지지는 않으며 일상생활을 조직하고 조정하는 인지적 자기안내 체계(cognitive self guidance system)로 기능한다(Shaffer, 1996).

4. 구성주의 교수-학습 모형

Vygotsky의 사회문화이론의 스캐폴딩은 구성주의 학습의 핵심적인 요소이다. 스캐폴딩은 학습활동에서 교사나 전문가, 동료가 학습자에게 일시적인 도움이나 지원을 제공하는 것이다. 구성주의 학습전략은 사회·문화적 맥락 속에서 학습자가 일시적인 도움을 받으며 함께 문제를 해결하는 과정에서 학습자 스스로 지식을 구성하고 문제해결 능력을 증진하는 것이다. 따라서 교사는 안내자로서 학습 과정에서 역할을 최소화하는 반면에 학습자는 학습 상황에서 실제적인 문제를 스스로 해결하며 지식을 구성하는 학습활동의 주체자가 된다. 사회적 상호작용을 통해 다양한 관점과 지식에 접하면서 견해와 사고를 확장하여 문제해결에 대한 새로운 의미와 대안을 모색하는 것은 학습자의 책임이자 의무이다. 이러한 학습자 중심의 구성주의 학습 모형은 인지적 도제학습(cognitive apprenticeship), 문제중심학습(problem based learning) 상호적 교수(reciprocal teaching), 상황학습(situated learning theory) 등이 있다. 다음은 인지적 도제학습(cognitive apprenticeship)과 문제중심학습(problem based learning) 모형에 대한 간략한 소개이다.

1) 인지적 도제학습

인지적 도제학습(cognitive apprenticeship)은 교사와 학생이 적극적으로 상호작용하면서 학습자 스스로 과제해결 관련 지식을 찾아 문제를 해결하는 학습활동이다. 인지적 도제학습에서 교사의 전문적인 지식과 문제해결 방법은 중요한 모델로 학습자들이 활용하고 내면화함으로써 학습자 스스로 새로운 문제해결 방법을 찾으며 좀 더 복잡하고 어려운 문제들을 단계적으로 해결해 간다. 이 학습활동에는 여섯 가지 요소를 포함하고 있다.

첫째, 교사가 과제 수행 과정에 관해 설명하고 시범을 보이는 모델링(modeling)이다. 모델링은 모델 행동에 대한 학습자의 관찰을 통해 학습이 발생하며 일상적인 생활환경에서 늘 일어나는 학습활동으로 다양한 방법으로 사용된다. 모델링 전략은 행동적 모델과 인지적 모델 전략이 있으며, 비교적 간단한 신체적 기술이나 기능과 같은 학습과제의 경우 행동적 모델링 전략을 사용한다. 학습활동에서 교사는 학습자가 수행해야 할 행동을 정확하고 단계적으로 시범을 보여 주고 학습자는 이를 주의 깊게 관찰한다. 구성주의 학습활동의 모델링이 문제해결에 접근하는 하나의 예시로 사용되는 것이다. 반면에 전통적 모델링의 목적은 모델로 제시된 행동을 학습하는 것에 있다. 또 다른 하나는 인지적 모델링 전략인데 교사, 유능한 학생, 전문가가 인지적 모델로서 학습활동을 수행하면서 발생하는 논리적 사고나 생각을 말로 표현하는 것이다. 이것은 학습자들이 문제를 해결하면서 어디에 주의하고 어떻게 논리적으로 해결하는지를 하나의 예시로 보여 줌으로써 관찰자인 학습자가 자기 생각과 논리를 스스로 통제하도록 한다. 사고 과정에 대해 언어로 표현하고 시연하는 것은 학습자가 자신의 사고 과정을 자기관찰함으로써 논리적 구조를 인식하도록 하기 위함이다. 그러나 시범을 보이면서 사고 과정에 대한 전문가의 인지적 모델링이 학습자들을 압도해서는 안 된다. 모델링의 목적은 학습자가 논리적 사고 과정의 정신적 모델을 구축하여 학습자 자신의 논리적 사고를 수행하는 것이다. 특히 인지적 모델링의 경우, 직접 관찰할 수 없는 인지적 사고 과정을 교사가 의도적으로 사용하는 것이므로 행동적 모델링보다 좀 더 정교하고 복잡한 계획이 우선되어야 한다. 또한 모델링을 제시하는 시기도 학습활동의 과제 성격에 따라 다른데, 과제와 함께 모델링이 제시되기도 하지만 학습자가 과제를 시도한 후에 제시될 수도 있다.

둘째, 학습자의 원활한 학습활동을 지원하는 코칭(coaching)과 스캐폴딩이다. 코칭은 학습자가 학습목표를 성취하도록 돕는 전 과정에서 다양한 방법으로 사용될 수 있다. 코칭은 동기를 유발하고, 학습 수행을 점검하고 피드백을 제공하고 정보를 제공하는 것으로 학습활동의 전 과정을 관리한다. 따라서 코칭은 정보 제공과 스캐폴딩을 포함해서 학습자의 과제 선택을 돕기도 하고, 수행 과정에 피드백을 제공하며, 학습자의 실제 학습 과정을 평가하고 문제를 진단한다. 또한 언어적 · 비언어적으로 학습자를 격려하고, 원활한 학습이 일어날 수 있도록 수업을 구조화하며 또는 학습자가 문제점을 극복할 수 있도록 학습자와 함께 작업하는 등 다양한 지원이 이루어진다. 즉, 학습활동의 시작부터 끝나는 시점까지 전체 학습활동을 지원하는 모든 역할이 코칭이라고 할 수 있다. 반면에 스캐폴딩은 건축현장에서 작업자들이 발을 딛고 일하는 발판과 같이 필요에 따라 이동할 수 있는 일시적인 지지대와 같이 학습자가 도움이나 지원을 필요로 할 때 제공하는 것이다. 스캐폴딩은 학습자가 스스로 해결할 수 있도록 교사와 학습자가 협동적으로 문제해결을 위해 노력하는 과정으로 점차 지원을 줄인다. 코칭은 학습활동 전반을 다루고 있는 반면, 스캐폴딩은 과제 수행에 초점을 두고 있어 코칭이 스캐폴딩보다 더 넓은 개념으로 사용된다고 할 수 있다.

셋째, 학습자의 지식과 문제해결 방법을 명확하게 설명하는 명료화 (articulation)이다. 명료화는 학습자 개인이 습득한 견해나 지식을 논리적으로 발표하거나 표현하는 것을 통해 이루어진다. 학습자 개인의 지식, 생각, 문제해결 과정을 언어로 표현하고 발표하는 집단 상호작용은 학습 경험을 명료화한다. 이러한 명료화 과정을 통해 팀원들은 그들의 이해와 생각을 정리하고 사고를 확장할 수 있다. 논의, 시연, 발표, 보고서를 비롯하여 학습자 활동자료의 교환 등 다양한 방법을 통해 학습 경험을 상호 교류하고 공유하는 것은 학습자의 지식과 이해를 명료화하는 방법이 된다.

넷째, 교사나 다른 학습자의 수행과 비교 분석하는 반성적 사고 (reflection)이다. 반성은 어떤 내용이나 주제에 대해 깊이 사고하는 것으로 지식, 정보, 학습 과정에 대한 통찰과 새로운 사고를 하도록 돕는다. 깊이 있는 반성과 통찰은 학습자가 개인적 또는 집단 성취와 결과를 이해하고 새로운 관점과 대안을 모색하고 생각할 기회를 얻음으로써 사고를 발전시킨다.

다섯째, 학습한 지식과 문제해결 방법을 새롭게 적용하여 문제해결에 접근하는 탐구(exploration)이다. 탐구활동은 코칭과 스캐폴딩이 학습자의 원활한 학습활동을 촉구하는 지원체제로 사용되기 때문에 지원체제가 소멸하는 과정에서 학습자의 능동적인 탐구활동이 일어난다. 그러나 지원체제가 완전히 소멸하여야 탐구활동이 일어나는 것은 아니며 탐구활동 중인 학습자가 심각한 오류에 빠지거나 탐구활동에 더 이상의 진전이 없을 때는 코칭과 스캐폴딩을 통해 탐구전략을 제공해야 한다. 교사의 중요한 역할은 학습자의 탐구활동을 동기화하는 데 필요한 코칭과 스캐폴딩을 제공하거나 제거하면서 학습자의 능동적이고 자율적인 학습활동을 격려하고 학습자가 학습에 대한 책임감을 인식하도록 하는 것이다.

2) 문제중심학습

문제중심학습(Problem Based Learning: PBL)은 의학적 지식과 정보가 실제 환자 문제를 효과적으로 해결하지 못하는 것에 대한 반성에서 시작한다. 수업 장면에서 실제로 환자 문제를 다루고 그것을 해결하는 훈련을 통해 문제해결 능력을 향상시키는 새로운 학습활동이 시도되었는데 그것이 Barrows의 문제중심학습이다. 따라서 문제중심학습은 정확한 답이나 분명한 결론에 도달할 수 있는 상황이 아닌 비구조화된 복잡한 문제상황을 제시하는 것에서 시작한다. 문제중심학습의 개념적 정의는 다양하지만, 일반적으로 '비구조화된 문제로 시작하여 문제해결 과정에 필요한 정보와 지식을 찾아내고 능동적으로 문제해결 능력을 개발하는 학습활동'이다.

문제중심학습 또는 문제기반학습은 학습자가 학습 문제를 인식하고 탐구하며 지식을 구성하는 학습 과정에 초점을 둔 학습자 중심의 학습활동으로 대학뿐 아니라 초·중·고등학교에서 많이 사용된다. 교수자의 일방적인 지식 전달과 사전에 계획한 학습활동 안내를 최소화하고 학습자들이 협력하며 과제를 수행하는 과정에서 학습자 각자의 지식과 정보, 문제해결 대안을 팀과 공유하면서 팀 구성원들이 더 높은 수준의 지적 능력을 학습할 수 있다. 팀을 이룬 학습자들이 문제해결의 목표를 공유하고 협동적인 학습활동을 하면서 새로운 사실을 발견하며 스스로 성장하는 학습자 중심의 학습활동이다. 교사는 팀에 제공하는 도움을 최소화하고 학습자들이 다양한 생각과 관점을 서로 나누고 공유하는 과정에서 새로운 지식을 구성하며 다양한 문제 접근과 대안을 탐구하도록 돕는다. 각 학습자의 다양한 생각이 협력 과정에서 상호 간에 제공되는 스캐폴딩으로 기능하며, 교사는 개입이 꼭 필요한 순간에 스캐폴딩을 제공한다. 이와 같은 문제중심학습의 특징을 요약·정리하면 다음과 같다. 첫째, 학습활동은 문제제시로부터 시작한다. 둘째, 학습자 중심의 학습활동으로 학습자가 주도적인 역할을 한다. 셋째, 교사는 학습자의 조력자, 촉진자, 안내자 역할을 한다. 넷째, 학습자의 지식과 정보를 상호 공유하며 문제해결의 전 과정에서 협력하는 소집단 협동학습이다. 다섯째, 새로운 지식과 관점을 통해 사고를 확장한다. 여섯째, 학습의 결과로 문제해결 능력이 향상한다.

초·중·고등학교와 대학의 다양한 교과목과 전공 분야에 문제중심학습 활동을 활용하고 있지만 중요한 것은 학습자가 주도적으로 지식을 활용하고 새로운 정보를 구성하며 다각적인 문제해결 접근을 모색할 수 있는 과제를 개발하는 것이다. 또한 학습자는 제시한 과제에 관심과 흥미, 문제해결에 대한 책임을 갖고 적극적으로 참여할 수 있어야 한다. 따라서 기존의 학습활동에서 제시하는 과제와 문제중심학습의 과제는 다를 수밖에 없다. 학습자의 자율적이며 주도적인 참여로 지식을 새롭게 구성하며 다양한 문제해결 대안을 탐색하도록 동기화하는 문제중심학습의 과제 특성을 살펴볼 필요가 있다. 조연순(2006)이 제시한 문제중심학습의 과제 특성을 세 가지로 요약하면 다음과 같다.

첫째, 실제적인 비구조화된 문제이다. 문제중심학습의 과제는 학습자가 현실에서 직면하게 될 가능성이 높은 실제 상황과 관련성이 실제적인 과제여야 하는데 실제적인 현실은 그렇지 않다. 기존의 학습 장면에서 다루었던 과제는 구조화되어 있으나 현실 속 문제는 매우 역동적이고 복잡할 가능성이 높다. 실제로 학습자가 직면하는 현실은 지식을 그대로 적용할 수 있는 잘 정리되고 구조화된 문제 상황보다는 모호하며 비구조화되어 있다. 비구조화된 문제는 정해진 해결 방법이 없으며 학습자의 지식, 관점에 따라 다른 결론을 얻을 수 있다. 따라서 학습자는 소수 집단과 협동학습을 하면서 다양한 지식과 관점을 접하고 문제해결을 위해 기존의 방법을 변형하고 새롭게 구성하여 다양한 문제해결 방법을 모색하면서 문제해결 능력을 발전시킨다.

둘째, 학습자의 요구와 특성을 고려한 문제이다. 문제중심학습에서 학습자는 각자 학습활동의 주체로서 자기주도적인 학습자이어야 한다. 학습자가 문제해결에 대한 강한 의욕과 책임감을 갖고 적극적으로 학습활동에 참여하려면 제시된 과제가 학습자에게 적절해야 한다. 학습자의 요구, 관심, 흥미뿐 아니라 사전 경험과 지적인 수준, 심리적·정서적 특성 등이 과제에 반영되어야 한다. 따라서 문제중심학습의 과제는 교사가 일방적으로 결정하는 것이 아니라 문제개발과 제시에 학습자가 참여해야 한다. 이것은 학습자가 학습활동의 과제를 자신의 문제로 인식하고 개인 활동과 팀 활동에 대해 책임감을 갖고 문제해결에 적극적인 노력을 하도록 한다. 이로써 학습자는 문제해결 과정에서 더 많이 질문을 하고 더 많은 정보를 제시하며 핵심요소들을 찾아내면서 팀 학습활동에 적극적으로 참여하기 위해 성실하게 개인학습을 해야 한다. 실제로 집단 학습이 효율적으로 진행되지 못하는 이유 중의 하나가 바로 여기에 있다. 그룹 활동을 하는 학습자들이 학습활동에 대해 개인적 책임을 덜 느끼면서 다른 학습자에게 의존하는 경향이 있다면 그룹 활동이 원활하게 진행되지 못한다.

　셋째, 교육과정에 기초한 문제이다. 문제중심학습의 과제가 실제적 맥락에서 학습자의 특성을 반영하고 있다고 해서 학교 교육과정의 교육 내용과 무관한 것은 아니다. 교육과정은 학교 교육에서 학습자가 학습해야 할 지식, 기능, 태도를 계열적으로 체계화하여 조직한 교육 내용이다. 교육 목표는 교육과정을 통해 학습자의 인지적 · 정의적 · 운동기능적 영역의 발달을 이루는 것인데 마찬가지로 문제중심학습의 목적도 학습자의 지적 · 정서적 · 기능적인 역량을 성장시키고 발달시키는 것이다. 즉, 문제중심학습에서 학습자에게 제시하는 과제는 학습자의 경험, 지식, 태도 등을 포함한 것으로 학교 교육과정의 내용과 관련되어 있어야 한다.

　학습자가 과제의 핵심을 인식하고 가설을 세우고 다각적인 문제해결을 모색하려면 관련 지식과 정보를 갖고 있어야 한다. 따라서 제시된 실제적인 비구조화된 문제는 학습자의 발달에 맞춰 체계적으로 계획된 교육과정의 내용을 반영할 수밖에 없다.

학습동기이론

"

　제5부 학습동기이론에서는 학습행동에 영향을 주는 동기 요인을 설명한다. 제11장 동기이론에서는 행동주의, 인본주의, 인지주의, 사회주의 심리학의 동기이론을 살펴본다. 제12장 학습동기에서는 학습행동에 초점을 둔 학습동기를 다룬다. 구체적으로 학업성취동기에 영향을 주는 목표설정이론, 불안과 실패로 인해 학습된 무기력, 교사와 부모의 기대 및 정서 반응 방법에 대해 살펴본다.

"

제11장

동기이론

학습목표

1. 내적 동기와 외적 동기를 구분할 수 있다
2. 행동주의 동기이론을 적용하여 학습자의 학습동기를 향상시킬 수 있다.
3. Maslow의 욕구위계를 설명할 수 있다.
4. 인지주의 동기이론들을 활용하여 자신의 학습동기 향상계획을 수립할 수 있다.
5. 자기효능감 발달에 긍정적 영향을 주는 교사의 역할을 설명할 수 있다.

주요 용어

내적 동기, 외적 동기, 행동주의 동기이론, Maslow의 욕구위계, 귀인이론, 기대이론, 자기결정
성, 자기효능감

Stephen Covey의 『성공하는 사람들의 7가지 습관』은 2017년에 출간 25주년을 기념하여 뉴에디션으로 발간하였다. 『성공하는 사람들의 7가지 습관』은 전 세계 40개국의 언어로 번역되어 3,000만 부 이상 판매되었고, 지금까지도 전미 베스트셀러 상위를 기록하고 있다. 이 책은 『포브스』가 선정한 20세기 가장 영향력 있는 경제경영 도서 Top 10으로 선정되었으며, 『포춘』에서 선정한 500대 초일류기업 가운데 460여 개 기업이 Covey 박사가 개발한 '성공하는 사람들의 7가지 습관 워크숍' 교육 프로그램을 도입하여 전 사원을 교육시키고 있다. 우리나라에서도 이 책은 리더십 개발 워크숍 과정으로 진행되어 청와대 경호실과 한국은행, 한국통신 등의 행정부와 공기업, 육군대학·육군본부·공군본부 등의 군대, 한국대학교육협의회·서강대학교 사회교육원 등의 교육기관, MBC·중앙일보 등의 언론기관, LG증권·대우인력개발원·삼성화재·SK그룹·현대인재개발원 등의 주요 기업에서 도입하여 개인뿐만 아니라 기업과 가정 내에서 놀라운 변화를 만들어 냈다. 특히 이 프로그램은 먼저 교육을 받은 사람이 다른 사람들에게 교육 이수를 권하는 감동적이고 효과가 높은 과정으로 유명하다.

대학에서 경영학을 가르치던 Covey는 1983년에 무한경쟁 속에서 서로 짓밟고 넘어뜨리는 현대 사회의 폐해를 기업과 조직에서부터 고쳐 나가자는 취지로 '코비 리더십 센터'를 만들었다. 단 2명의 직원으로 시작한 이 센터는 Covey의 리더십 프로그램에 담긴 독특한 철학이 세인들로부터 주목을 받으면서 확대에 확대를 거듭했으며, 『성공하는 사람들의 7가지 습관』 출간 이후 폭발적 팽창세에 들어섰다. 90년대 중반 시점에서 코비 리더십 센터는 700명의 직원이 연간 7천 8백만 달러의 매출을 올리는 대기업으로 성장했고, 그의 책은 세계적으로 1천 2백만 부가 팔렸으며, 그 자신도 한 번의 강연에 2만 6천 달러를 받는 국제적 컨설턴트가 되었다.

Covey의 성공은 무한경쟁 속에 서로 짓밟고 넘어뜨리는 현대 사회의 폐해를 지켜보면서 기업과 조직에서부터 고쳐 나가고 싶다는 생각에서 시작되었다. 이렇게 어떤 행동을 시작하고 유지하는 데는 특정한 이유나 원인이 있다. 행동을 일으키고 지속하는 이유나 원인을 동기라고 한다.

1. 동기의 개념

동기(motive)는 행동을 일으키고 유지하는 원인 또는 힘이다. 행동을 하게 된 계기와 그 행동을 지속하는 이유를 질문하는 것은 바로 행동의 '동기'를 알고자 하는 것이다. 가령 '대선에 출마한 계기가 무엇인가요?' '왜 직장을 그만두었을까?' '시험 기간이 아닌데도 뭐 때문에 저렇게 열심히 공부만 하지?' '많은 사람에게 선망의 대상이 되는 재벌가의 딸이 왜 자살을 했을까?' '오늘은 기분이 좋아 보이는데 무슨 좋은 일이 있나?' '왜 혼자 다니지?' 등의 질문은 행동의 동기를 묻는 것이다.

동기이론은 모든 행동에 원인과 이유가 있다고 본다. 주위의 관심과 주목을 얻기 위해 모범적인 행동을 하기도 하고 이와 반대로 이탈된 행동을 통해 관심을 얻으려고도 한다. 동기는 행동의 방향뿐 아니라 행동의 유지에 영향을 준다. 목이 마른 사람은 쉬는 시간에 음료수를 마실 것이고 피곤한 사람은 휴식을 취할 것이다. 또한 동기의 수준은 행동이 얼마나 오랫동안 지속되는가에 영향을 준다. 대학에 진학했지만, 학습행동이 얼마나 지속되는가는 배움에 대한 동기 수준에 달려 있다. 가령 배움에 대한 요구가 아주 강한 사람은 시험이나 평가와 관계없이 관심 분야에 대한 지적 탐구를 계속할 것이다. 근육질의 멋진 몸을 유일한 남성상으로 확신하는 사람은 장기간 하루도 빠짐없이 고된 운동과 식이조절을 할 만큼 동기 수준이 높을 것이다.

오로지 일등이 되기 위해 또는 명문대학에 입학하기 위해 공부를 하기도 하며, 많은 돈을 벌거나 이름을 알리기 위해 열심히 일을 하기도 한다.

어린 시절 우연한 기회에 드럼을 배운 것이 계기가 되어 드럼 전문 연주자로서의 길을 걷기도 하며, 학점을 이수하기 위해 아동보호시설에서 봉사 활동을 한 학생이 사회복지사의 꿈을 가지기도 한다. 발명가는 몇 년 동안 어떤 보상이나 대가를 받지 못해도 자신의 아이디어에 대한 연구를 포기하지 않는다. 사람마다 행동을 시작하게 된 계기와 그 행동을 지속하게 되는 이유는 다양하다.

보상, 인정, 승진, 일에 대한 만족, 성취, 가치관, 신념, 흥미, 호기심, 공포, 기대 등의 요인은 행동의 원인이 될 수 있다. 어떤 행동의 원인은 단순하지만, 어떤 원인은 복합적이어서 간단하게 설명하기 어렵다. 행동을 일으키는 요인은 매우 다양하고 복잡하지만, 개인의 내적 특성과 상황적 요인으로 분류해 볼 수 있다. 연극을 좋아해서 자주 공연을 관람하거나 시험불안 때문에 공부하기도 하지만, 과제를 하기 위해 연극 공연을 보거나 시험 때문에 심리학 공부를 하기도 한다. 전자의 경우처럼 연극에 대한 선호나 시험불안과 같이 개인의 내적 특성에 의해 행동이 동기화되는 것을 내적 동기(intrinsic motivation)라고 한다. 반면에 과제나 시험이라는 일시적인 외적 상황에 대해 행동이 동기화되는 것을 외적 동기(extrinsic motivation)라 한다.

1) 내적 동기

만화책을 읽거나 비디오를 보고 컴퓨터 게임을 하는 행동은 시키지 않아도 자주 쉽게 일어난다. 보상이 주어지지 않아도 학습자가 자주 선택하는 행동은 활동 자체가 즐겁거나 학습자의 관심과 흥미와 관련한 것이다. 음악에 대해 열정을 갖고 있는 사람은 끼니를 굶어 가며 낡은 지하실에서 연습하더라도 음악을 할 수 있는 것만으로도 행복하다고 말한다. 미술에 흥미를 갖고 있는 화가 지망생은 부모의 반대에 부딪혀도 그림 그리기에 열중한다. 미지의 세계에 대해 호기심이 강한 사람은 위험을 무릅쓰고 탐

그림 11-1 내적 동기에 따른 즐기는 행동

험을 계속한다.

행동을 유발하는 개인의 흥미, 관심, 호기심, 신념, 가치 등은 개인의 내면에서 발생하는 특성으로 내적 동기이다. 내적 동기는 개인적 흥미와 관심을 추구하면서 능력을 발휘하고 힘든 일에 도전하여 성취감을 얻으며 일을 완성하려는 경향이 있다. 내적으로 동기화된 사람은 외부에서 요구하거나 보상하지 않아도 일 자체의 즐거움 때문에 행동을 선택하고 수행하면서 성취감과 만족감을 얻는다.

2) 외적 동기

일 자체에 대한 만족이나 즐거움과 관계없이 일시적인 외적 상황 때문에 일어나는 행동도 많다. 부모의 인정이나 보상, 시험, 평가는 학습행동을 유발하고 유지하는 외적 상황이다. 보상, 사회적 지위와 명예, 타인의 요구나 압력과 같은 외적 상황이나 요인이 행동을 일으키는 것을 외적 동기라고 한다. 시험 때문에 공부하고 여름이 다가오면 다이어트를 시작하고, 여자 친구와 만나는 날에 옷을 멋있게 입는 것은 외적 동기의 예이다. 외적으로 동기화된 행동은 시험, 계절, 여자 친구와 같이 외적 상황과 요인에 초점이 맞춰져 있기 때문에 이 외적 요인이 사라지면 행동도 함께 사라질 가능성이 높다.

그러나 실제로 행동을 내적 동기 또는 외적 동기로 완전히 구분하기는 어렵다. 대부분의 행동은 내적 동기와 외적 동기의 연속선상에 있으며 부분적으로 동시에 영향을 준다. 부모의 권유로 바이올린을 시작했지만 열정적인 바이올린 연주자로 활동하는 것은 외적 동기(부모의 권유)가 내적 동기(열정, 만족)로 내면화된 것이다.

따라서 모든 행동이나 활동이 내적 동기에 의해서만 시작되는 것은

표 11-1　내적 동기와 외적 동기 요인

외적 동기 요인	내적 동기 요인
환경과 주변인의 특성	성격 특성
강화	과거 경험
보상	요구, 선호 가치
피드백	목적지향
유인	불안 수준
외부의 기대	자아개념과 자아존중감
목표와 기준	기대와 귀인
내적 요인을 자극하는 사건	자기효능감과 통제의 소재
	성공과 실패에 대한 기대
	호기심과 관심
	자기강화

아니며 행동을 유발한 외적 동기는 내적 동기로 변화할 수 있다. 〈표 11-1〉은 내적 동기와 외적 동기 요인을 비교한 것이다.

3) 내적 동기와 외적 동기의 차이

학습활동에서 내적 동기와 외적 동기 모두 중요하지만 내적 동기에 의한 학습활동은 적극적이며 오래 지속되고 다시 반복될 가능성이 높다. 모든 학습활동이 내적 동기에 의해서만 일어나는 것이 아니기 때문에 보상과 같은 외적 자극을 통해 학습행동을 동기화하여야 한다. 외적 동기에 의해 학습자가 성공적인 학습활동을 경험하고 관심과 흥미를 갖게 되면 다음 학습활동을 내적으로 동기화할 수 있다.

외적 동기는 학습활동을 동기화하는 데 중요한 역할을 하지만 보상, 인정, 평가와 같은 외적 보상으로 동기화한 학습활동은 보상이 사라지면 유지하기 어렵다. 또한 반복해서 외적으로 동기화하는 것은 학습자의 내적 관심이나 호기심을 약화할 수 있다. 그렇지만 외적 동기가 언제나 내적 동기를 약화하는 것은 아니다. 가령 훌륭한 업적을 이룬 과학자나 예술성

에 대해 수상 경력을 갖고 있는 예술가에게 더 이상 주위의 찬사와 관심
이 주어지지 않더라도 연구활동과 예술활동에 대한 그들의 열정은 사라
지지 않는다. 학습자가 학습활동에 전혀 흥미를 갖고 있지 않을 때 학습
자의 성공적인 성취에 대해 적절한 보상이 주어진다면 학습자의 내적 동
기가 증가할 수 있다. 부모의 권유로 골프를 시작했지만 골프가 인생의
가장 중요한 의미가 되어, 좌절을 극복하고 고된 훈련과 연습을 이겨 내
기도 한다.

외적 동기 요인은 행동을 동기화하는 기능뿐 아니라 내적 동기를 강화
하는 기능도 한다. 처음에는 가산점을 받기 위해 사이버 강의 자료실에
참여했지만 점점 내용에 흥미를 갖게 되어 적극적인 탐구활동을 할 수 있
다. 학습활동에 있어서 외적 동기도 중요한 역할을 하지만, 학습의 요구
나 흥미, 관심, 필요에 의해 동기화한 학습활동은 일반적으로 외적으로
동기화한 학습행동보다 더 오래 유지된다.

한편, 학습자의 내적 흥미를 통해 동기화한 학습활동을 자주 외적으로
보상하면 내적 동기는 약화될 가능성이 높다. 가령 승리를 계속하며 사
회적 관심을 받던 운동선수가 한 번의 패배에 좌절하여 훈련을 회피하는
경우도 있다. 학습자의 우수한 학습활동 결과에 대해 '똑똑하다' '머리가
좋다'와 같은 평가는 학습활동 자체의 관심과 즐거움을 떨어뜨리고 타인
의 좋은 평가에 목적을 두고 학습활동을 동기화할 가능성이 높다. 따라서
'얼마나 재미있었니?' '무엇을 배웠니?' '노력의 좋은 결과에 대한 기분이
어땠어?'와 같이 학습의 즐거움, 학습내용, 성취감의 내적 동기에 초점을
두는 것이 중요하다.

2. 동기이론의 개요

행동의 이유와 원인을 설명하는 동기이론 가운데 행동주의, 인본주

표 11-2 동기이론

구분	행동주의	인본주의	인지주의	사회학습이론
동기의 근원	외적 강화 보상, 인정, 유인가	내적 강화 지식, 미 추구, 자아실현	내적 강화 신념, 성공과 실패에 대한 귀인, 기대	내·외적 강화 목표에 도달할 수 있는 능력에 대한 기대
주요 이론	S-R, R-S	Maslow의 욕구위계	귀인이론 기대이론	자기효능감

의, 인지주의, 사회학습이론의 네 가지 견해를 간략하게 소개한다. 〈표 11-2〉는 행동주의, 인본주의, 인지주의, 사회학습이론의 동기이론을 비교 설명한 것이다.

1) 행동주의 동기이론

행동주의 동기이론은 과거에 처벌을 받거나 보상을 받지 못한 행동보다 보상을 받은 행동이 더 쉽게 반복된다는 원리에 기초한다. 행동의 결과로 얻은 보상, 칭찬, 인정은 이후에 그 행동을 유발하는 힘이 된다. 학습행동의 결과로 얻은 좋은 성적, 부모나 교사의 칭찬은 다음 학습행동을 동기화하지만 낮은 성적은 학습행동을 동기화하지 못한다. 또한 낮은 성취에 대한 교사의 처벌, 부모의 비난, 친구의 무시는 오히려 학습행동의 회피를 동기화할 것이다. 즉, 행동 결과에 따른 변별 자극에 대한 경험이 행동을 동기화하기 때문에 보상을 얻기 위해 또는 처벌을 피하기 위해 행동이 유발된다.

그러나 보상에 대한 경험이 언제나 행동을 유발하는 것은 아니

그림 11-2 운동에서의 동기화 요인

다. 보상이 개인의 기대 수준에 미치지 못하면 보상받은 행동이 다시 나타날 가능성은 낮아진다. 예를 들어, A학점을 기대하고 시험공부를 했다면 B학점으로는 다음 학습행동을 동기화하기 어렵다. 심부름 대가로 5,000원 정도를 받을 것으로 생각했는데 1,000원을 받았다면 이 보상은 심부름 행동을 유발하는 동기 요인으로 작용하지 않을 것이다. 이와 마찬가지로 지각에 대한 처벌이 학습자가 생각한 수준보다 가볍다면 지각 중단의 결과를 가져오지 못한다. 행동에 대한 보상과 처벌은 적절할 때만 동기 요인이 될 수 있다. 행동을 유발하거나 감소하는 외적 자극이 적절한 수준으로 제시될 때 외적 자극이 행동을 동기화한다. 행동 발생과 유지에 영향을 주는 의미 있는 자극의 종류와 크기는 개인에 따라 다르다.

성적은 학습행동을 동기화하는 중요한 외적 요인으로, 좋은 학점은 이후의 학습행동을 더욱 동기화한다. 그러나 성적에 대한 개인의 의미 부여 정도에 따라 동기의 요인으로 작용할 수도 있고 그렇지 못할 수도 있다. 좋은 성적에 대한 개인의 기준이 다를 수 있기 때문에 100점을 기대한 학생에게 90점이란 점수는 학습행동을 동기화하지 못할 수도 있다.

2) 인본주의 동기이론

Maslow를 비롯해서 인본주의자는 욕구를 충족하기 위해 행동이 동기화된다고 설명한다. 인본주의에 따르면 인간의 욕구는 위계적으로 배열되어 있고 위계적인 욕구를 충족하기 위해 행동이 발생한다. 욕구의 위계에 따라 하위 수준의 욕구가 충족되어야 상위 수준의 새로운 욕구가 발생한다. 즉, 인간의 생득적인 욕구 체계가 행동의 방향과 지속성(강도)을 결정한다.

[그림 11-3]은 Maslow의 욕구위계를 나타낸다. 욕구의 위계에서 하위 수준에 있는 생리적 욕구, 안전에 대한 욕구, 사랑과 소속에 대한 욕구, 존중의 욕구는 반드시 충족하여야 하는 기본적인 욕구이다. 이 위계에 따

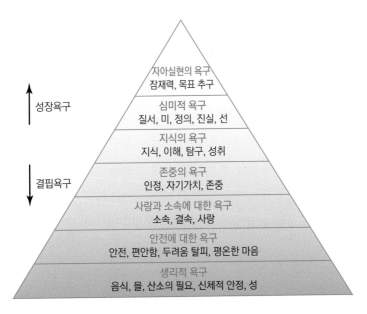

그림 11-3 Maslow의 욕구위계

르면 음식, 물, 수면, 체온 유지 등 생존에 필요한 생리적 욕구를 우선 충족하여야 하고 이 욕구를 충족하면 위험에서 보호를 받고 편안함을 추구하는 안전에 대한 욕구가 발생한다. 주택 마련, 안정된 직장, 저축, 보험 등은 안전에 대한 욕구에 의해 동기화된 행동이라고 볼 수 있다. 배고프고 목마르다면 존중에 대한 욕구보다 우선 생리적 욕구가 더 강하게 표현될 것이고 배고픔, 목마름, 추위에서 벗어나고 더 이상 위험하지 않을 때 존중에 대한 욕구가 발생한다.

욕구의 위계에 제시되어 있는 일곱 가지 욕구는 결핍욕구와 성장욕구로 구분된다. 결핍욕구는 생리적 만족, 안전, 사랑, 존중의 욕구로 신체적 · 심리적 행복과 안정에 관련되어 있다. 결핍욕구는 반드시 충족하여야 하고 일단 충족하면 이 욕구에 의한 동기는 약해진다. 반면에 성장욕구인 지식의 욕구, 심미적 욕구, 자아실현의 욕구는 결핍욕구와 달리 완전하게 충족하지 못한다. 알고자 하는 지식의 욕구를 충족할수록 여전히 더 많은 지식을 얻고자 하는 욕구가 생긴다. 욕구의 위계 가운데 가장 상위 수준에 있는 자아실현의 욕구는 자신의 잠재력을 실현하고 자기다움을 갖추려는 바람이다. 자아실현의 욕구는 현실에 대한 인식, 자신과 타인에 대한 수용, 문제중심적, 자발성, 독립과 자립, 창의성, 자유, 유머 등의 특징을 보이며 정신적으로 건강하고 성숙된 상태를 의미한다. Maslow(1943)에 따르면 사람은 자아실현의 욕구에 따라 스스로 성장하고 발전하는 방향의 행동을 선택하고 잠재 능력을 표출한다. 실제로 자아실현을 달성한 사람은 1%도 되지 않지만, 자아실현은 끊임없이 지향되는 욕구로서 개인의 성장에 도움이 되는 행동을 선택하고 유지하는 동기의 요인이 된다.

그러나 욕구가 언제나 Maslow의 욕구위계에 따라 일어나는 것은 아니다. 욕구의 중요성은 개인이나 상황에 따라 달라질 수 있다. 자아실현에 대한 욕구가 강한 사람은 생리적 안전에 대한 욕구를 무시할 수 있으며, 물질적 안전에 대한 욕구는 강하게 발생하지만 자아실현에 대한 욕구는 약하거나 발생하지 않을 수도 있다. 예를 들어, 물에 대한 욕구는 평상시보다 장거리 달리기를 할 때 더 중요하고 강하게 표현된다.

3) 인지주의 동기이론

동기를 사건이나 상황에 대한 개인의 해석에 초점을 두고 내적 동기를 강조하는 인지주의의 대표적인 동기이론으로는 Weiner(1980, 1985)의 귀인이론, Edwards(1954)와 Atkinson(1964)의 기대이론, Deci와 Ryan(1985)의 자기결정성이론이 있다.

(1) 귀인이론

귀인이론은 행동에 대한 개인의 해석에 따라 행동의 동기화가 달라짐을 설명한다. 가령 어떤 남학생이 여학생에게 초콜릿을 주었는데 그 여학생이 미소를 지으며 그 선물을 받았다고 하자. 이 남학생은 그 여학생이 자신에게 호감이 있어서 초콜릿을 받았다고 생각할지도 모른다. 그런데 사실 이 여학생은 남학생에게 호감을 갖고 있지 않지만 남학생의 체면을 생각해서 거절하지 않았을 수도 있다. 어쨌든 여학생이 선물을 받은 이유를 호감으로 생각하는 사람과 단순한 예의였다고 생각하는 사람의 그 이후 행동을 살펴보면 분명 차이가 있을 것이다.

귀인(attribution)이란 행동의 원인을 추론하는 과정으로 성공과 실패의 원인을 어디에 두느냐는 것이다. 귀인이론은 성공과 실패의 원인을 귀인하는 귀인 요인에 따라 행동의 동기가 달라짐을 설명한다.

① 귀인의 세 가지 차원

성공이나 실패를 귀인하는 요인은 세 차원으로 분류된다.

첫째, 소재(locos) 차원으로 성공과 실패의 원인을 어디에서 찾는가이다. 즉, 성공과 실패의 원인을 개인의 내부 또는 외부에 귀인하는 것이다. 내적 귀인(internal attribution)은 행위 당사자의 성격, 태도, 능력, 노력 등 개인의 내적 특성(내부)에서 성공과 실패의 원인을 찾는다. 외적 귀인(external attribution)이란 환경, 운, 타인, 압력, 과제의 난이도와 같은 상황적 요인(외부)에 귀인하는 것이다. 우수한 학업성취의 귀인을 노력과 능력에 돌리는 것은 내적 귀인이며, 좋은 운과 쉬운 시험문제 때문이라고 여기는 것은 외적 귀인이다. 우수한 학업성취를 개인의 내적 요인에 귀인하면 자신감이 증가하고 학습행동은 더 잘 동기화될 것이다. 반면에 운이나 과제 수준 때문에 좋은 성적을 받았다고 생각하면 학습행동은 동기화되지 않는다.

둘째, 안정성(stability) 차원으로 성공과 실패의 원인으로 두는 것이 안정적인가 아니면 변하는가와 관련된다. 능력이나 과제의 난이도는 비교적 안정적 요인이지만 노력이나 운은 변할 수 있는 요인이다. 성공을 예측할 수 없는 '운'에 귀인하면 다음 기회의 성공 가능성을 기대하지 않기 때문에 행동이 동기화되지 않을 수 있다. 또한 낮은 성적의 원인을 쉽게 바뀌지 않는 '능력'에 귀인한다면 마찬가지로 학습행동이 동기화되기 어렵다. 반면, 실패를 변화할 수 있는 '노력'에 귀인하면 실패를 극복하기 위한 '노력' 행동이 동기화된다.

셋째, 통제 가능성(controllability) 차원으로 성공과 실패의 원인을 개인이 조절할 수 있는가의 문제이다. 성공과 실패의 원인에 대한 통제 가능성은 자신감과 행동의 동기 증진과 관계가 있다. 우수한 학업 결과를 자신의 노력에 귀인하면 미래의 좋은 결과에 대한 기대와 자신감이 생기고 학습행동을 더욱 잘 동기화할 것이다. 그러나 개인이 통제할 수 없는 행운이나 쉬운 난이도에 귀인한다면 우수한 성취에 대한 기대나 자신감도 낮을 것이고 학습행동은 동기화되기 어렵다.

〈표 11-3〉은 귀인의 요인을 귀인의 소재, 안정성, 통제 가능성 차원으로 분류하고 그에 대한 예를 제시한 것이다.

표 11-3 귀인 요인의 차원 분류

차원 분류			귀인 내용
소재	안정성	통제성	
내적	안정	통제 불능	능력 '나는 능력이 부족해'
		통제 가능	성격 '게을러서 공부계획을 실천하지 못 해'
	불안정	통제 불능	건강 '몸이 약해서 공부하기 힘들어'
		통제 가능	노력 '시험 준비를 못 했어'
외적	안정	통제 불능	평가 기준 '과제가 너무 많아'
		통제 가능	교사의 태도 '교사의 편견이 심해'
	불안정	통제 불능	운 '시험 운이 없었어'
		통제 가능	교수방법 '단 한 번 설명했어'

② 통제 가능성과 동기화

귀인이론에서 성공과 실패를 어디에 귀인하느냐는 기대와 자신감 그리고 행동의 동기와 관계가 있다. 가령 Bill Gates의 재력이 그가 노력한 결과라고 생각하는 사람은 노력을 통해 부자가 될 수 있다는 자신감과 기대를 갖고 경제목표와 실천계획을 설계할 것이다. 그러나 재력 있는 부모나 좋은 운이 뒤따라서 Bill Gates가 엄청난 부를 누릴 수 있었다고 생각하는 사람은 부모나 운은 선택의 문제가 아니기 때문에 부자가 되기 위한 노력을 포기할 것이다.

성공이나 실패의 원인을 개인이 통제할 수 있는 내적 요인에 귀인한다면 행동이 동기화될 가능성이 높다. 그러나 내적 귀인을 모두 개인이 통제할 수 있는 것은 아니다. 가령 '능력'은 내적 요인이지만 단숨에 변화되는 것이 아니기 때문에 개인이 통제하기 어려운 반면에, '노력'은 내적 요인이면서 결심에 따라 증감할 수 있기 때문에 개인의 통제 안에 있다. 마찬가지로 성공과 실패를 개인이 통제할 수 없는 외적 상황의 탓으로 돌린다면 행동이 동기화될 가능성은 낮다.

2006년에 방영된 EBS 다큐 〈동기〉 편을 보면, 중학교 수영실기 시간에 학습자들이 통제 가능한 요인에 귀인하는 것과 통제 불가능한 요인에 귀인하는 것이 다음 수영기록에 어떻게 영향을 주는가를 실험했다. 20m를 20초에 통과하는 테스트였는데 실패를 어디에 귀인하는가를 알아보기 위해 실제 기록보다 2초 늦은 거짓 기록을 알려 주었다. 그리고 학습자에게 평소 기록보다 저조한 기록의 실패 원인이 어디에 있는지 찾아보도록 지시했다. 9명의 대상자 가운데 6명은 능력 부족으로 귀인했고 3명은 노력 부족으로 귀인했다. 그리고 다시 도전할 기회를 주고 기록을 측정하였는데 〈표 11-4〉와 같이 유의한 결과가 나왔다. 능력 부족으로 귀인한 6명의 학생 가운데 4명의 기록은 그들의 평소 기록보다 더 저조했고 동일한 기록이 1명, 향상한 기록이 1명이었다. 이에 반해 실패를 노력 부족에 귀인한 3명 가운데 2명의 수영기록이 향상하였다.

표 11-4 귀인 요인에 따른 기록 변화

이름	실패 원인	기록 변화
A	노력	0.6초 단축 ↑
B	노력	0.2초 단축 ↑
C	노력	0.7초 증가 ↓
D	능력	0.4초 단축 ↑
E	능력	–
F	능력	0.8초 증가 ↓
G	능력	0.8초 증가 ↓
H	능력	0.5초 증가 ↓
I	능력	3초 증가 ↓

성공과 실패에 대한 귀인 요인이 개인의 통제 안에 있는지 아니면 통제 밖에 있는지의 문제는 동기화와 밀접한 관계가 있다. 〈표 11-5〉는 성공과 실패의 귀인 요인을 귀인소재 차원, 안정·불안정 차원, 통제 가능·불능 차원으로 분류한 것이다. 능력과 노력은 개인의 내적 차원이지만, 능력은 안정적이며 쉽게 변하기 어렵기 때문에 통제 불능이고, 노력은 그 증가가 쉽게 일어날 수 있기 때문에 통제가 가능하다. 외적 요인인 과제 난이도와 운의 경우, 과제 난이도는 운에 비해 비교적 안정적이고 운은 불안정하지만 두 요인 모두 개인의 통제 밖에 있다.

성공적인 학업성취를 내적-안정적 요인인 능력이나 내적-불안정 요인인 노력에 귀인한다면 학습행동을 동기화할 가능성이 높다. 반면에 학업의 실패를 내적-안정적 요인인 능력의 부족에 귀인하면 능력은 통제가 어렵기 때문에 학습행동을 동기화하기 어렵다. 한편, 학업실패를 내적-불안정 요인인 노력의 부족에 귀인한다면 노력은 통제 가능하기 때문에 학습행동을 동기화할 가능성이 높다.

또한 학업의 성공과 실패를 상황적 요인에 귀인하면 외적 통제가 안정

표 11-5 성공과 실패의 귀인의 소재와 통제 가능성 여부

안정성 귀인소재		안정	변화
내적 귀인 (부분통제)	성공	능력 ('나는 똑똑하다')	노력 ('나는 열심히 준비했어')
	실패	능력 ('나는 둔하다')	노력 ('나는 노력이 부족했어')
외적 귀인 (통제 불능)	성공	문제의 난이도 ('문제가 쉬웠어')	운 ('재수가 좋았어')
	실패	문제의 난이도 ('문제가 너무 어려웠어')	운 ('재수가 없었어')

이든 불안정이든 간에 개인의 통제 범위 밖에 있기 때문에 행동을 동기화할 가능성이 낮다. 좋은 성적을 운이나 교사의 배려와 같은 외적 요인에 귀인하는 학생은 열심히 노력하지 않을 것이다.

그런데 성공과 실패를 내적 또는 외적 요인의 어느 한 방향으로만 귀인할 수 있는 것은 아니다. 귀인에서 중요한 문제는 지나치게 확대하여 어느 한 요인에 귀인하는 귀인편향의 경향이다. 성공이나 실패의 원인을 설명할 때 상황의 영향을 과소평가하고 개인의 내적 특성의 영향을 과대평가하는 경향이 있다. 가령 자신의 높은 학업성취는 자신의 능력에 귀인하지만 친구가 장학금을 받는 것과 같은 타인의 성취에 대해서는 친구의 능력이 아닌 운에 귀인하는 경향이다.

③ 귀인에 영향을 주는 요인

귀인에 영향을 주는 요인은 네 가지로 정리할 수 있다.

첫째, 과거의 성공과 실패에 대한 경험이다. 성공과 실패를 어디에 귀인하느냐는 이전 경험의 영향을 받는다. 과거에 노력을 통해 성공적인 학업성취를 경험한 사람은 능력이나 노력의 내적 요인에 귀인할 것이다. 반

성공적인 결과의 내적 귀인 강화

면에 반복적인 실패의 경험은 운 또는 잘못된 교수 방법과 같이 자신이 통제할 수 없는 외적 요인에 귀인할 가능성이 높다.

둘째, 강화와 처벌이다. 성공에 대해 보상받고 실패에 대해 처벌받지 않았을 때 일반적으로 개인은 내적이며 통제 가능한 요인에 귀인하는 경향이 있다. 반면에 성공적인 성취에 대해 관심을 받지 못하다가 실패에 대해 질책을 듣거나 처벌받아 온 사람은 실패의 책임을 외면하면서 외적 귀인을 하는 경향이 더 많다. 따라서 성공에 대해 격려와 보상을 주고 실패에 대해 지나친 질책을 하지 않음으로써 자신의 실패에 대한 책임을 갖도록 해야 한다.

셋째, 부모 또는 교사의 기대이다. 학업성취에 대한 부모와 교사의 긍정적 기대는 노력과 같은 통제 가능한 내적 요인에 주의를 돌리게 함으로써 행동의 동기를 높인다. 낮은 성취 수준의 학생에 대해 기대 수준을 낮게 설정하는 것이 당연한 것처럼 보이지만, 더 높은 성취를 할 수 있을 것이라는 긍정적 기대를 전달하면 학업성취 수준과 귀인 양식에도 영향을 줄 수 있다.

넷째, 성공과 실패에 대한 언어적 설득이나 해석은 귀인 양식에 영향을 준다. 학업성취에 대한 교사나 부모의 언어적 표현에 따라 학생의 귀인 양식이 달라진다. 언어적 설득에서 중요한 것은 성공과 실패의 원인을 다룰 때 적절하고 낙관적인 기대를 할 수 있도록 귀인하는 것이다. 학업실패를 낮은 능력이나 통제할 수 없는 외적 상황에 귀인하는 것보다 통제 가능한 요인에 귀인하는 것이 바람직하다. 노력 부족, 비효율적 학습 방법, 잘못된 시간 관리와 같이 통제 가능한 요인에 귀인하면 학습행동을 동기화할 수 있다.

⑵ 기대이론

Edwards(1954)와 Atkinson(1964)은 성공 가능성에 대한 지각(perceived probability of success)과 성공의 유인적 가치(incentive value of success)가 상호작용하여 행동을 동기화한다고 설명하였다. 따라서 동기의 공식은 '동기(m)=성공 가능성에 대한 지각(Ps)×성공의 유인적 가치(Is)'로 표시된다.

이 공식은 동기가 보상에 대한 기대에 의존하기 때문에 기대 모형 또는 기댓값 모형이라고 한다. 사람들은 자신의 행동이 어떤 결과를 초래할지를 예측하며 기대한다. 그래서 어떤 것을 성취하고자 하는 동기는 성공할 가능성에 대한 지각(Ps)과 성공 결과에 대한 가치(Is)에 의존한다. 가령, 일주일 동안 스키 강습을 받으면 기본 기술을 충분히 습득할 수 있다는 성공 가능성에 대한 지각(Ps)과 습득한 기술로 소망하던 겨울 스포츠를 즐길 수 있다(Is)는 생각이 스키학교 신청을 동기화한다. 그러나 운동신경이 뛰어나 이틀 만에 스키의 기본 자세를 다 배울 수 있다고 자신(Ps)하더라도 스키보다 겨울에 즐기는 스킨스쿠버가 더 멋있고 매력적인 스포츠라고 생각(Is)하면 스키에 대한 동기는 나타나지 않는다. 바로 이것이 기대이론 공식에서 주목해야 할 부분이다. 공식(M=Ps×Is)에서 Ps와 Is는 곱셈관계에 있기 때문에 스키에 대한 가치평가(Is)가 '0'이 되면 동기(M)도 '0'이 되어 스키에 대한 동기는 일어나지 않는다. 마찬가지로 성공할 가능성이 전혀 없는 것으로 지각한다면 성공의 결과를 매우 가치 있는 것으로 평가해도 동기가 나타나지 않는다. 스키를 잘 타면 매우 매력적이고 멋있겠지만(Is) 운동에 소질이 없어서 배울 수 없을 거라고 생각하면(Ps='0') 스키 배우는 행동은 나타나지 않는 것이다(M='0'). 로또에 당첨될 성공 가능성이 전혀 없다고 생각하면(Ps='0') 로또가 당첨되었을 때 얻게 되는 돈이 엄청나게 많아도(Is) 로또를 사지 않는 것 역시 이와 같은 맥락으로 설명할 수 있다.

기대이론에서 또 한 가지 중요한 것은 성공 가능성이 지나치게 높으면 오히려 동기가 약해진다는 것이다. 과제가 너무 쉬워서 성공할 가능성이 100%라면 최선을 다할 필요가 없다. 영어 시험공부를 하는 것은 다른 과목보다 더 좋은 점수를 얻을 자신이 있고 친구로부터 영어 실력을 인정받을 수 있는 기회가 되기 때문이다. 그러나 모든 사람이 100점을 받을 수 있어서 친구들도 그것을 대단한 일로 여기지 않는다면 영어공부는 동기화되지 않을 것이다. 세계적인 선수와 초보 선수가 경기를 할 때 두 선수모두 최선의 노력을 하지 않을 가능성이 높다. 초보선수는 아무리 노력해도 승리할 가능성이 거의 없고 또 우수한 선수는 이길 가능성이 거의 확실하기 때문이다.

이와 관련해서 Atkinson(1964)은 성공 가능성에 따라 학습자의 행동이 어떻게 변화하는지를 연구하기 위해 성공 가능성의 조건을 다르게 제시하고 학습행동을 관찰하였다. 각각 20명으로 구성된 네 집단의 학습자에게 과제를 내주면서 첫째 집단은 가장 높은 점수를 받은 한 사람($Ps=1/20$)에게, 둘째 집단은 점수 순서로 5명($Ps=1/4$)에게 보상한다고 했다. 셋째 집단은 20명 중 10명($Ps=1/2$)에게 보상한다고 했고, 넷째 집단은 15명($Ps=3/4$)을 보상한다고 했다. 그 결과, [그림 11-5]에 나타나 있듯이 보상 가능성이 지나치게 낮거나 높은 경우에는 성취 수준이 낮지만 성공 가능성이 적절한 조건에서는 가장 높은 성취를 보였다. 성공 가능성이 가장 낮은 ($Ps=1/20$) 조건은 보상을 받기 위해 최대의 노력이 필요하고 성공 가능성이 가장 높은 조건($Ps=3/4$)에서는 노력의 필요성이 적기 때문에 두 조건에서 모두 성취 수준이 낮았다. 그러나 성공 가능성($Ps=1/2$)이 적절한 조건에서는 노력 여하에 따라 성공과 실패가 결정될 수 있기 때문에 행동이 가장 높게 동기화됨으로써 높은 성취 수준을 보였다.

이와 같은 결과에 근거하면, 너무 쉬운 과제나 어려운 과제는 학습자의 학습행동을 동기화하기 어렵다. 그렇다고 절반의 학습자가 성공하고 절반의 학습자는 실패하는 수준의 과제를 제시해야 한다는 것은 아니다. 노력해도 A학점을 받을 수 없거나 노력하지 않아도 A학점을 받을 수 있다면

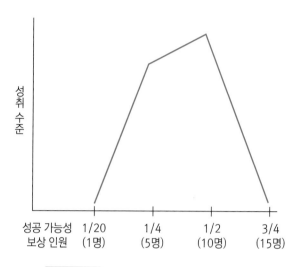

성취 수준

성공 가능성 1/20　　1/4　　1/2　　3/4
보상 인원 (1명)　　(5명)　　(10명)　　(15명)

그림 11-5　성공 가능성에 따른 성취 수준

학습행동이 발생하기는 어렵다. 중요한 것은 쉽게 성공에 도달할 수 있는 과제가 학습행동을 동기화하는 것이 아니라 노력을 통해 성공적인 성취를 할 수 있는 과제가 효과적으로 학습동기를 유발할 수 있다는 것이다.

(3) 자기결정성이론

1970년대 내적 동기와 외적 동기의 관계에 대한 연구 결과는 대부분 내적 동기로 행해진 행동에 대해 보상과 같은 외적 동기 요인이 주어지면 그 행동에 대한 내적 동기는 감소한다는 주장을 했다. 즉, 내적 동기와 외적 동기는 양극단에 존재하며 양립 불가능한 것으로 보는 견해가 지배적이었다. 따라서 개인 내적 동기는 외적 동기가 증가할 수 있는 범위를 감소하고, 내적으로 동기화된 행동은 외적 동기가 없을 경우에 발생하는 것으로 여겨졌다.

그러나 1980년대 이후 내적 동기와 외적 동기의 관계에 대해 새로운 시각이 제기되었다. 외적 동기와 내적 동기의 관계가 단순히 대립적이고 경계가 분명히 구분되는 것이 아니라 서로 상호작용하면서 공존한다고

표 11-6   자기결정성 동기 유형 연속선

행동	비자기결정성	←――――――――――――――→				자기결정성
동기 유형	무동기	외재적 동기				내재적 동기
조절 양식	무조절	외적 조절	부과된 조적	확인된 조절	통합된 조절	내적 조절
인과 소재	없음	외재적	약간 외재적	약간 내재적	내재적	내재적
조절 과정	무의도 무가치	외적 제약 (외적 보상 및 처벌)	자기개입 (타인으로부터 인정 추구, 내적 보상 및 처벌)	개인적 가치 부여 (자율적 목표설정)	내적 통합	흥미 즐거움 내재된 만족

본다. 이러한 관점에서 Deci와 Ryan(1985)은 동기이론을 학습자의 자율성이라는 개념을 구심점으로 자기결정성이론(Self-Determination Theory: SDT)을 발전시켰다. 한 개인의 내적 동기가 높으면 외적 동기가 낮아지거나, 외적 동기가 높으면 내적 동기가 낮아지는 것이 아니라, 내적 동기와 외적 동기가 상호 공존하는 정도에 따라 동기의 스펙트럼이 존재한다는 것이다. 그들은 이를 〈표 11-6〉과 같이 여섯 가지로 구분하였다. 이는 외적 동기가 개인이 지각하는 상대적인 자율성 정도에 따라 다양하게 존재한다는 것을 의미한다.

① 여섯 가지 학습동기 유형

Deci와 Ryan(2000)이 제시한 자기결성에 따른 여섯 가지 학습동기 유형은 무동기, 외적 조절, 부과된 조절, 확인된 조절, 통합된 조절, 내적 조절이다.

●1단계: 무동기

학습동기가 전혀 내면화되지 않은 상태이다. 무동기 상태에서는 행동을 전혀 하지 않거나 보상이나 유능감의 부족으로 인하여 원하는 결과를 성취할 수 없다고 지각하기 때문에 행동에 가치 부여를 하지 않는다. 원하는 결과를 얻을 것이라는 기대가 전혀 없기 때문에 학습된 무기력 상태를 경험한다.

● 2단계: 외적 조절

외적 조절은 외적 동기 유형 중 가장 극단적인 형태이며 내적 자기결정성의 부재 상태에서 수행되는 행동이다. 예를 들면, 교사에 의해 특정한 행동을 하도록 강요받아 마지못해 행동하거나 그들의 윗사람 혹은 부모가 약속한 보상을 받기 위해 공부하는 경우이다. '하지 않으면 문제가 생기니까' '하기로 되어 있는 일이니까' '야단맞고 싶지 않아서' 등의 반응을 보인다.

● 3단계: 부과된 조절

부과된 조절은 외재적 동기 중에서 가장 낮은 내적 자기결정성을 갖는 형태이다. 자아존중감에 기초하며 자기 자신이나 다른 사람의 인정을 받거나 비판을 회피하기 위해 행동한다. 자신의 의지가 처음으로 개입되지만 이를 내적 동기라고 보기는 어려우며, 확인된 조절과 내적 조절로 전환될 수 있는 잠재력을 지닌다. '선생님이 나를 좋은 학생으로 여겨 주기를 원하니까' '내가 하지 않으면 부끄러우니까' '다른 사람이 나를 좋아해 주기를 원하니까' 등의 반응이 이 조절 유형에 해당된다.

● 4단계: 확인된 조절

확인된 조절은 가치를 인정하여 수용한 상태를 말한다. 그 행동이 자신에게 가치가 있고 유용한 것으로 판단하여 행동을 한다. 하지만 그 자체에 대한 기쁨이나 자기만족보다 목표를 달성하기 위한 행동이기 때문에 동기가 완전히 내재화된 것은 아니다. 부과된 조절에 비해 높은 수준의 내면화를 보이며 가치가 있다고 판단되면 스스로 선택을 하여 행동하기 때문에 내적 조절로의 전환이 쉽다. '좋은 대학을 가기 위해서 수학 공부를 해야 한다' '프로 테니스 선수가 되기 위해 백핸드를 완벽하게 연습해야 한다' 등의 반응이 이 조절 유형에 해당된다. 수학 공부나 혹은 테니스 백핸드 연습은 그 행동이 다른 목표(좋은 대학, 프로 테니스 선수)에 대해 도구적이기 때문에 외적 동기이지만, 그것이 자신에게 유용하고 가치 있다고 선택한 것이기에 내적 동기를 포함하고 있다. 즉, 이 단계에서는 자신에게 개인적으로 중요하다고 생각하고 결정하여 행동하는 단계이다.

●5단계: 통합된 조절

통합된 조절은 외재적 동기의 가장 자율적인 형태이다. 통합된 조절은 덜 내재화된 다른 종류의 외적 동기에 비해 좀 더 높은 차원의 가치와 관련이 있다. 학습에서 성공적인 경험과 외적 가치와의 결합을 통해 낮은 수준의 외적 동기를 통합된 수준으로 향상할 수 있다. '의사라는 직업은 타인을 살리는 거룩한 일이라 의사가 되기 위해 공부한다' '국민들이 인간다운 삶을 살 수 있는 자유로운 나라를 만드는 정치가가 되겠다' 등의 반응이다. 통합된 조절은 내적 조절과 매우 유사한 것처럼 보이지만, 통합적 조절 과정의 배후 동기는 아직 '그 활동은 중요한가?'에 있다. 반면, 내적 동기의 배후에 있는 조절 과정은 '그 활동은 즐거운가?'라고 묻는 것이다.

●6단계: 내적 조절

내적 조절은 개인의 즐거움과 흥미 때문에 행동을 취하게 되는 경우이다. 내적 조절은 과제 자체에 대한 관심과 기쁨으로 행동을 하게 되는 가장 자율적이고 자기결정성이 높은 유형이다. 그 활동은 '중요하기 때문에' 하는 것이라기보다, '그 활동이 즐겁기 때문에' 하는 것이다. 인간 내적인 욕구와 유능감, 자기결단을 기초로 유발된 동기 유형으로 전적인 내적 동기에 속한다고 할 수 있다.

② 내적 동기 향상을 위한 세 가지 기본 욕구

자기결정성이론에서는 동기를 촉진하거나 저해하는 환경에 초점을 맞추고 있다. 개인은 알맞은 사회환경적 조건에 처해 있을 때 내적 동기가 촉발되고, 자율성과 유능성, 관계성의 세 가지 기본 욕구가 만족될 때 내적 동기가 증진된다고 본다.

●자율성

자율성은 자신의 행동의 지각된 근원이 자신에게 있는 것으로 자신이 스스로의 행동에 대한 주체이고 조절자라는 신념이다. 자율성에 대한 욕구는 자신의 행동을 자발적인 것으로 경험하려는 기본 욕구와 관련이 있다. 자율성을 향상할 수 있는 쉽고 분명한 방법은 선택권을 주는 것이다. 다음과 같은 방법을 활용할 수 있다.

첫째, 학습자가 달성할 목표를 스스로 정하게 하는 것이다. 학습자는 자신에 맞는 도전적인 목표를 선택할 수 있다. 영어 공부에서 A학생은 90점 이상을 목표로 설정할 수 있으나, B학생은 교과서 본문 내용들을 모두 암기하겠다는 목표를 설정할 수도 있다. 2021년 삼성 라이온즈는 야구선수마다 개인의 목표를 선정하게 하고 그 목표를 선정했을 때 보상하는 제도를 도입하였다. 개인이 스스로 목표를 설정하였을 때 자발성이 증가한다. 이때, 학습자가 자기 인식을 바탕으로 스스로 달성할 수 있는 목표를 선정할 수 있도록 교사의 안내가 필요하다.

둘째, 학습자가 스스로 문제를 해결할 방법을 선택하도록 할 수 있다. 교사는 학습자 스스로 전략을 선택하여 문제를 해결할 수 있도록 학습환경을 제시하는 것이 필요하다. 과학에서 실험 수업을 할 때 교사의 지시대로 따라 하기보다 학습자들이 스스로 실험을 설계하고 조작하여 참여하도록 안내할 수 있다. 학습자가 성공적인 수행을 경험하도록 도움으로써 자기 자신에 대한 긍정적인 인식을 향상시킬 할 수 있다.

셋째, 학습자가 스스로 자기점검하고 평가하도록 하는 것이다. 자기점검과 평가는 목표를 세우고 실천하는 과정을 스스로 통제하는 능동적이며 적극적인 인지활동이다. 학습자들이 자신의 수행 과정을 점검하고 평가할 수 있는 능력을 갖추기 위해서는 교사의 안내가 필요하다. 그 방법으로 먼저 교사가 직접 수행 과정을 자기점검하고 평가하는 방법을 보여 줄 수 있다. 학생들은 교사의 행동을 모델링함으로써 자기점검과 평가의 방법을 익혀 나간다. 그리고 나서 교사는 학생들이 자기점검과 평가의 과정을 서로 교류하도록 유도할 수 있다. 상호 교류적인 대화 과정에서 학습자는 다른 학습자들과 자신을 비교하거나, 더 훌륭한 인지전략들을 모방하여 수정할 수 있다.

●유능성

자신감 혹은 유능성은 자신이 환경과 효과적으로 상호작용할 수 있다는 신념이다. 유능성에 대한 욕구는 자신의 능력을 연마하고 확장하는 만족을 경험하려는 욕구이다. 직장에서나 학교에서 유능한 사람은 높은 성취자이며 보람을 찾고 만족하는 경향이 높다.

학생의 유능성에 대한 지각에 영향을 줄 수 있는 중요한 요소는 그들의 이해와 능력이 증가하고 있음을 보여 주는 증거와 피드백을 제공하는 것이다. 다음과 같은 방법을 활용할 수 있다.

첫째, 교사의 귀인 방식이다. 학생이 실패할 경우, 교사가 "좀 더 열심히 하면 충분히 이 문제를 풀 수 있을 거야."와 같이 실패의 원인을 노력의 부족으로 귀인하면 학생은 자신이 과제를 할 수 있는 능력을 가졌고 노력을 통해 성취할 수 있다고 생각하게 된다. 학생이 성공할 경우, "점점 나아지고 있구나."와 같이 성공의 원인을 능력에 귀인하면 학생은 점점 유능해지고 있다고 느낄 수 있다.

둘째, 칭찬과 비판이다. 칭찬은 학생들의 유능감을 향상하는 데 긍정적인 영향을 주며 비판은 부정적인 영향을 주는 경향이 있다. 그러나 칭찬의 역효과도 나타날 수 있고 비판도 경우에 따라 긍정적인 영향을 줄 수 있다. 학생이 쉬운 과제를 성공한 후 칭찬을 받으면 교사가 자신을 유능하지 못한 학생으로 여긴다고 생각할 수 있다. 반면, 교사가 학생의 표준 이하의 성과에 대해 비판하면 학생은 교사가 자신을 높은 능력을 지닌 학생으로 믿고 있다고 생각할 수 있다. 교사는 칭찬과 비판의 행동을 할 때 학생에게 이것이 어떻게 받아들여지는지를 고려해야 한다.

●관계성

관계성은 사회적 맥락 속에서 다른 사람과 관계를 추구하고 발전시키려는 성향을 가리킨다. 관계 욕구에 대한 만족감도 내적 동기를 유발하는 데 필수적이다.

학습동기와 밀접하게 연관되어 있는 관계는 교사와의 관계, 친구와의 관계, 부모와의 관계이다. 이 관계성에 대해 살펴보면 다음과 같다.

첫째, 교사는 지식의 전달자로서 객관적 지식을 전달해 주며 학생의 사회화를 도와주는 역할을 한다. 즉, 교사는 학생들과 개별적인 접촉을 통해 진정한 인간관계를 형성하고 가치교육자로서 가치 전수의 기능을 담당하며 교육의 수준과 능력의 가능성을 판단·평가하여 발전시켜 주는 역할을 한다. 교사의 태도를 긍정적으로 지각하는 학생일수록 학업에서 자기효능감과 학습동기가 높게 나타난다.

둘째, 친구와의 긍정적인 관계는 서로 이해하고 사적인 생각, 감정, 비밀을 공유하는 등 심리적 문제해결을 돕고 고통이나 불편함을 주지 않도록 하는 지속적인 유대관계이다. 한편, 친구가 스트레스의 중요한 원인이 될 수 있는데, 친밀한 친구관계의 결핍은 사회적 지원과 지지라는 중요한 자원의 부족을 가져올 수 있다. 친밀한 친구의 지지는 다양한 형태의 스트레스에 부딪히는 아동기와 청소년기 동안에 특히 중요하다.

셋째, 부모와의 관계는 자아개념 형성에 있어서 다른 어느 시기보다 중요한 성장 시기를 대부분 가정에서 보낸다는 점에서 가정환경의 교육적 중요성이 매우 크다고 할 수 있다. 자녀는 가정에서 부모를 모방하거나 동일시하면서 생활습관과 대인관계, 도덕성을 형성하고 인지구조를 바꾼다. 부모의 양육 방식 혹은 의사소통 양식은 아이의 지적인 발달과 학습에 중요한 영향을 미친다. 교육적 관심이 높고 민주적인 양육 태도의 가정에서 자란 자녀는 엄격하거나 방임적인 양육 태도의 가정에서 자란 자녀에 비해 학업성취도가 높게 나타난다.

4) 자기효능감 이론

Bandura(1977)는 행동의 결과에 대한 예측이나 기대가 동기의 중요한 요인이 된다고 설명한다. 시험공부는 좋은 성적에 대한 기대와 예측이 가능할 때 일어난다. 행동의 결과에 대한 예측이나 기대는 자신의 능력에 대한 신념에 의해 영향을 받는데, 자신의 능력에 대한 개인의 신념이 바로 자기효능감(self-efficacy)이다.

(1) 자기효능감

자기효능감이란 어떤 행동을 성취하거나 목표에 도달할 수 있다는 자신의 능력에 대한 개인의 신념이다. 관찰학습이론에서 학습자는 효능감이 높은 행동은 쉽게 모방하지만 효능감이 낮은 행동은 모방하지 않으려고 한다. 즉, 다른 사람의 성공적인 행동을 관찰하더라도 그것을 잘할 수 있을 것이라는 자기확신이 있을 때 모방행동 또는 관찰학습이 일어난다. 따라서 개인의 효능감은 행동을 유발하는 중요한 동기 요인이다. 효능감이 높은 행동은 쉽게 일어나고 행동절차가 복잡함에도 계속 유지되지만, 효능감이 낮은 행동은 회피되고 작은 장애에 부딪혀도 쉽게 중단된다.

(2) 자기효능감과 행동

학습자는 일반적으로 자신이 성공적으로 잘할 수 있다고 믿는 행동을 선택하고 시도하는 경향이 있다. 즉, 미술에 높은 효능감을 갖고 있는 학습자는 수학과 독서, 운동, 음악보다 미술 감상이나 그림 그리기를 자주 선택하며 많은 시간을 보낼 것이다. 운동에 낮은 효능감을 갖고 있는 학습자는 새로운 스포츠나 운동에 관심이 없고 배우려고 하지 않는다. 학습자가 어떤 행동을 선택하고 그 행동을 얼마나 오래 지속할 것이며 또 얼마나 잘 성취하느냐는 그 과제에 대한 학습자의 자기효능감 수준에 달려 있다.

자기효능감 수준은 활동의 선택, 노력, 성취 수준에 영향을 준다. 구체적인 내용은 다음과 같다.

첫째, 자기효능감은 활동의 선택에 영향을 주는데, 일반적으로 사람들은 효능감이 높은 행동을 선택하며 효능감이 낮은 행동을 회피한다. 수학에 낮은 자기효능감을 갖고 있으면 수학과제 수행을 미루는 경향이 있고, 높은 효능감을 갖고 있으면 다른 과제보다 수학과제 수행을 우선으로 선택한다. 특정 과제 수행을 회피하는 것은 그 교과에 대해 낮은 자기효능감을 갖고 있기 때문이라고 할 수 있다.

둘째, 과제에 대한 노력과 지속은 자기효능감 수준에 의해 영향을 받는다. 수학에 대해 효능감이 낮은 학습자는 과제 수행 중 문제 풀이가 어려워지면 쉽게 포기해 버린다. 반면에 높은 효능감을 지닌 학습자는 문제를

그림 11-6 과제를 해결하기 위해 노력하는 자기효능감이 높은 아동

다시 확인하고 검토하면서 끝까지 문제를 해결하기 위해 노력한다. 어떤 과제를 성취하거나 일정한 목표에 도달할 때 높은 효능감을 지닌 학습자는 어려움에 직면하더라도 극복하기 위해 계속 노력한다. 학습자가 노력을 회피하는 것은 낮은 효능감 때문이기도 하다.

셋째, 자기효능감 수준은 새로운 행동에 대한 학습과 성취에 영향을 준다. 같은 능력을 갖고 있더라도 경우 자기효능감 수준에 따라 학습행동과 성취 수준이 달라진다. 예를 들어, 학생들이 같은 지적 능력을 갖고 있더라도 영어에 대한 자기효능감이 높은 학생이 자기효능감이 낮은 학생보다 높은 성취를 보이며 새로운 영어 학습활동에 적극적으로 참여한다.

(3) 자기효능감 발달에 영향을 주는 요인

학습자는 과제에 대한 자기효능감 수준에 따라 잘하는 활동과 잘하지 못하는 활동을 구분한다. 자기효능감이 높은 과제에 대해 성공을 기대하며 실제로 성공적으로 수행한다. 반면에 높은 과제 수행 능력이 있더라도 효능감이 낮은 과제에 대해서는 실제로 성공을 기대하지 않거나 낮은 성취를 보인다. 이와 같이 자기효능감은 학습자의 능력과 관계없이 성취 수준에 영향을 줄 수 있다.

자기효능감은 개인의 경험에 의해 발달된다. 높은 효능감은 과거의 성공에 의해 발달되고 이것은 다시 미래의 성취에 영향을 주는 순환적인 관계에 있다. 자기효능감의 발달에 영향을 주는 요인은 다음 세 가지로 요약할 수 있다.

첫째, 성공과 실패의 경험이다. 학습자는 학기 초에 실시된 교과목시험에서 우수한 성적을 받은 교과에 흥미를 갖고 유능감과 자신감을 갖는다. 사칙계산의 곱셈을 성공적으로 학습한 학습자는 나눗셈도 잘 학습할 것으로 기대한다. 반면에 낮은 성적을 받은 교과목에 대해서는 흥미를 잃고 그 교과에 대한 자신감도 갖지 못한다.

학습자는 성공적인 과제 수행을 경험한 과제에 대해 자신감과 높은 효능감을 갖는다. 일단 성취된 높은 효능감은 반복되는 실패를 극복하게 해 주며 더욱 적극적으로 노력하도록 동기화한다. 그러나 반복된 실패의 경험을 통해 낮은 효능감을 갖게 되면 학습자는 반복적인 시도가 오히려 실패 경험을 반복하게 만든다고 생각할 수 있다. 이처럼 학습에서의 성공적인 경험과 실패적인 경험은 학습자의 자기효능감에 많은 영향을 준다.

따라서 효능감을 향상하는 방법은 학습자에게 성공적인 학습 경험을 제공하는 것이다. 성공적인 학습 경험을 위해 우선 학습자는 학습에 필요한 기초적인 지식이나 기술을 습득해야 한다. 그리고 각자의 학습 능력 수준에 적합한 과제를 수행함으로써 학습자 스스로 도전하고 성취할 수 있음을 깨달아야 한다. 또한 개인의 학습 진도에 따라 순서적으로 과제를 학습하면서 단계적인 향상과 성취를 경험해야 한다.

그런데 성공에 대해 지나치게 과대평가하거나 우연한 성공을 통해 과도하게 높은 효능감이 발달할 수도 있다. 이와 같은 부적절한 자기효능감은 노력하지 않고도 쉽게 성공할 수 있다는 지나친 자신감을 갖게 하여 어려움에 직면했을 때 쉽게 사라질 수 있다. 반면에 진정한 자기효능감을 지닌 학습자는 반복되는 실패나 어려움에 부딪혀도 인내와 노력을 통해 과제를 성취한다.

그림 11-7　성공 경험을 통한 자기효능감 향상

둘째, 직접적인 성공 경험이 없더라도 잘할 수 있는 능력이 있음을 인식하고 확신할 수 있도록 격려하는 것은 자기효능감 발달에 영향을 준다. 이것은 성공적인 과제 수행에 대한 경험이 부족한 학습자에게 자기 능력에 대한 신념과 자신감을 갖도록 하고 노력을 통해 성공적으로 수행하도록 격려하는 것이다. 따라서 학습자의 실패나 부족한 부분에 대해 비난하고 질책하기보다 격려함으로써 노력을 통해 성공할 수 있음을 설득해야 한다. 그러나 무엇보다 중요한 것은 이러한 단순한 격려나 확신은 자기효능감을 오래 유지하지는 못하기 때문에, 격려와 더불어 성공할 수 있는 학습 기회를 마련해야 한다.

셋째, 다른 사람의 성공과 실패에 대한 관찰은 자기효능감의 형성에 중요한 정보가 된다. 비슷한 연령과 능력을 갖고 있는 동료가 어떤 목표에 도달하는 것을 보았을 때 학습자는 자신도 충분히 잘 성취할 수 있을 것이라는 확신을 갖게 된다. 영어에 능숙하지 못한 친구가 외국 배낭여행을 다녀온 것을 보면 배낭여행에 대한 불안은 줄고 여행에 대한 자신감이 증가할 것이다. 이와 반대로 장애물 경주에서 장애물에 걸려 넘어지는 동료를 본 학습자는 자신도 장애물을 뛰어넘지 못할 것이라고 생각하게 된다. 이처럼 비슷한 또래의 성공적인 성취나 실패를 관찰하는 것은 자신감과 자기효능감 형성에 중요한 요인이 된다.

학습동기

1. 학습목표와 수행목표
2. 불안과 실패로 인해 학습된 무기력
3. 교사의 기대와 학습자의 성취
4. 부모와 교사의 정서 반응, 감정 코칭

1. 학습목표와 수행목표를 구분하여 설정할 수 있다.
2. 학습자의 학습된 무기력의 원인을 설명할 수 있다.
3. 학습자의 성취를 위한 교사의 역할을 설명할 수 있다.
4. 학생의 정서에 대하여 감정 코칭 교사로서 감정 코칭 5단계를 실천할 수 있다.

학습목표, 수행목표, 불안, 학습된 무기력, 완성지향, 교사의 기대, 부모의 기대. 교사의 정서 반응 / 부모의 정서 반응

학습동기는 학습활동과 관련한 학습행동의 원인과 이유를 설명한다. 학습과제를 성실하게 수행하려는 학습자와 도중에 포기하는 학습자의 성취동기 수준은 다르다. 성취동기에 의해 동기화된 학습활동은 두 방향의 서로 다른 목표를 갖는데, 하나는 좋은 평가나 사회적 인정이고 또 다른 하나는 새로운 것을 배우는 즐거움이다. 또한 이러한 학습활동의 목적에 따라 학습활동의 지속 여부와 학습 실패를 극복하는 힘에 차이가 있다.

학습동기에서는 학습활동 수준에 영향을 주는 학업성취동기, 학습활동의 목적에 따른 학습목표와 수행목표, 불안과 학습된 무기력, 교사의 기대 및 부모의 정서 반응을 다룬다.

1. 학습목표와 수행목표

성취동기(achievement motive)는 가치 있는 목표를 달성하고 훌륭한 행위 기준에 도달하려는 개인의 요구이다. 어떤 일을 이루겠다는 내적 의욕으로서 과제 성공과 능력의 우월성에 대한 요구인 성취동기는 수준의 높고 낮음에 따라 학습과 행동에 다르게 영향을 준다. 성취동기 수준이 높은 사람은 어려운 상황에 놓여도 이에 굴하지 않고 끝까지 노력하여 목표를 달성하지만 성취동기 수준이 낮은 사람은 행동 수행을 쉽게 포기하는 경향이 있다. 마찬가지로 학습활동에서 학습 성취동기가 높은 학습자는 학습활동을 방해하는 상황이나 요인에 잘 대처하면서 과제를 성공적으로 수행하기 위한 노력에 최선을 다한다. 또한 성취동기 수준이 높은 학습자는 쉽게 해결할 수 있는 과제보다 도전할 만한 어려운 과제를 선택하고 성공적인 수행을 기대하면서 인내하며 노력한다.

이러한 성취동기 수준을 결정하는 중요한 요인 중의 하나가 바로 목표(goal)이다. 목표는 한 학습활동이 지향하는 최종적인 결과로 행동의 방향을 제시하고 행동을 유지하도록 한다. 학습활동 목표가 A학점을 받는 것이라면 요점정리, 반복 학습 등 목표에 도달할 수 있는 학습행동을 선택하여 수행할 것이다. 목표는 목표를 향한 행동을 선택적으로 동기화하고 현재 행동을 점검하며 수정·보완하도록 유도한다.

이렇게 학습활동을 동기화하는 목표에는 두 가지 유형이 있다. 하나는 학습목표(learning goal)이고, 또 다른 하나는 수행목표(performance goal)이다. 학습목표를 지향하는 학습활동은 새로운 것을 배우고 학습하는 즐거움에 초점을 맞추며, 수행목표를 지향하는 학습활동은 자신의 유능함을 보여 주는 데 초점을 둔다.

1) 학습목표

학습목표는 자기향상과 지식습득에 일차적인 관심을 두고, 학습활동 자체에 흥미를 갖고 완전학습을 지향하는 것이다. 학습목표를 갖고 있는 학습자는 학습활동에서 자신이 배운 것에 초점을 두기 때문에 다른 학습자에 대한 상대적 우위에는 관심을 두지 않는 경향이 있다. 학습목표를 지향하는 학습자는 새로운 것을 배우고 도전하는 것에서 즐거움을 얻기 때문에 실패나 좌절을 극복하려고 노력한다. 또한 실패를 자신의 노력 부족이나 수행 과정의 문제에 귀인하기 때문에 실패를 두려워하지 않고 적극적으로 재도전한다. 즉, 학습목표를 지향하는 학습자는 실패를 자연스러운 배움의 과정으로 생각하고 실패 상황에서도 낙관적이며 자신감을 유지한다. 실패를 통해 새로운 사실과 원리를 발견하고 문제해결 능력을 갖게 되는 것을 즐긴다. 또한 도전과 새로운 학습을 좋아하

그림 12-1 실패를 극복하고 도전하는 학습목표지향 학습자

기 때문에 쉬운 문제와 노력이 필요한 어려운 문제가 제시되면 노력이 필요한 문제를 선택한다.

학습목표는 과제를 완성하고 자기만족을 할 수 있을 때까지 학습활동을 동기화하기 때문에 숙달목표(mastery goal)라고도 한다.

2) 수행목표

수행목표는 최고 점수를 받는 것, 우수한 학생이 되는 것, 축구 경기에서 우승을 하는 것과 같이 다른 사람을 이기거나 타인의 인정을 얻는 것을 지향하는 목표로 평가목표라고도 한다. 수행목표를 갖고 있는 학습자는 자신이 얼마나 잘하며 능력이 있는가를 보여 주는 것에 집중하기 때문에 다른 사람의 호평, 점수, 순위, 경쟁에 관심을 두고 행동한다. 따라서 좋은 성적, 우승, 인정과 같이 좋은 평가를 받을 수 있는 학습활동에는 적극적으로 참여하지만 낮은 평가를 받을 가능성이 있는 학습활동은 회피한다. 또한 실패 상황에 직면하면 과제 수행을 포기하고 자신감도 쉽게 상실한다. 수행목표 학습자는 실패를 경험했을 때 그 결과가 능력에 귀인하기 때문에 더 이상의 노력이 필요 없다고 생각하고 재도전하지 않는다. 실패는 자신의 무능력을 증명하는 것이라고 생각하여 쉽게 좌절하고 포기한다. 그래서 실패를 하지 않고 쉽게 성공할 수 있는 과제를 선택하는 경향이 있으며 조그마한 실패에 대해서도 불안을 느낀다. 평가목표 학습자는 성공적인 수행과 수행 능력에 만족하지만 수행목표 학습자는 어려운 과제에 도전하며 노력하는 과정을 즐기고 만족한다. 수행목표 학습자는 우수한 능력을 갖고 있더라도 실패를 경험하면 동기 수준이 쉽게 낮아진다. 이들은 실패란 곧 자기 자신과 자신의 능력을 보여 주는 중요한 요인이라고 생각하기 때문이다.

3) 목표방향과 학습활동

학습자의 학습활동은 학습자 자신의 목표방향뿐 아니라 학습과제의 목표방향, 교사나 부모의 목표방향 설정에 의해서도 많은 영향을 받는다. 2006년에 방영한 EBS 기획다큐 프로그램 〈동기〉 편에서 학습자의 목표방향, 학습목표과제/수행목표과제의 여부, 교사나 부모의 목표방향에 대한 태도가 학습자의 학습활동에 대한 인내와 노력에 많은 영향을 주고 있음을 보여 준다.

⑴ 학습목표 학습자와 수행목표 학습자

학습목표 학습자와 수행목표 학습자에게 조각이 빠진 그림퍼즐을 제시하고 그림조각을 완성하는 과제를 주었다. 처음부터 조각이 부족했기 때문에 두 학습자 모두 그림을 완성하지 못했다. 이후에 [그림 12-2]과 같이 두 학습자에게 이미 완성한 그림퍼즐과 조각이 부족해 완성하지 못한 그림퍼즐을 제시한 뒤, 각 학습자에게 퍼즐게임을 선택하도록 했다. 학습 목표 학습자는 조각이 부족해서 그림조각을 완성하지 못한 이전 과제를 선택하고 '완성한 퍼즐은 쉬워서 재미없고 실패한 퍼즐은 다시 맞춰 보겠다'며 재도전했다. 반면에 수행목표 학습자는 간단한 퍼즐을 선택했는데 '실패한 퍼즐은 어려워서 재미없지만 완성한 그림조각은 쉬워서 재

(A) 그림조각이 빠져 완성하지 못한 그림퍼즐   (B) 완성한 그림퍼즐

그림 12-2　그림퍼즐

미있다'며 선택한 이유를 설명했다.

학습목표와 수행목표는 실패에 대한 귀인과 실패 상황에 대처하는 행동에서 분명하게 차이가 나타난다. 수행목표 학습자는 실패를 '능력 부족'으로 해석하면서 흥미를 잃고 재도전을 포기한다. 반면에 학습목표 학습자는 실패를 노력 부족에 귀인하기 때문에 더욱 노력하여 학습하려고 하며 수행을 늘리고 문제해결 과정에서 즐거움을 찾는다.

(2) 학습목표과제와 수행목표과제

학습과제가 학습목표 또는 수행목표를 지향하느냐에 따라서 학습자의 학습활동도 달라진다. 이를 보여 주는 사례로, 한 TV 퀴즈 게임 프로그램을 들 수 있다. 이 프로그램에서는 참가자에게 난이도 수준을 택하도록 했다. 문제의 단계가 올라갈수록 힌트가 많아지는데, 1단계는 1개, 2단계는 2개, 3단계는 3개, 4단계는 4개의 힌트가 제시된다. 5명이 한 조인 두 팀이 퀴즈왕의 자리를 두고 경합을 벌이는 중에 사회자가 문제의 단계를 각 팀에게 선택하도록 했고, 문제 단계는 점수와 관계없이 일단 정답을 맞추면 팀 점수에 가산된다고 한다. 각 팀은 모두 4개의 힌트가 제시되는 4단계를 선택했다. 하지만 퀴즈 게임이 끝난 뒤 점수가 가산되지 않는 퀴즈 문제를 제시하고 마찬가지로 문제 단계를 선택하도록 했을 때는 두 팀이 모두 2단계를 선택했다. 사회자가 힌트가 적은 2단계를 선택한 이유에 대해 질문했다. 점수와 관계 있는 문제는 팀의 승리와 직결되기 때문에 위험부담이 적고 좋은 결과를 얻기 쉬운 4단계를 선택했다고 말했다. 반면에 점수가 가산되지 않는 상황에서 2단계를 선택한 이유는 힌트가 너무 많으면 맞추기는 쉽지만 재미가 없고 도전감도 떨어지기 때문이라고 대답했다. 팀 승리와 관계된 수행목표 상황에서 참가자들은 재미와 스릴 대신 안전하게 좋은 결과를 가져오는 힌트가 많은 4단계 문제를 선택했다. 결국 학습과제가 수행목표를 지향하느냐 또는 학습목표를 지향하느냐에 따라 학습자의 학습행동도 달라질 수 있음을 보여 준다. 점수, 순위, 경쟁과 관련된 수행목표 상황에서 학습자는 수행목표를 지향하고, 개인의 평가와 관계없는 학습목표 상황에서는 학습목표를 지향하는 것이다. 결국 학습자 개인의 목표방향뿐 아니라 학습과제의 목표방향이 학습자의 학습목표 선택에 영향을 주고 있음을 알 수 있다. 상대적 평가, 경쟁적 분위기, 능력귀인, 결과 중심의 평가가 이루어지고 있는 학교 학습 상황에서 학습자는 수행목표를 선택할 가능성이 더 높다고 할 수 있다.

(3) 교사와 부모의 목표방향

교사와 부모의 태도도 학습자의 목표방향 선택을 결정하는 중요한 요인이 된다. 20세기 최고의 과학자인 아인슈타인의 업적을 각기 다른 상반된 가치로 두 학급에 소개했다. 한 학급에서 교사는 아인슈타인의 업적은 그의 천재성의 결과라고 말하면서 아인슈타인의 능력을 능가하는 과학자가 없기 때문에 아인슈타인의 상대성 이론보다 더 발전된 이론은 없다고 했다. 다른 학급에서는 아인슈타인의 과학적 업적이 그의 엄청난 노력의 결과임을 강조하면서 어렵고 힘든 연구 과정을 극복하고 끊임없이 연구하고 탐구하는 과학자의 자세를 잃지 않음으로써 그 누구도 따를 수 없는 과학이론을 발견했다고 설명했다. 그리고 각 학급에 네 가지 유형의 문제를 주고 선택하도록 했다. 1번 유형은 많이 틀릴 것 같지 않은 문제, 2번 유형은 쉬워서 다 맞출 수 있을 것 같은 문제, 3번 유형은 내가 얼마나 잘하고 똑똑한지를 보여 줄 수 있는 문제, 4번 유형은 어렵긴 하지만 많은 것을 배울 수 있는 문제였다. 아인슈타인의 업적이 엄청난 노력의 결과라고 강조한 이야기를 들은 학습자는 아인슈타인의 천재성을 강조한 얘기를 들은 학습자와 달리 학습목표와 관련된 4번 유형을 선택하는 경향을 보였다. 이것은 교사의 태도가 학습자의 목표설정 방향을 조절할 수 있음을 보여 준다.

마찬가지로 부모의 양육 태도, 가령 학습자의 능력이나 높은 학업성취에 대한 부모의 칭찬은 학습자가 수행목표를 설정하도록 조절하는 역할

을 한다. '똑똑하다' '머리가 좋다' '몇 점 받았니?' '학교에서 잘했지?' '몇
등 했니?' '몇 명이 100점을 받았니?'와 같은 부모의 칭찬이나 질문은 학습
자가 수행목표를 선택하도록 만드는 요인이다. 일반적으로 부모가 학습
자를 격려하고 칭찬하는 내용은 거의 대부분 이 예처럼 수행목표(평가목
표)를 지향하는 표현이다.

'오늘은 학교에서 무엇을 배웠니?' '재미있었니?' '이해했니?'와 같이 학
습목표와 관련한 부모의 질문은 개인의 향상과 학습내용에 초점을 둔 학
습활동에 관심을 갖게 함으로써 학습목표를 설정하도록 할 수 있다.

표 12-1   학습목표 학습자와 수행목표 학습자

	학습목표 학습자	수행목표 학습자
능력	• 능력은 노력과 연습에 의해 발전	• 능력은 고정적이며 능력이 있는 사람과 없는 사람으로 구분
성공	• 능력의 향상이 곧 성공	• 높은 등급과 수준 높은 성취가 성공
만족	• 열심히 공부하고 도전할 수 있는 것에 만족 • 노력의 결과가 실패더라도 수행에 만족	• 다른 사람보다 잘 수행한 것에 만족 • 단지 성공할 때만 수행에 만족
과제 선택	• 학습할 수 있는 기회를 최대화하는 과제를 선택 • 성공 추구	• 능력을 보여 줄 수 있는 기회를 최대화하는 과제를 선택 • 실패 회피
쉬운 과제	• 쉬운 과제에 대해 실망함	• 쉬운 과제에 대해 안도하고 과제완성에 대해 자부심을 가짐
실수	• 실수를 통한 학습 기회	• 실수는 불안 요인
동기	• 내적 동기에 의한 학습활동	• 외적 동기에 의한 학습활동
학습 전략	• 수업 내용을 이해하기 위한 학습전략 사용	• 수업 내용을 반복 · 암기하는 등 습관적인 학습을 계속하는 학습전략 사용
평가	• 수행과정 평가 • 학습 과정에 초점(절대평가, 형성평가)	• 수행 결과 평가 • 상대평가 초점(규준평가)
귀인	• 실패를 노력에 귀인	• 실패를 능력에 귀인
교사	• 교사는 학습활동을 돕는 안내자와 자원	• 교사는 판단자, 보상자, 처벌자

학습목표방향 설정은 학습자 개인보다 교사, 학부모 그리고 학습 상황에 의해 결정될 가능성이 높다. 따라서 학습활동의 목적은 성적이나 타인의 인정이 아니라 학습(배움) 자체임을 학습자 스스로 인식하도록 해야 한다. 학습목표와 학습동기를 조성하기 위해, 첫째, 교과내용을 현재와 미래의 학습자의 요구와 관련하고, 둘째, 도전을 즐길 수 있는 과제를 제시하며, 셋째, 학습자의 관심을 적절하게 다루고 활용하는 학습활동을 다루고, 넷째, 개인의 발전과 변화에 대한 피드백을 제공하는 개별적 평가를 하며, 다섯째, 노력의 가치를 강조하고, 여섯째, 실수를 건설적으로 사용하도록 격려하여 새로운 것을 학습할 기회임을 이해하도록 해야 한다. 〈표 12-1〉은 학습목표와 수행목표 학습자의 차이를 요약한 것이다.

4) 성공 추구자와 실패 회피자

학습목표 학습자와 수행목표 학습자는 다른 목적에 의해 학습활동이 동기화됨을 알 수 있다. 학습목표 학습자는 성공적인 성취를 위해 학습활동을 선택하는 성공 추구자이다. 반면에 수행목표 학습자는 실패를 피할 수 있는 학습활동을 선택하는 실패 회피자이다.

실패 회피자는 거의 실패할 가능성이 없는 쉬운 과제나 실패를 하더라도 비난받지 않을 아주 어려운 과제를 선호한다. 따라서 실패를 경험하면 이를 극복하기 위한 노력을 하지 않는 경향이 있으며 수행 결과는 자신의 유능감과 가치를 판단하는 중요한 근거로 여긴다. 따라서 실패 경험을 줄이고 쉽게 성공을 할 수 있는 과제를 선택하여 자기 가치감을 유지하려고 한다. 그런데 학습자가 언제나 학습활동 수준을 선택할 수 없고 실패 또한 완벽하게 회피할 수 없기 때문에 실패 회피자는 실패가 반복되면 자기 가치감과 효능감을 쉽게 잃는다. 결국 실패 경험을 자신과 동일시하여 무능함과 좌절을 느끼고 결국 학습활동을 회피하려고 한다.

성공 추구자는 쉬운 과제보다 사고력이 필요하고 도전할 만하며 재미 있으면서도 어려운 과제를 선택하는 경향이 있다. 지식의 습득과 기술의 숙련에 초점을 맞추고 실패를 극복하기 위해 더 많은 노력과 효과적인 학습활동을 계획한다. 간혹 반복되는 실패에 대해서도 쉽게 좌절하지 않고 높은 자기효능감과 가치감을 유지하면서 실패를 성공으로 이끌어 가려고 노력한다. 성공적인 성취와 실패를 통제 가능한 노력에 귀인하는 경향이 있어서 학습활동 수준이 높고 지속적이다.

2. 불안과 실패로 인해 학습된 무기력

불안이란 미래의 불확실한 상황에 대한 긴장상태이다. 적절한 수준의 불안은 긴장을 일으키는 상황에 주의를 기울이게 하여 상황에 대처하는 행동을 동기화하고 수행을 향상한다. 그러나 불안 수준이 지나치게 높거나 오래 지속되면 긴장 상황에 전혀 대처하지 못하고 무기력해진다.

1) 학습활동과 불안 수준

학습 상황에서 적당한 불안은 학습행동을 동기화한다. 가령 시험을 앞두고 시험에 대한 불안이 생기면 이 긴장을 극복하기 위한 학습행동이 동기화된다. 그래서 학습 시간을 계획하고 컴퓨터 게임을 줄이며 도서관에 가고 수업 내용을 정리하고 요약할 것이다. 시험불안이 전혀 없다면 시험에 주의를 기울이지 않기 때문에 학습행동이 동기화되지 않는다. 또는 이와 반대로 지나친 시험불안을 갖고 있으면 오히려 학습행동을 방해한다. 적절한 수준의 불안은 학습행동을 자극하고 수행을 촉진하지만 지나치게 높거나 낮은 수준의 불안은 학습자가 학습활동에 주의할 수 없게 하거나 회피하게 함으로써 오히려 학습행동을 방해한다. 이러한 불안과 성취 수준의 관계를 '역U자'형이라고 설명한다.

어느 정도의 불안 수준이 학습활동을 동기화하는가는 학습과제의 난이도에 따라 달라진다. 오래 매달리기나 달리기와 같은 다소 단순한 학습과제는 높은 불안 수준에 의해 행동이 더욱 촉진될 수 있다. 반면에 기억, 추론, 창의적 전략과 같이 사고가 필요한 어려운 학습과제를 수행할 때 생기는 높은 불안 수준은 학습활동을 방해하며 적당한 수준의 불안은 학습활동을 촉진한다.

불안 수준이 학습활동과 수행에 영향을 주지만 이와는 반대로 학습활동과 수행의 결과가 불안 수준에 영향을 주기도 한다. 즉, 높은 불안 수준은 낮은 성취 결과를 가져오지만, 반대로 낮은 성취 결과가 불안 수준을 증가시키기도 한다.

2) 불안의 근원

일반적으로 학습자가 불안을 느끼는 상황은 좌절, 비난, 부끄러움과 같은 이전의 불쾌한 경험과 관련되어 있다. 시험, 특정 교과, 특정 상황이 불쾌한 자극과 연합되어 불안 상황이 된다. 예를 들어, 입학 전에는 수학 교과에 대해 두려운 감정을 갖고 있지 않던 어린 아동은 수학 학습활동과 낮은 점수, 비난이 연합되어 수학에 대한 불안을 학습한다. 시험이나 학습활동은 낮은 등급, 상대적 비교, 비난, 부끄러움 등과 연합되어 학습자에게 불안을 야기하는 자극이 된다. 학습자의 실수나 오답에 대한 교사의 비난이나 동료의 비웃음은 학습활동과 학교생활에 대한 불안을 일으킬 수 있다.

또한 학습활동 결과에 대해 확신할 수 없는 불확실한 상황도 학습자에게 불안을 유발하는 요인이다. 불확실한 상황은 학습자가 성공할 기회가 적은 위협 상황과 노력을 통해 성공할 수 있는 도전 상황이 있다. 학습자가 위협 상황을 성공할 기회가 있는 도전 상황으로 지각하면 불안을 누르고 더욱 도전적인 반응을 보이는 경향이 있다. 또한 최선을 다하기 위해 아주 높게 동기화되며 성공했을 때는 상당한 흥분과 만족을 경험한다.

교사는 학습자가 수행해야 할 것을 분명하고 정확하게 지시함으로써 상황의 불확실성을 줄이고 학습자의 불안 수준을 감소할 수 있다. 학습활동이 적절한 수준이고 조직적으로 계획되어 있는 경우에는 불안 수준이 높은 학습자도 학습활동을 잘 수행할 수 있다. 따라서 체계적이고 구체적인 학습활동을 계획하는 것은 학습자의 불안 수준 감소에 있어서 매우 중요하다.

3) 완성지향과 학습된 무기력

학습자의 귀인성향은 어려운 학습 상황이나 새로운 학습활동에 대한 접근 태도에 영향을 준다. 성취를 자신의 능력과 노력에 귀인하는 학습자는 '잘할 수 있다'는 자신감을 갖고 새로운 학습과제에 접근한다. 반면에 실패를 능력 부족이나 통제할 수 없는 요인에 귀인하는 학습자는 '할 수 없다'는 부정적인 태도를 보인다. 새로운 과제에 대한 '자신감 있는 태도'를 완성지향(mastery orientation)이라고 하고, '부정적인 태도'를 학습된 무기력(learned helplessness)이라고 한다. 학습된 무기력은 일반적으로 수행 결과가 자신의 통제 밖에 있다는 생각에서 발전한다. 학습된 무기력은 통제할 수 없던 이전의 실패 경험에 의해 학습되었기 때문에 자신의 행동이 미래의 결과를 통제할 수 없다고 예측하게 한다. 학습된 무기력을 지닌 학습자가 우수한 능력을 갖고 있더라도 학습활동에 적극적으로 참여하지 않기 때문에 학습 능력을 향상하기 어렵고 점차 지적 결손이 심각해진다. 반면에 완성지향의 학습자는 수준 높은 목표를 선택해서 도전하고 실패에 부딪쳐도 노력을 유지함으로써 더 높은 성취와 향상을 보인다.

완성지향 학습동기를 형성하는 주요한 영향 요인은 학습 과정에서 성공과 실패의 경험에 대한 교사와 학부모의 반응 방식이다. 학습동기와 관련된 교사의 기대, 부모와 교사의 정서 반응에 대해 살펴보고자 한다.

3. 교사의 기대

학습자의 자기효능감, 귀인성향, 목표방향과 같은 내적 특성뿐 아니라 타인의 기대 수준도 학습자의 학습활동을 동기화한다. 특히 학습자의 학습활동에 대한 교사의 기대 수준은 학습동기의 중요한 요인이 된다. 교사는 성적, 생활기록 보고서, 심리검사 자료, 사회경제적 수준을 포함한 가정환경 자료, 다른 교사의 평가와 정보 등을 통해 학습자에 대한 기대를 형성한다.

1) 교사의 기대와 성취

학습자에 대한 교사의 기대는 긍정적이든 부정적이든 간에 학생의 행동에 영향을 준다. 이렇게 타인의 기대나 관심으로 인하여 능률이 오르거나 결과가 좋아지는 현상을 피그말리온 효과(Pygmalion effect)라고 한다. 이것은 그리스 신화에 나오는 조각가 피그말리온의 이름에서 유래한 개념이다. 사이프러스 섬의 조각가 피그말리온은 자신의 이상형인 아름다운 여인의 모습을 대리석에 조각했다. 조각된 여인상은 대단히 아름다워서 피그말리온은 자신이 만든 완벽한 조각상에 반해 열정적인 사랑을 느끼게 되었다. 하지만 조각에 불과한 여인은 그의 사랑에 응답할 수 없었기 때문에 피그말리온은 몹시 불행했다. 그런데 사랑의 여신인 아프로디테가 그의 사랑에 감동하여 그 조각상에게 생명을 주었고 피그말리온은 이상형의 여인과 결혼함으로써 꿈을 이루었다.

피그말리온 효과는 타인의 긍정적 기대와 믿음, 희망, 존중이 그 기대에 부응하는 방향으로 행동을 동기화하고 노력하게 함으로써 기대한 대로 이루어진다는 것을 의미한다. 특히 교육에서는 교사의 관심과 긍정적인 기대가 학습자의 학업성취에 긍정적인 영향을 미치는 심리적 요인이 된다는 것을 의미한다. 피그말리온 효과는 로젠탈 효과, 자성적 예언, 자기충족적 예언이라고도 한다.

이 피그말리온 효과를 교사의 기대에 적용한 사례가 1968년 하버드 대학교의 교수인 Robert Rosenthal과 초등학교 교장이었던 Lenore Jacobson의 연구이다. 미국 샌프란시스코의 한 초등학교에서 전교생을 대상으로 지능검사를 한 후 검사 결과와 상관없이 무작위로 한 반에서 20% 정도의 학생을 뽑았다. 그 학생들의 명단을 교사에게 주면서 '지적 능력이나 학업성취의 향상 가능성이 높은 잠재력 있는 학생'이라는 정보를 주었다. 잠재적 능력이 있는 것으로 알려진 이 학습자들은 실제로는 다른 평균적인 학습자들과 비슷한 수준이었다. 그런데 8개월 뒤 학년 말에 실시한 두 번째 지능 테스트 결과에서 잠재적 능력자로 알려진 학습자들의 지능은 다른 학생들보다 평균 점수가 높게 나왔고 학교 성적도 크게 향상하였다. 잠재적 능력의 학습자로 알려진 이들의 지능 향상에는 교사의 기대와 격려가 중요한 요인으로 작용했다. 이 연구는 교사의 학습자에 대한 기대와 관심이 실제로 학업성취 향상에 영향을 주고 있음을 보여 주었다.

교사의 기대는 학습자에게 전달되어 자기충족적 예언(self-fulfilling prophecy)으로 작용하여 그들의 행동에 영향을 줌으로써 교사 기대 효과(teacher expectancy effect)를 가져온다. 자기충족적 예언은 세 단계의 과정을 거치면서 학습자의 행동에 영향을 준다. 첫 번째 단계에서는 교사가 학습자에 대해 기대를 형성한다. 두 번째 단계에서는 교사가 학습자에 대한 자신의 기대에 근거해서 학습자를 차별적으로 다룬다. 그리고 세 번째 단계에서는 학습자가 교사의 기대대로 행동한다. 교사가 자신의 기대에 맞춰 학습자를 차별적으로 다루는 것은 일반적이다. 교사는 능력이 낮은 학습자보다 우수한 학습자와 더 많

그림 12-3 학습자의 행동에 영향을 주는 교사의 기대와 지지

이 접촉하는 것으로 나타나 있다. 하위 수준의 학습자는 교사와 접할 기회가 적으며 시간도 상대적으로 짧다.

교사는 우수한 학습자에게 더 많이 질문하고, 대답을 하기까지 더 많은 시간을 기다려 주며, 오답에 대해 실수라고 생각하는 관용적인 태도를 보인다. 반면에 열등한 학습자에게는 대답할 기회를 적게 주고, 신속한 대답을 요구하며, 학습자의 오답을 능력 부족이나 당연한 것으로 여긴다. 교사의 차별적 태도는 학습자에게 긍정적 또는 부정적인 교사 기대로 전달되고 자기충족적 예언으로 작용한다.

교사의 차별적인 기대로 인해 학습자는 실제로 차별적인 학습활동을 경험한다. 교사는 잠재 능력이 있고 학업 능력이 향상될 것으로 기대하는 학습자에게 더 많은 관심을 두며, 충분히 학습할 때까지 반복해서 설명하고 개별과제를 주어 개인지도를 한다. 교사의 긍정적인 기대를 받고 있는 학습자가 그렇지 못한 학습자보다 더 많은 격려와 학습 기회 그리고 수업 참여 기회를 갖기 때문에 학업성취 수준이 향상되는 것은 당연하다.

2) 교사 기대 관리

교사는 학습자에 대한 태도나 행동이 어떻게 기대로 전달되는지를 확인하고 바람직한 학습활동을 동기화하는 긍정적 기대를 형성하고 관리해야 한다.

첫째, 일상적인 편견이나 틀에 박힌 생각에 근거한 행동이나 신념은 학습자에게 잘못된 기대로 전달될 수 있다. 교사는 자신이 가령 여자보다 남자에게 더 특별한 과제를 주지는 않는지, 학습활동에 모든 학습자를 균등하게 참여시키거나 관심을 주고 있는지, 그리고 수업자료나 수업 방법, 평가 방법에서 성별과 환경, 능력에 관계없이 모든 학습자를 공정하게 다루고 있는지 검토해야 한다. 교사는 교수활동 전반에 걸쳐서 부정적 기대를 전달할 수 있는 편견이나 행동을 구체적으로 확인해야 한다.

둘째, 학습자에 대한 정보를 어떻게 사용하고 있는지에 대해 주의해야 한다. 이러한 정보는 학습자의 요구 이해, 효과적인 수업 설계의 기초자료로 활용되지만 부정적 기대를 갖게 되는 근거로 사용될 수 있다. 가령 편부모의 가정환경과 학업성취가 직접적으로 관계없어도 교사는 결손가정의 학습자가 심리적으로 불안하고 주의산만해서 성취 수준이 낮을 것으로 기대한다. 또한 그들의 적절치 못한 학습행동을 당연하게 여기고 그대로 방치할 수 있다.

셋째, 교사 기대는 학습자의 학습 능력 향상과 변화에 따라 조절될 수 있어야 한다. Woolfolk(2001)는 학급에서 발생하는 두 가지 종류의 기대 효과를 지적하고 있다. 하나는 자기충족적 예언의 효과로 학기 초에 정확한 자료에 근거하지 않은 교사의 막연한 기대가 학습자에게 기대한 방향으로 성취하도록 하는 것이다. 다른 하나는 학습자에 대한 정확한 평가에 근거해 갖게 된 적절한 교사 기대가 학습자의 능력이 향상되었음에도 여전히 이전 수준의 기대를 유지함으로써 학습자의 성취에 영향을 주는 기대지속 효과이다. 학습자의 새로운 능력의 성취와 변화에도 불구하고 이전의 낮은 기대를 유지함으로써 학습자의 성취 수준이 교사의 낮은 기대 수준에 맞춰 조절된다. 실제로 자기충족적 예언의 효과보다 기대의 지속 효과가 더 일반화되어 있다.

넷째, 교사는 학습 상황에서 학습자에 대한 언어적 · 비언어적 반응을 잘 관리해야 한다. 교사의 기대를 나타내는 직접적인 표현뿐 아니라 미소, 시선, 고개 끄덕임 등과 같은 얼굴 표현을 통해서도 기대가 전달된다. 교사의 사소한 감정 표현이나 인상, 몸짓이 교사 기대의 단서로 작용할 수 있다. 수업 시간에 교사의 시선이나 질문을 받아 보지 못한 학습자는 자신이 교사의 기대나 관심 밖에 있다고 생각할 수 있다. 사소한 언어적 또는 비언어적 행동은 교사의 기대를 확인하는 중요한 단서로 사용된다. 학습자의 잘못에 대한 정당한 처벌이나 지적도 교사의 기대에 대한 단서로 사용될 수 있기 때문에 교사는 처벌을 지양하고 바람직한 행동을 격려함으로써 긍정적인 기대를 전달해 주어야 한다.

4. 부모와 교사의 정서 반응, 감정 코칭

정서 반응이란 슬픔, 두려움, 우울, 행복 등의 정서에 대해 부모나 교사가 보여 주는 태도를 말한다. 정서에 대한 반응 태도는 관계의 질, 정서적 안정감, 애착 그리고 사회적 상호작용에 대한 느낌과 인지적 도식에 영향을 미친다(Thompson, 1998).

1) 정서 반응 태도

정서 반응 태도는 많은 연구자에 의해 다양하게 구분되었으나 크게 지지적 정서 반응 태도와 비지지적 정서 반응 태도로 구분된다. 특히 Eisenberg, Fabes와 Berenzweig(1990)는 정서 반응을 지지적 반응과 비지지적 반응으로 구분한 뒤, 각각의 반응에 세 가지 하위 변인을 두었다. 지지적 반응은 감정표현의 격려, 정서중심적 반응, 문제중심적 반응으로 나누었으며, 비지지적 반응은 최소화 반응, 처벌적 반응, 스트레스 반응으로 나누었다.

지지적 반응인 감정표현의 격려는 상대가 자신이 느끼는 정서를 표현할 수 있도록 격려함으로써 자신의 감정을 숨기거나 위장하지 않도록 돕는 반응 태도이다. 정서중심적 반응은 상대가 정서를 표현할 때 기분이 좋아지도록 할 수 있는 전략을 가지고 위로해 주는 것이며, 문제중심적 반응은 부정적 정서를 느끼거나 스트레스의 원인이 되는 문제를 해결하여 잘 대처할 수 있도록 도와주는 것이다.

비지지적 반응인 최소화 반응은 상대가 느끼고 있는 부정적 정서나 스트레스 정도를 낮추거나 무시함으로써 최소화하여 반응하는 태도를 말한다. 처벌적인 반응은 부정적 정서를 표현할 때 벌을 주거나 꾸짖음으로써 상대의 표현을 중지하는 태도이며, 스트레스 반응은 아동이 부정적 정서를 표현할 때 부모나 교사가 느끼는 불안이나 스트레스를 그대로 아동에게 표현하는 태도이다.

부모나 교사가 지지적인 정서 반응을 보이면 아동은 자신의 정서를 사회가 적절하게 받아들일 수 있는 방식으로 표현하고 조절한다. 그리고 타인의 생각과 감정, 행동을 배우려는 시도와 태도를 강화하여 공감 능력을 발달시키고, 갈등 상황에서 자신의 욕구와 다른 사람의 요구를 이해하고 절충한다. 또한 정서적 각성을 줄이고 스트레스 상황에서의 대처 방법을 배워 학습, 대인관계 등 특정 상황에서 성공적으로 대처할 수 있게 된다.

반면에 비지지적 정서 반응을 경험한 아동은 적응적 사회화의 기회를 놓치고, 이는 다른 상호작용에서 부적응적 행동을 하게 한다. 즉, 통제나 처벌과 같은 비지지적 반응은 학습행동 문제의 원인이 될 수 있으며, 사회적 유능성 발달과 관계성을 저해할 수 있다. 나아가 아동의 정서를 억압하면 자신의 감정을 기억에 저장하게 된다. 기억에 저장된 부정적 감정은 스트레스 상황에서 과각성화되어 부정적 감정을 조절하지 못하게 하거나 바람직하지 못한 행동을 할 가능성을 높인다.

이렇듯 부모와 교사가 아동의 정서에 지지적으로 반응하는 것과 비지지적으로 반응하는 것은 아동의 정서발달과 학습행동에 큰 영향을 미치므로, 정서 반응 태도를 지지적으로 바꾸는 것은 매우 중요하다.

2) 감정 코칭

감정 코칭은 Gottman(2007)이 36년 동안 부모와 자녀의 상호작용에서 보이는 양상을 중심으로 한 연구에서 제시한 것으로 정서에 지지적으로 반응하는 대표적인 대화법이라고 할 수 있다. 부모와 자녀, 교사와 학생, 그리고 모든 인간관계에서 다양하게 적용할 수 있는 효과적인 방법이다.

감정 코칭이 인간관계에 적절하게 사용되면 커뮤니케이션 통로를 열어 준다. 감정 코칭을 받고 자란 아이는 생리학자들이 '미주신경 조절력'이라고 부르는 '스스로 달래는 신경적 능력'을 갖추고 있을 뿐만 아니라 만족을 지연할 수 있는 인내심을 갖고 있고, 충동 조절 및 자기 진정을 잘하고, 또래 관계가 좋으며, 학업성적과 사회성, 정서지능이 우수하다.

(1) 감정 코칭 유형

Gottman(2007)은 정서 반응 태도에 따라 네 가지 감정 코칭 유형을 제시한다. 부모나 교사가 자신의 코칭 유형을 알고 그 방식이 아이에게 어떤 결과를 가져왔는지를 아는 것은 아이의 감정 코칭을 더 나은 방향으로 나아갈 수 있는 계기를 마련할 수 있다.

① 축소전환형

축소전환형은 아이의 부정적 감정에 무관심하거나 대수롭지 않게 여기는 유형을 말한다. 이들은 아이의 부정적 감정이 빨리 사라지기만 바라고 아이의 감정을 비웃거나 경시하기도 한다. 이렇게 행동하는 이유는 부정적 감정을 해롭게 여기기 때문이다. 이들은 아이가 슬퍼하거나 분노를 느낄 때 "괜찮아, 뭐 그런 걸 가지고 그래! 아무것도 아닌데."라는 식으로 아이의 감정을 무시하든지, "내가 뭐 해 줄까? 필요한 거 있으면 얘기해 봐." 등으로 그 관심을 다른 곳으로 돌리려는 유형이다. 이 유형이 간과하는 것은 아이가 부정적인 감정에 대해 정면으로 부딪칠 기회를 제공하지 않는 데 있다. 이때, 아이는 자신의 감정이 옳지 않고 부적절하여, 타당하지 않다고 느끼고, 자기가 상황을 느끼는 방식 때문에 자신이 본질적으로 옳지 않다고 생각할 수도 있다. 이런 아이는 감정을 조절하는 것을 어려워한다.

② 억압형

억압형은 축소전환형과 행동이 유사하나 좀 더 부정적이다. 이들은 아이가 부정적 감정을 드러내는 것을 비판하고, 감정표현을 했다는 이유로 꾸짖고 벌을 주기도 한다. 또한 눈에 띄게 비판적이고 공감대 형성이 부족해서, 자녀의 정서적 경험을 설명할 때 자녀의 감정을 이해하려고 하기보다는 감정과 관련한 행동에 초점을 맞추는 경향이 있다. 그래서 아이의 행동에 대해 한계를 정할 필요성을 강하게 느낀다. 억압형 부모나 교사 밑에서 자란 아이는 축소전환형 부모의 자녀와 같이 자신의 감정을 신뢰하지 못하고 감정 조절을 어려워한다.

③ 방임형

방임형은 아이의 감정을 인정하고 공감하지만, 아이의 행동을 좋은 방향으로 이끌거나 한계를 제시하지 못한다. 이들은 지나치게 관대하여 아이가 문제를 해결할 수 있도록 돕지 않는다. 이들은 아이의 분노와 슬픔을 '분출하면 해결되는 단순한 것'으로 보는 경향이 있어서 감정을 표현하도록 하면 자신의 역할이 끝난 것으로 간주한다. 이런 유형의 부모와 교사 밑에서 자란 아이는 감정을 조절하는 법을 터득하지 못하고, 집중력이 부족하며, 친구를 사귀거나 다른 사람과 사이좋게 지내는 것을 어려워한다.

④ 감정 코칭형

감정 코칭형은 방임형과 같이 아이의 감정을 무조건 받아들인다. 이들은 자기 자신의 감정과 사랑하는 사람들의 감정을 파악하는 데 뛰어난 능력을 발휘하고 더구나 부정적인 감정에 대해서도 긍정적인 면을 바라보는 시각을 갖고 어떤 감정도 비웃거나 얕보지 않는다. 이 유형이 방임형과 다른 점은 아이의 부적절한 행동을 제한하고 아이에게 감정 조절 방법과 그 감정을 분출할 수 있는 방법뿐 아니라 문제를 해결할 수 있는 방법을 가르친다는 점이다. 감정 코칭형 부모나 교사 밑에서 양육된 아이는 학업성적과 건강, 대인관계 등에서 훨씬 좋은 결과를 나타내며, 행동장애를 거의 보이지 않고 정신적으로 고통스러운 경험을 해도 안정된 상태로 돌아오는 능력이 훨씬 뛰어나다. 뿐만 아니라 앞으로 다가올 위험과 도전을 현명하게 대처해 나갈 수 있다.

(2) 감정 코칭 5단계

감정 코칭의 5단계는 관계 속에서 공감대를 형성하여 아이의 정서지능을 높이기 위해 일반적으로 사용하는 단계이다.

① 1단계: 감정 인식하기

아이가 소소한 감정을 보일 때 재빨리 알아차리고, 행동 속의 숨은 감정에 주목하는 단계이다. 특히 말이 별로 없는 아이의 경우 평소 아이 행동을 관심 있게 살펴보고 감정을 놓치지 않는 것이 중요하다. 아이의 감정을 인식하기 어렵다면 "지금 기분이 어때?"와 같은 열린 질문으로 대화를 시작하면 된다.

② 2단계: 감정적 순간을 좋은 기회로 삼기

위기를 기회로 삼는 단계이다. 아이의 감정이 격해져서 부정적인 감정을 표출할 때, 공감대와 친밀감을 형성하여 감정을 다스리는 법을 가르칠 수 있는 기회로 삼을 수 있다. 보통 이런 상황에서 부모나 교사는 일반적으로 아이의 행동에 초점을 두어 감정적으로 대처하지만 아이의 입장에서 감정을 이해하려는 태도가 중요하다.

③ 3단계: 감정 공감하고 경청하기

아이의 감정이 타당함을 인정하는 단계이다. 아이의 감정에 대해 공감하고 그 감정을 지지해 줄 수 있어야 한다. 아이가 자신의 감정을 이해하도록 돕기 위해서 간단한 문장으로 감정을 표현하도록 도와주는 것이 좋다. 이때, 부모나 교사는 논리적으로 설명하기보다는 공감하면서 경청하고, 자신의 인생 경험을 이야기하면서 아이와 대화를 나누는 것이 도움이 된다. 여기서 '듣는 것'은 정보를 수집하는 것 이상을 의미하는데, 아이는 자신의 감정을 눈빛과 몸짓, 비언어적 행동을 함께 사용하여 표현하기 때문이다. 부모와 교사는 듣고 관찰한 바를 짚어 줌으로써 아이의 감정을 공감해 준다.

④ 4단계: 감정 표현 돕기

학습자가 자신의 감정을 스스로 표현할 수 있도록 도와주는 단계이다. 나이가 어릴수록 그 감정이 어떤 것인지 정의할 수 없는 경우가 많으므로 그 감정에 이름을 붙여 주어야 한다. 예를 들어, 질투나 공포, 걱정, 분노 등의 단어를 사용하여 학습자가 느끼는 감정을 정의하도록 하는 것이다. 이럴 때 자신의 감정에 대해 해결하려는 의지가 생겨나고 해결 방법을 모색할 틀을 마련할 수 있다. Gottman(2007)은 연구를 통해 어떤 감정을 경험할 때 그 감정에 대해 이야기하면 언어와 논리를 담당한 좌뇌가 활발해지고, 그 결과 아이가 집중하고 진정하는 데 도움이 된다고 밝혔다.

⑤ 5단계: 스스로 문제를 해결할 수 있도록 하기

감정 코칭의 마지막 단계는 행동에 한계를 정해 주고 아이가 스스로 문제를 해결하도록 이끌어 주는 단계이다. Gottman(2007)은 문제해결 과정을 다시 다섯 단계로 나눈다. 첫째는 한계 정하기로, 문제는 '자신의 감정'이 아니라 '바람직하지 못한 행동'이라는 것을 알게 하고 행동에 한계를 정해 준다. 둘째는 목표 확인하기로, 문제해결과 관련한 목표가 무엇인지를 묻는다. 셋째는 해결책 모색하기로, 부모나 교사가 전적으로 나서지 않으며 스스로 해결책을 모색하도록 돕는다. 넷째는 가치관을 바탕으로 제안된 해결책을 평가하기로, 해결책을 살펴보고 시행할 것과 버릴 것

을 결정한다. 다섯째는 아이가 해결책을 선택하도록 돕기로, 부모나 교사
의 과거 경험을 이야기하며 아이가 스스로 문제의 해결책을 선택하도록
돕는다.

참고문헌

공석영(1998). 생활지도와 상담. 서울: 동문사.

곽기상(1990). 교육심리학. 서울: 재동문화사.

권기욱(2003). 현대 교육사조를 반영한 최신 학급경영. 서울: 원미사.

권현진(2002). 새내기 초등교사를 위한 학급경영 길라잡이. 서울: 양서원.

김계현, 김동일, 김봉환, 김혜숙, 남상연, 천성문(2000). 학교상담과 생활지도. 서울: 학지사.

김남성(1990). 행동요법. 서울: 배영사.

김남성(1998). 교육심리학(증보판). 서울: 교육과학사.

김언주(1987). 교육·심리학도를 위한 인지심리학: 이해와 적용. 서울: 정민사.

김언주, 구광현(1998). 신교육심리학. 서울: 문음사.

김재은(1996). 우리의 청소년: 그들은 누구인가. 서울: 교육과학사.

김충기(1998). 생활지도 상담진로지도. 서울: 교육과학사.

김충기(2000). 교육심리학(2판). 서울: 동문사.

남은영, 존 가트맨(2007). 내 아이를 위한 사랑의 기술: 감정코치. 서울: 한국경제신문 한경BP.

문선모(2000). 학생상담: 이론과 실제. 서울: 양서원.

박경, 최순영(2009). 심리검사의 이론과 활용(2판). 서울: 학지사.

박남기(2003). 학급경영 마이더스: 인터넷 환경에서의 학급경영. 서울: 교육과학사.

박병량(1999). 학교, 학급경영. 서울: 학지사.

박성수(1990). 생활지도(2판). 서울: 정민사.

박성수, 이성진(1981). 행동수정의 사례집. 서울: 교육과학사.

박아청(2000). 사춘기의 이해. 서울: 교육과학사.

박아청(2002). 교육심리학의 이해(개정판). 서울: 교육과학사.

박종하(2003). 생각이 나를 바꾼다. 서울: 한국경제신문사.

박창호, 안서원, 김문수, 이태연, 최광일, 조광수, 김미라(2014). 인지학습심리학. 시그마프레스.

백영균, 박주성, 한승록, 김정경, 최명숙(2010). 유비쿼터스 시대의 교육방법 및 교육공학(3판). 서울: 학지사.

변영계, 이상수(2003). 수업설계. 서울: 학지사.

서숙경(2012). 감정코칭 부모교육이 어머니의 정서 반응태도에 미치는 효과. 대구대학교 대학원 석사학위논문.

송경헌(2000). 21세기 학급 경영전략. 서울: 원미사.

신명희(2002). 교수방법의 심리적 기초. 서울: 학지사.

신명희, 강소연, 김은경, 김정민, 노원경, 서은희, 송수지,원영실, 임호용(2019). 교육심리학(4판). 학지사.

신명희, 박명순, 권영심, 강소연(1998). 교육심리학의 이해. 서울: 학지사.

신재한(2011). 스캐폴딩(scaffolding) 전략을 활용한 수업 효과에 대한 메타분석. 초등연구, 24(2), 25-46.

아름다운학교운동본부 편(2001). 아름다운 학교. 서울: 인간과자연사.

여광응, 정종진, 이승국, 문태형, 조인수, 전명남, 문병상(2004). 학교학습 극대화를 위한 교육심리학. 경기: 양서원.

연문희(1996). 성숙한 부모 유능한 교사. 서울: 양서원.

연문희, 강진령(2002). 학교상담: 21세기의 학생생활지도. 서울: 양서원.

오만록(2001). 학교 교육의 이론과 실제: 유·초·중등학교 교육론. 서울: 형설출판사.

우리교육 편(1999a). 빛깔이 있는 학급운영 1. 서울: 우리교육.

우리교육 편(1999b). 빛깔이 있는 학급운영 2. 서울: 우리교육.

우리교육 편(1999c). 빛깔이 있는 학급운영 3. 서울: 우리교육.

유니텔동호회 '교육을 사랑하는 동지들' 편(2001). 학생같은 선생님, 선생님같은 학생: 21세기, 우리교육 어디로 가는가. 서울: 책읽는 사람들.

윤민봉(2003). 창조력 증진의 이론과 전략. 서울: 학문사.

윤종건(1994). 창의력의 이론과 실제. 서울: 원미사.

이건만, 오희진(1999). 닫힌 학교 열린 꿈. 서울: 양서원.

이선숙(2001). 대안학교와 학생들의 생활이야기. 서울: 교육과학사.

이성진(2001). 행동수정. 서울: 교육과학사.

이성진, 김계현 공편(1999). 교육심리학의 새로운 쟁점과 이론. 서울: 교육과학사.

이순연(2003). 창의력이 세계로 흐른다. 서울: 열린아트.

이종태(2001). 대안교육과 대안학교. 서울: 민들레.

이창우, 서봉연(1974). K-WISC 실시요강: 한국판 Wechsler 아동용 개인지능검사. 서울: 배영사.

이춘재, 이옥경, 서봉연, 윤진, 이재창, 김충기, 오경자, 심응철, 이명숙(1990). 청년심리학(4판). 서울: 중앙적성출판사.

이화여자대학교 교육공학과(2001). 21세기 교육방법 및 교육공학. 서울: 교육과학사.

임규혁, 임웅(2007). 교육심리학(2판). 서울: 학지사.

임승권(1988). 교육심리학. 서울: 양서원.

임승권(1993). 교육의 심리학적 이해. 서울: 학지사.

임영식, 한상철(2000). 청소년 심리의 이해. 서울: 학문사.

임인재(1987). 아동연구. 서울: 양서원.

임창재(2005). 교육심리학(2판). 서울: 학지사.

장상호(1982). 발생적 인식론과 교육: Piaget. 서울: 교육과학사.

장상호(1983). 행동과학의 연구논리. 서울: 교육출판사.

장영란(2000). 아리스토텔레스의 인식론. 서울: 서광사.

장영란(2009). 플라톤의 교육: 영혼을 변화시키는 힘. 경기: 살림출판사.

정영진(1996). 자녀발달의 결정적 시기. 서울: 학지사.

조연순(2006). 문제중심학습의 이론과 실제. 학지사.

조인호(2004). 나는 아르바이트로 12억 벌었다. 서울: 위즈덤하우스.

조한혜정(2000). 학교를 찾는 아이, 아이를 찾는 사회. 서울: 또 하나의 문화.

조혜정(1996). 학교를 거부하는 아이, 아이를 거부하는 사회: 입시문화의 정치경제학. 서울: 또 하나의 문화.

최희선(2004). 학교 학급 경영: 이론과 실제(전정개정판). 서울: 형설출판사.

하대현(1998). H. Gardner의 다지능 이론의 교육적 적용: 그 가능성과 한계. 교육심리 연구, 12(1), 73-100.

한국교원단체총연합회 편(2003). 교사론. 서울: 교육과학사.

한국교육심리학회 편(2000). 교육심리학 용어사전. 서울: 학지사.

한국진로교육학회(1999). 진로교육의 이론과 실제. 서울: 교육과학사.

한국청소년개발원 편(1993). 청소년지도론. 서울: 양서원.

한순옥, 손화희(2001). 방과후 자아존중감 프로그램. 서울: 양서원.

한혜주, 정혜영(2013). 초등 3, 4학년 영어수업에서 교사의 거시적·미시적 스캐폴딩 탐색. 교과교육학 연구, 17(2), 393-414.

홍대식 편(1998). 현대 심리학개론. 서울: 청암미디어.

황기우 편(1998). 21세기 교사의 역할: 생태학적인 관점. 서울: 원미사.
황순회(2021). 스캐폴딩 관련 국내 연구 동향 분석. 학습자중심교과교육연구, 21(7), 217-237.

神保信一 外(1992). 학교 상담 심리학(장혁표 역). 서울: 중앙적성출판사.
有田和正(2001). 교사는 어떻게 단련되는가(이경규 역). 서울: 우리교육.
波多野誼 余夫 外(1996). 유능감을 키우는 교실: 무기력의 심리학(한양대사회인지발달연구모임 역). 서울: 정민사.

Ames, R. A., & Ames, C. (Eds.). (1984a). *Research on motivation in education: Vol. 1. Student motivation*. Orlando, FL: Academic Press.
Ames, R. A., & Ames, C. (Eds.). (1984b). *Research on motivation in education: Vol. 2. Student motivation*. Orlando, FL: Academic Press.
Ames, R. A., & Ames, C. (Eds.). (1984c). *Research on motivation in education: Vol. 3. Student motivation*. Orlando, FL: Academic Press.
Aristotle (2001). 영혼에 관하여(유원기 역주). 서울: 궁리출판.
Armstrong, T. (1997). 복합지능과 교육(전윤식, 강영심 공역). 서울: 중앙적성출판사. (원저는 1994년 출간).
Atkinson, J. W. (1964). *An introduction to motivation*. Princeton, NJ: Van Nostrand.
Bandura, A. (1965). Influence of a model's reinforcement contingencies on the acquisition of imitative responses. *Journal of Personality and Social Psychology, 1*(6), 589-595.
Bandura, A. (1977). *Social learning theory*. Englewood Cliffs, NJ: Prentice Hall.
Bandura, A. (1981). Self-referent thought: A developmental analysis of self-efficacy. In J. H. Flavell & L. Ross (Eds.), *Social cognitive development: Frontiers and possible futures* (pp. 200-239). New York: Cambridge University Press.
Bandura, A. (2001). 자기 효능감과 삶의 질: 교육·건강·운동·조직에서의 성취(박영신, 김의철 공역). 서울: 교육과학사. (원저는 1997년 출간)
Bandura, A., Grusec, J. E., & Menlove, F. L. (1967). Vicarious extinction of avoidance behavior. *Journal of Personality and Social Psychology, 5*, 16-23.

Barlow, D. L. (1985). *Educational psychology: The teaching-learning process*. Chicago: Moody press.

Berk, L. E. (1997). *Child Development* (4th ed.). Boston: Allyn & Bacon.

Berk, L. E., & Winsler, A. (1995). *Scaffolding Children's Learning: Vygotsky and Early Childhood Education*. NAEYC Research into Practice Series. Volume 7.

Binet, A., & Simon, T. A. (1905). Methodes nouvelles pour le diagnostic du niveau intellectuel des anormaux. *L'Annee Psychologique, 11*, 191-244.

Bodrova, E., & Leong, D. (1996). *Tools of the Mind: The Vygotskian Approach to Early Childhood Education*. New Jersey: Pearson/Merrill Prentice Hall.

Bodrova, E., & Leong, D. (2001). *Tools of the Mind: A case Study of Implementing the Vygotskian Approach in American Early Childhood and Primary Classrooms*. International Bureau of Education, Switzerland.

Boostrom, R. (1999). 창의적 비판적 사고(강명희 편역). 서울: 창지사. (원저는 1992년 출간)

Borich, G. D., & Tombari, M. L. (1997). *Educational psychology: A contemporary approach* (2nd ed.). New York: Longman.

Bradley, R. H, & Caldwell, B. M. (1984). 174 children: A study of the relationship between home environment and cognitive development during the first 5 years. In A. W. Gottfried (Ed.), *Home environment and early cognitive development: Longitudinal research* (pp. 5-55). New York: Academic Press.

Brainerd, C. J. (1978). *Piaget's theory of Intelligence*. Englewood Cliffs, NJ: Prentice Hall.

Brooks, J. G., & Brooks, M. G. (1999). *In Search of Understanding: The Case for Constructivist Classrooms*. Virginia: the Association for Supervision and Curriculum Development(ASCID).

Brown, G., & Desforges, C. (1979). *Piaget's theory: A psychological critique*. London: Routledge & Kegan Paul.

Buzan, T. (2010). 토니 부잔의 마인드맵 두뇌사용법(권봉중 역). 서울: 한국물가정보. (원저는 2006년 출간)

Carlson, N. R., & Buskist, W. (1997). *Psychology: The science of behavior* (5th ed.). Boston: Allyn & Bacon.

Clarizo, H., Craig, R., & Mehrens, W. (1977). *Contemporary issues in educational psychology*. Boston: Allyn & Bacon.

Crain, W. (1999). *Theories of development: Concepts and applications*. Englewood Cliffs, NJ: Prentice Hall.

Cropley, A. J. (1995). 교육과 창의성(김선 역). 서울: 집문당. (원저는 1982년 출간)

Deci, E. L., & Ryan, R. M. (1985). *Intrinsic motivation and self-determination in human behavior*. New York: Plenum.

Deci, E., & Flaste, R. (2011). 마음의 작동법: 무엇이 당신을 움직이는가(이상원 역). 서울: 에코의 서재. (원저는 1995년 출간)

Deese, J., Hulse, S., & Egeth, H. (1982). 학습심리학(이관용, 김기중 공역). 서울: 법문사. (원저는 1975년 출간)

Denscombe, M. (1985). *Classroom control: A sociological perspective*. London: George Allen & Unwin.

Duffy, T. M., & Jonassen, D. H. (1992). *Constructivism and the Technology of Instruction: A Conversation*. England, Oxfordshire: Routledge.

Edwards, W. (1954). The theory of decision making. *Psychology Bulletin, 61*, 380-417.

Eggen, P. D., & Kauchak, D. (2011). 교육심리학: 교육실재를 보는 창(신종호 외 역). 서울: 학지사. (원저는 1992년 출간)

Eisenberg, N., Fabes, R. A., & Berenzweig, J. (1990). *The coping with children's negative emotion sale: Description and scoring*. Unpublished scale, Department of Family Resources and Human Development. Tempe: Arizona State University.

Elkind, D. (1970). *Children and adolescents: Interpretive essays on Jean Piaget*. New York: Oxford University Press.

Felker, D. W. (1987). 긍정적 자아개념의 형성(김기정 역). 서울: 문음사. (원저는 1974년 출간)

Ferster, C. B., & Skinner, B. F. (1957). *Schedules of reinforcement*. Englewood Cliffs, NJ: Prentice Hall.

Flitner, A., & Scheuerl, H. (Eds.). (2000). 사유하는 교사: 교육학적 사유를 위한 안내서(송순재 편역). 경기: 내일을여는책. (원저는 1984년 출간)

Fosnot, C. T. (1996). *Constructivism: Theory, Perspectives, and Practice*. New York & London: Teachers College Press.

Gardner, H. (1983). *Flames of mind: The theory of multiple intelligence*. New

York: Basic Books.

Gardner, H. (1998). 다중지능의 이론과 실제(김명희, 이경희 공역). 서울: 양서원. (원저는 1993년 출간)

Gardner, H. (2001). 다중지능: 인간 지능의 새로운 이해(문용린 역). 서울: 김영사. (원저는 1999년 출간)

Gawronski, D. A., & Mathis, C. (1965). Differences between over-achieving, normal achieving, and under-achieving high school students. *Psychology in the Schools, 2*(2), 152-155.

Gilbert, I. (2002) *Essential motivation in the classroom*. London: Routledge/ Falmer.

Ginsburg, H., Opper, S., & Brandt, S. O. (1969). *Piaget's theory of intellectual development: An introduction*. Englewood Cliffs, NJ: Prentice Hall.

Gray, J. A. (2000). 파블로프(이종인 역). 서울: 시공사. (원저는 1964년 출간)

Gredler, M. E. (2005). *Learning and instruction: Theory into practice* (5th ed.). Upper Saddle River, NJ: Pearson Education.

Halisch, F., & Kuhl, J. (1993). 동기이론: 정보처리적 접근(김언주, 한순미, 강혜원 공역). 서울: 문음사. (원저는 1987년 출간)

Hergenhahn, B. R., & Olson, M. H. (2001). 학습심리학(김영채 역). 서울: 박영사. (원저는 1997년 출간)

Hilgard, E. R., Atkinson, R. L., & Atkinson, R. C. (1979). *Introduction to psychology* (7th ed.). New York: Harcourt Brace Jovanovich.

Hintzman, D. L. (1978). *The psychology of learning and memory*. San Francisco: Freeman.

Hulse, S. H., Deese, J., & Egeth, H. (1975). *The psychology of learning* (5th ed.). New York: McGraw-Hill.

Inhelder, B., & Piaget, J. (1964). *The early growth of logic in the child: Classification and seriation*. London: Routledge & Kegan Paul.

Jaeger, W. (2004). 아리스토텔레스의 형이상학: 주요 본문에 대한 해설·번역·주석 (조대호 역). 서울: 문예출판사. (원저는 1960년 출간)

Joyce, B., & Weil, M. (1986). *Models of teaching* (3rd ed.). Englewood Cliffs, NJ: Prentice-Hall.

Kagan, J., & Freeman, J. (1963). Relation of childhood intelligence, maternal behaviors, and social class to behavior during adolescence. *Child Development, 34*, 899-911.

Kanizsa, G. (1955). Quasi-perceptional margins in homogenously stimulated fields. *Rivista di Psicologia, 49,* 7-30.

Kim, B. (2001). *Social Constructivism.* Retrieved from http://www.coe.uga.edu/epltt/SocialConstructivism.htm

Klein, S. B. (2002). *Learning: Principles and applications* (4th ed.). New York: McGraw-Hill.

Köhler, W. (1969). *The task of gestalt psychology.* Princeton, NJ: Princeton University Press.

Lewin, K. (1943). *Defining the field at a given time.* Psychological Review, 50(3), 292-310.

Lindenberg, C. (2000). 두려움 없이 배우고 자신있게 행동하기: 자유 발도르프 교육 입문(이나현 역). 서울: 밝은누리. (원저는 1975년 출간)

Louth, A. (2001). 서양 신비사상의 기원(배성옥 역). 경북: 분도출판사. (원저는 1981년 출간)

Luria, A. R. (1979). *The Making of Mind: A Personal Account of Soviet Psychology.* Cambridge, MA: Harvard University Press.

Maier, H. W. (1978). *Three theories of child development* (3rd rev. ed.). New York: Harper & Row.

Mandl, H., De Corte, E., Bennett, N., & Friedrich, H. F. (Eds.). (1990). *Learning and instruction: European research in an international context.* Oxford: Pergamon Press.

Maslow, A. H. (1943). *A theory of human motivation.* Psychological Review, 50, 370-396.

McCormick, C. B., & Pressley, M. (1997). *Educational psychology: Learning, instruction,* assessment. New York: Longman.

Meyer, F. (1998). 위대한 교사들(성기산 역). 서울: 문음사.

Miller, G. A. (1956). The magical number seven, plus or minus two: Some limits on our capacity for processing information. *Psychological Review, 63*(2), 81-97.

Moorman, C., & Dishon, D. (1983). *Our classroom: We can learn together.* Englewood Cliffs, NJ: Prentice Hall.

Nash, R. (1973). *Classroom observed: The teacher's perception and the pupil's performance.* London and Boston: Routledge & Kegan Paul.

Neath, I. (1998). *Human memory: An introduction to research, data, and theory*. Pacific Grove, CA: Brooks/Cole.

Neill, A. S. (1977). 섬머힐(강성위 역). 서울: 배영사. (원저는 1960년 출간)

Neill, A. S. (1989). 문제의 교사(김정환 역). 서울: 양서원. (원저는 1939년 출간)

Norman, A. S., & Richard, C. S. (1990). *Educational Psychology A Development Approach* (5th ed.). New York: McGraw-Hill.

Nye, R. D. (1991). 심리학과 인간이해 프로이드 · 스키너 · 로져스(이영만, 유병관 공역). 서울: 중앙적성출판사. (원저는 1986년 출간)

Orey, M. (2012). *Emerging Perspectives on Learning*, Teaching, and Technology California: CreateSpace Independent Publishing Platform.

Ormrod, J. E. (1995). *Educational Psychology: Principles and applications*. Englewood Cliffs, NJ: Prentice Hall.

Ormrod, J. E. (2015). *Human Learning*. NJ: Pearson.

Osborn, A. F. (1998). 창의력 개발을 위한 교육(신세호 외 역) 서울: 교육과학사. (원저는 1967년 출간)

O'Leary, K. D., & O'Leary, S. G. (Eds.). (1977). *Classroom management: The successful use of behavior modification*. New York: Pergamon Press.

Pestalozzi, H. (2000). 숨은 이의 저녁노을(김정환 역). 서울: 박영사. (원저는 1780년 출간)

Phillips, J. L., Jr. (1969). *The origins of intellect: Piaget's theory*. San Francisco: W. H. Freeman.

Piaget, J. (1952). *The origin of intelligence in the child*. London: Routledge & Kegan Paul.

Piaget, J. (1962). *Play, dreams and imitation in childhood*. New York: W. W. Norton.

Piaget, J. (1969). *Judgment and reasoning in the child*. Totowa, NJ: Littlefield Adams.

Piaget, J. (1970). *Science of education and the psychology of the child*. New York: Orion Press.

Piaget, J. (1972). *The psychology of intelligence*. Totowa, NJ: Littlefield Adams.

Premack, D. (1959). Toward empirical behavior laws, Vol. 1: Positive reinforcement. *Psychological Review, 66*(4), 219-233.

Pulaski, M. A. S. (1980). *Understanding Piaget: An introduction to children's cognitive development*. New York: Harper & Row.

Rogoff, B. (1990). *Apprenticeship in Thinking: Cognitive Development in*

Social Context. New York, Oxford: Oxford University Press.

Sahakian, W. S. (1976). *Introduction to the Psychology of Learning.* Chicago: Rand McNally College and Company.

Shaffer, D. R. (1996). *Developmental psychology: Childhood and adolescence* (4th ed.). Pacific Grove, CA: Brooks/Cole.

Sheldrake, R. (2000). 세상을 바꿀 일곱 가지 실험들(박준원 역). 서울: 양문. (원저는 1994년 출간)

Shuell, T. J. (1986). Cognitive conceptions of learning. *Review of Educational Research, 56*(4), 411-436.

Skinner, B. F. (1951). How to teach animals. *Scientific American, 185,* 26-29.

Skinner, B. F. (1953). *Science and human behavior.* New York: Macmillan.

Skinner, B. F. (1958). *Teaching machines. Science, 128,* 968-977.

Skinner, B. F. (1982). 자유와 존엄을 넘어서(차재호 역). 서울: 탐구당. (원저는 1971년 출간)

Slavin, R. E. (1994). *Educational psychology: Theory into Practice* (4th ed.). Boston: Allyn & Bacon.

Sotto, E. (2003). 학습과 교수에 대한 이해: 교사와 학생의 상호작용(전성연, 이용운, 김남경 공역). 서울: 교육과학사. (원저는 2001년 출간)

Sternberg, R. J. (1985). *Beyond IQ: A triarchic theory of human intelligence.* New York: Cambridge University Press.

Sternberg, R. J. (1990). *Metaphors of mind: Conceptions of the nature of intelligence.* New York: Cambridge University Press.

Stipek, D. (2001). *Motivation to learn: Integrating theory and practice* (4th ed.). Boston: Allyn & Bacon.

Sullo, R. A. (2000). 좋은 학교를 만드는 비결(김희수 외 역). 서울: 한국심리상담연구소. (원저는 1997년 출간)

Thompson, R. A. (1998). *Handbook of child psychology: vol. 3. Social, emotional, and personality development*(5th ed). New York: Springer.

Thorndike, E. L. (1898). Animal intelligence: An experimental study of the associative processes in animals. *The Psychological Review: Monograph Supplements, 2*(4), 1-109.

Thorndike, E. L. (1906). *The principles of teaching: Based on psychology.* New York: A. G. Seiler.

Thorndike, E. L. (1913). *Educational psychology: Vol. 2. The psychology of learning*. New York: Teachers College Press.

Vander Zanden, J. W. (1980). *Educational psychology: In theory and practice*. New York: Random House.

Vujicic, N. (2010). 닉 부이치치의 허그: 한계를 껴안다(최종훈 역). 서울: 두란노서원. (원저는 2010년 출간)

Wadsworth, B. J. (1978). *Piaget for the classroom teacher*. White Plains, NY: Longman.

Watson, J. B., & Rayner, R. (1920). Conditioned emotional reactions. *Journal of Experiment Psychology, 3*, 1-14.

Weiner, B. (1980). *Human motivation*. New York: Holt, Rinehart & Winston.

Weiner, B. (1985). An attributional theory of achievement motivation and emotion. *Psychological Review, 92*(4), 548-573.

Wertsch, J. V. (1985). *Vygotsky and the Social Formation of Mind*. MA: Harvard University Press.

Woolfolk, A. E. (2001). *Educational psychology* (8th ed.). Boston: Allyn & Bacon.

[기타 자료]

EBS(2002). 아기성장 보고서(5부작).

EBS(2006). 동기.

EBS(2010). 10대 성장보고서(3부작).

EBS(2011a). 도덕성(10부작).

EBS(2011b). 학교란 무엇인가(10부작).

Robert Cook 홈페이지 http://www.pigeon.psy.tufts.edu/psych26/kohler.htm

고홍주 기자(2012. 6. 13). 강수진 초대한 '승승장구' vs 강수진 모셔온 '무릎팍 도사'. http://enews24.interest.me/news/02/3009602_1163.html

찾아보기

인명

강인애 243
곽기상 200

신명희 185, 199, 200

여광응 200

장미란 23
장영란 32
조연순 252, 261

하대현 185, 198
한혜주 248
황순희 247, 252

Aristotle 31, 32
Atkinson, R. L. 153
Atkinson, J. W. 278, 285, 286

Bacon, F. 33
Bandura, A. 48, 107, 117, 294
Barrows, H. 260
Berk, L. E. 248
Berenzweig, J. 316
Binet, A. 185, 186
Bodrova, E. 254, 255
Bradley, R. H. 200
Buskist, W. 128

Caldwell, B. M. 200
Carlson, N. R. 128
Chomsky, N. 35
Covey, S. 269
Crain, W. 35

Darwin, C. 41
Deci, E. L. 278, 288
Deese, J. 31
Dewey, J. 33, 52

Ebbinghaus, H. 37
Edwards, W. 278, 285
Egeth, H. 31
Eisenberg, N. 316

Fabes, R. A. 316
Fosnot, C. T. 242
Freeman, J. 200

Gardner, H. 193
Gawronski, D. A. 201
Gottman, J. 317
Grusec, J. E. 117

Hergenhahn, B. R. 59
Hilgard, E. R. 153
Hintzman, D. L. 37
Hull, C. L. 33, 48

내용

저자 소개

정순례(Chung, Soon Rye)
성균관대학교 사범대학 교육학과 학사
성균관대학교 대학원 교육학 석사
성균관대학교 대학원 교육학 박사
현 명지전문대학 청소년교육복지과 교수
현 전북과학대학교 간호학과 교수

〈대표 저서 및 논문〉
『청소년상담: 이론과 실제』(2판, 공저, 학지사, 2020)
「전문대학 복학생의 진로미결정, 학습태도, 학업적응의 관계」(공동 연구, 한국교육문제연구, 2019)

조현주(Cho, Hyun Joo)
성균관대학교 문과대학 독문학과 학사
이화여자대학교 대학원 교육학 석사
성균관대학교 대학원 교육학 박사
전 성균관대학교 학생상담센터 선임연구원
현 파이심리상담센터 센터장

〈대표 저서 및 논문〉
『은둔형 외톨이』(공저, 학지사, 2021)
「빅데이터를 통해 바라본 아동과 청소년의 인격교육에 대한 사회적 인식 연구」(공동 연구, 인격교육, 2020)

이병임(Lee, Byung Lim)
성균관대학교 사범대학 교육학과 학사
성균관대학교 대학원 교육학 석사
성균관대학교 대학원 교육학 박사
전 안양대학교 교육지원센터 강의전담교수
현 건양대학교 유아교육과 교수

〈대표 저서 및 논문〉
『교사와 학생의 인성을 위한 교육심리』(공저, 학지사, 2013)
「대학생의 다문화 감수성과 공감능력이 시민의식에 미치는 영향」(교양교육연구, 2021)

오대연(Oh, Dae Youn)
성균관대학교 사범대학 교육학과 학사
성균관대학교 대학원 교육학 석사
성균관대학교 대학원 교육학 박사
전 자람교육연구소 & CEB 학습상담센터 대표
현 전북과학대학교 간호학과 교수

〈대표 논문〉
「정보처리이론에 근거한 인강(인터넷 강의) 학습법의 효과 분석: 대학생의 학습전략과 수업참여도를 중심으로」(학습자중심교과교육연구, 2021)
「비블리오드라마가 대학생의 진로장벽과 직업인성에 미치는 효과」(인격교육, 2020)

학습이론의 이해와 적용(2판)

Understanding and Application of Learning Theory (2nd ed.)

2013년 9월 10일 1판 1쇄 발행
2021년 2월 25일 1판 8쇄 발행
2021년 10월 20일 2판 1쇄 발행
2024년 3월 25일 2판 4쇄 발행

지은이 • 정순례 · 이병임 · 조현주 · 오대연

펴낸이 • 김진환

펴낸곳 • ㈜ **학지사**

　　　　04031 서울특별시 마포구 양화로 15길 20 마인드월드빌딩 5층

대표전화 • 02) 330-5114　　팩스 • 02) 324-2345

등록번호 • 제313-2006-000265호

홈페이지 • http://www.hakjisa.co.kr
인스타그램 • https://www.instagram.com/hakjisabook

ISBN 978-89-997-2531-9 93370

정가 **18,000원**

출판미디어기업 학지사

간호보건의학출판 **학지사메디컬** www.hakjisamd.co.kr
심리검사연구소 **인싸이트** www.inpsyt.co.kr
학술논문서비스 **뉴논문** www.newnonmun.com
원격교육연수원 **카운피아** www.counpia.com
대학교재전자책플랫폼 **캠퍼스북** www.campusbook.co.kr